国家自然科学基金项目"低碳旅游地的系统反馈、政策生成和动态评价研究"（项目号：71764027）资助

民国时期青藏旅游地理研究

章杰宽 / 著

科 学 出 版 社
北 京

内 容 简 介

本书旨在运用历史旅游地理学研究方法对民国时期青藏地区的旅游地理进行相关的研究，分析历史时期旅游活动开展与旅游目的地自然环境、人文环境的关系，系统地分析民国时期青海与西藏的自然和人文环境，聚焦于旅游资源、旅游交通、旅游者行为及旅游住宿等旅游地理学研究的几个主要板块，在大量史料考证的基础上，结合现代旅游学研究方法，深入研究民国时期青藏地区的旅游地理状况。本书的研究，可以促进历史旅游地理的进一步发展，对于当代青藏地区的旅游规划与开发、高原生态旅游地的管理具有重要的借鉴意义。

本书适合历史地理学、旅游管理领域的高等院校师生、科研人员、政府管理部门人员和企业管理人员及相关的工作者阅读。

图书在版编目（CIP）数据

民国时期青藏旅游地理研究 / 章杰宽著. —北京：科学出版社，2018.5

ISBN 978-7-03-057773-3

Ⅰ. ①民… Ⅱ. ①章… Ⅲ. ①旅游地理学 – 研究 – 青海 – 民国 ②旅游地理学 – 研究 – 西藏 – 民国 Ⅳ. ①F592.744 ②F592.775

中国版本图书馆 CIP 数据核字（2018）第 126505 号

责任编辑：范鹏伟 / 责任校对：樊雅琼
责任印制：张克忠 / 封面设计：天穹教育

科 学 出 版 社 出版
北京东黄城根北街 16 号
邮政编码：100717
http://www.sciencep.com
三河市荣展印务有限公司 印刷
科学出版社发行 各地新华书店经销

*

2018 年 5 月第 一 版 开本：720×1000 1/16
2018 年 5 月第一次印刷 印张：14 1/2
字数：240 000

定价：**88.00 元**

（如有印装质量问题，我社负责调换）

作者简介

　　章杰宽，江苏沭阳人，1999—2003年就读于陕西师范大学旅游与环境学院旅游管理专业，获管理学学士学位；2005—2008年就读于陕西师范大学旅游与环境学院旅游管理专业，获管理学硕士学位；2012—2017年就读于陕西师范大学西北历史环境与经济社会发展研究院历史地理学专业，获博士学位。2017年进入信阳师范学院旅游学院工作。主要研究兴趣包括系统科学与可持续旅游、低碳旅游、历史旅游地理等。主要科研经历包括主持国家自然科学基金项目2项、主持西藏自治区高校人文社科项目1项，参与国家社科基金项目、教育部人文社科项目、国家民委项目等在内的省部级以上科研项目多项，以第一作者或者独立作者身份在《系统工程理论与实践》、《中国管理科学》、《管理评论》、《中国人口·资源与环境》、《旅游学刊》、《经济管理》、《青海民族研究》和 Journal of Cleaner Production、Ecological Indicators、Journal of China Tourism Research 等国内外重要学术期刊发表学术论文20余篇。研究成果获陕西省自然科学优秀学术论文三等奖1次、咸阳市自然科学优秀学术论文奖2次、西藏民族大学优秀科研成果奖 2 次。现为国家自然科学基金通讯评审专家，《地理科学》、《旅游学刊》及 Journal of Cleaner Production、Environmental Engineering and Management Journal、Emerging Markets Finance and Trade 等国内外学术期刊的审稿专家。

前　言

　　现代历史地理学作为一门显学，经过近一个世纪的形成和发展，其学科体系处于不断完善之中，尤其是在历史人文地理方向，新的研究领域和学科方向如雨后春笋，不断涌现。在历史地理学的分类体系中，举凡现代地理学中的分支学科，其追根溯源式的研究在历史地理学科体系中都有一席之地，因而现代旅游现象蓬勃发展所推动的旅游地理学也开始进入历史人文地理研究的视野。以地理学为纽带，新兴的旅游学科和古老的历史学科在学科发展不断交叉融合的过程中，形成了历史旅游地理学这一新兴的研究方向。

　　本书旨在运用历史旅游地理学研究方法，分析民国时期青藏地区的旅游活动开展与旅游地自然环境、人文环境的关系，围绕历史旅游地理的相关问题开展研究。本书关注的主要问题如下。

　　1. 历史旅游环境地理

　　从自然环境和人文环境两个方面论述民国时期青藏地区旅游业发展的背景。在自然环境方面，本书着重解释旅游活动得以开展的地形地貌环境和水文环境；在人文环境方面，本书则重点关注政治环境、人口状况、宗教信仰、经济状况、交通状况等方面对旅游业的影响。

　　2. 历史旅游资源地理

　　概括民国时期青藏地区旅游资源的特点，并根据现代旅游地理学的研究成果，对旅游资源进行分类。本书将民国时期青藏地区的旅游资源分为地文景观类、水域风光类、生物景观类、人文活动类、建筑与设施类五种类型，进而对旅游资源的分布进行分析。本书认为自然和人文地理环境是形成旅游资源分布的根本原因。此部分还以青海省塔尔寺为个案，研究民国时期青藏地区旅游资源的特征和旅游开发情况。

3. 历史旅游交通地理

考察民国时期旅游者入藏的几条主要线路。在旅游交通道路建设方面，西藏地区基本上还是以随山逐水的羊肠小道为主，青海地区则以西宁为中心，修建了西到若羌、东达兰州、北连敦煌、南通玉树的公路交通网络。但由于经费和维护不足，青海地区的公路使用基本局限在西宁及其周边地区，青海其他大部分地区的交通则与西藏无异。西宁和拉萨是民国时期青藏旅游交通的两个重要节点，其他重要的旅游交通节点还有玉树、江孜、亚东和昌都等。在交通工具方面，西藏地区仍然依赖于"乌拉牛马"，青海地区则出现了汽车、飞机等现代化交通工具，公路交通日渐发达。

4. 历史旅游者行为地理

总结民国时期青藏旅游者的基本动机。政务交流、宗教朝拜、科学考察和政治探险是民国时期旅游者进入青藏地区的主要动机，并且出于不同的动机，旅游者的行为也有着较大的区别。在空间分布方面，政治探险型旅游者主要集中在西藏地区，而在西藏内部其活动区域基本局限在拉萨及其周边地区。西宁由于是青海省的省会，是政务交流型旅游者的中心活动区。科学考察型旅游者对西藏的重点关注区域有三个：一是珠穆朗玛峰；二是西藏东部的横断山脉和森林峡谷地区；三是以纳木错为中心的藏北高原。青海地区的地质科学考察则以阿尼玛卿峰及其周边和柴达木盆地为主。对于宗教朝拜型旅游者而言，其空间特征更为明显，各地的宗教场所成为这些旅游者的首选目的地。在旅游流特征上，亚东、昌都和享堂是民国时期旅游者进入青藏地区的主要入口，西藏和青海是两个相对独立的旅游地，而布达拉宫和塔尔寺则成为各自旅游流的中心。本部分的个案研究是英国地质学家亨利·海登的西藏狩猎旅游和著名边疆学家马鹤天的青海考察旅游。

5. 历史旅游住宿地理

研究民国时期青藏地区旅游住宿业、娱乐业和餐饮业的发展状况。民国时期青藏地区的旅游住宿包括宾馆及客栈住宿、驿站住宿、帐篷住宿、寺庙住宿等四种类型，其中以昆仑大旅社、湟中大厦、郑记客栈为代表的新兴旅游住宿设施的出现，标志着民国时期青藏地区旅游业发展的新成就。而在旅游住宿分布方面，新兴旅游住宿设施主要分布在青海省西宁市，其他区域则主要依赖驿站住宿和寺庙住宿。青海省还建设了一些旅游娱乐设施，如公园、影院、剧场等，促进了当时青海省旅游休闲娱乐活动的发展。在旅游餐饮业方面，茶馆的发展较为突出。

通过对上述问题的研究，本书得出民国时期青藏地区旅游业发展的一些基本特征：第一，近代旅游业开始萌芽，一些近代化的旅游要素开始不断出现，旅游业也已经开始由古代旅游向近代旅游转变。第二，旅游活动以公务活动为主。尽管由于政治环境的变化，公务旅游活动的规模和类型也时有扩大，但其参加者多限于政府官员以及受资助的各界名人，从总体规模来看，人数不多、比重较小，其旅游活动的开展及其所附带的消遣性旅游活动并不具备普遍的社会意义。第三，区域旅游发展不平衡。在旅游基础设施建设、旅游者数量、旅游资源分布和旅游意识觉醒等多个方面，青海与西藏之间以及各自区域内都有显著的差异性。第四，旅游活动的时间特征显著。政治环境与经济发展水平的变化，使得民国时期青藏地区旅游活动的时间特征较为显著。不同的旅游动机体现出不同的时间特征，旅游交通、旅游住宿以及其他旅游行业要素在时间变化上也较为明显。

本书得到了国家自然科学基金（项目号：71764027）、信阳师范学院学术著作出版资助以及信阳师范学院旅游学院学术著作出版资助的支持。作者对这些机构的资助和支持表示由衷的感谢！

在本书的研究和写作过程中，我得到了许多领导、同行、朋友与家人的支持和鼓励。要特别感谢信阳师范学院旅游学院院长彭荣胜教授在本书的写作和出版过程中给予的指导和支持。特别感谢我的博士研究生导师张萍教授，她在繁忙的工作之余对本书的内容设计及具体研究悉心指导，提出了许多宝贵的意见和建议，使得本书无论在学术水平还是内容体系上都有了较大的提升。特别感谢陕西师范大学刘景纯教授、薛平拴教授和西北大学徐卫民教授、徐象平教授对本书内容提出的诸多建设性建议。感谢西安电子科技大学徐雪强博士在本书的研究过程中提供的方法指导和有益的建议。我还要感谢我的家人，尤其是我的父母，感谢他们对我多年的养育之恩，还要感谢我的姐姐，有了他们默默的关心和支持，我才能一步一步走到今天。感谢我的爱妻张燕，没有她对家庭的倾心照顾以及对本书研究的不断激励，就没有本书的最终付梓。人生有此佳偶，足矣。也感谢我的女儿章映雪小朋友，在感到乏累和迷茫的时候，她总是能给我带来太多的快乐。感谢我的岳父母，女儿的成长离不开他们的帮助。此外，我还要将此书献给我刚刚出生的宝宝章立雪小朋友，愿她和姐姐一起健康成长、平安快乐！

特别感谢本书所引用文献的所有作者！

希望通过本书的出版，一方面可以丰富历史地理学这一显学的研究方法、内容和领域；另一方面也可以彰显"有用于世"这一历史地理学的学科特色，进而对历史旅游地理这一新兴研究方向乃至学科的建立作出有意义的贡献。

由于作者学识有限，书中难免存在不足之处，恳请广大专家学者和读者批评指正。

章杰宽

2018 年 5 月

目 录

第一章　绪　论

　　大众旅游时代的来临，意味着旅游已经成为人们日常休闲娱乐的重要构成部分。2015 年，我国国内旅游突破 40 亿人次，旅游总收入 4.13 万亿元，国内旅游规模和旅游总收入均居世界第一位[①]。旅游业已经成为我国较大的综合性产业之一。由于旅游业快速发展所引起的社会、经济和环境影响日渐突出，最终人们提出了可持续旅游的发展理念，并为公众所接受。在此背景下，生态旅游产品成为旅游地提升旅游竞争力、促进旅游业可持续发展的重要保证。其中，青藏高原地区依托大量原生态的自然和人文旅游资源，逐渐发展成为我国乃至世界旅游业最具潜力的旅游地之一。

　　如图 1-1 所示，2010—2015 年，青藏高原的主体部分青海省和西藏自治区的旅游业发展表现出较为快速的增长态势。尤其是西藏自治区，自 2010 年 1 月，中央第五次西藏工作座谈会提出要把西藏建设成为重要的世界旅游目的地之后，到 2015 年，无论是接待的游客人次还是创造的旅游收入都增加了两倍有余。同为青藏高原主体的青海省，其自然和人文景观与西藏自治区有着较多的相似之处，青藏铁路的通车则进一步加强了这两个地区旅游业之间的联系。五年间，青海省的游客人次增长将近一倍，而旅游收入增加两倍，年均增长率分别达到 13.56%和 28.40%。无论是青海省还是西藏自治区，在国民

---

　　① 中华人民共和国国家旅游局：《2015 年中国旅游业统计公报》，http://www.cnta.gov.cn/zwgk/lysj/201610/t20161018_786774.shtml［2016-10-18］。

经济的规划纲要中都提出要把旅游业建设成为地区重要的支柱产业，而旅游业发展给青藏地区带来的巨大影响，已经促使该地区的旅游研究日渐成为学术研究的热点之一。

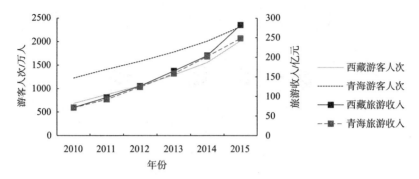

图 1-1　2010—2015 年青海省和西藏自治区旅游业发展变化趋势

资料来源：《青海省国民经济和社会发展统计公报》（2010—2015 年）、《西藏自治区国民经济和社会发展统计公报》（2010—2015 年）

民国时期是我国重要的社会转型时期，其实现了中国由传统社会向现代社会的转变。我国的近代旅游业同样起源于这一时期[①]。1923 年 8 月，"中国近代旅游业之父"陈光甫先生在其上海商业储蓄银行设立"旅行部"，1927 年该"旅行部"独立挂牌注册，并易名为"中国旅行社"，标志着中国近代旅游业的诞生。同年，陈光甫先生又创立中国第一种并且是当时唯一的旅游专业杂志《旅行杂志》。该杂志以"阐扬中国名胜，发展旅行事业"为宗旨，采用图文并茂的方式，对国内外尤其是国内的旅游景点作了大量的介绍，对于激发当时民众的旅游热情和爱国热情有着重要的推动作用。抗日战争全面爆发后，随着中国战略重心的西移，《旅行杂志》也开始增加对我国西南西北地区旅游资源的关注[②]。在 1939 年的征稿启事中，《旅行杂志》提到："关于西南西北各地，若粤、桂、黔、滇、川、陕、甘、新疆、青海、西藏等处，举凡山川形势、名胜古迹、风俗人情等之记载，最受欢迎。"[③]抗日战争时期，《旅行杂志》刊登了诸多关于青海和西藏地区的旅游介绍，一方面引发了民众的爱国热情和抗战决心；另一方面也使得当时国内的一些有识之士开始关注这

---

① 章杰宽、朱普选：《民国时期青藏地区的旅游住宿设施研究》，《理论月刊》2016 年第 12 期。
② 章杰宽、朱普选：《民国时期青藏地区的旅游住宿设施研究》，《理论月刊》2016 年第 12 期。
③《旅行杂志》编辑部：《征稿启事》，《旅行杂志》1939 年第 1 期。

一区域，如斯东所述：“我国学者之入西藏者殊鲜，而商贾之徒又蠢顽无足能为。……西藏矿产之丰饶，气候之特殊，风俗民情之奇异，动植物分布之复杂，久为世界学者所羡慕。徒以限于主权不能公然直入，然狠毒阴谋已无所不用其极矣。国内有志科学之青年乎，请勿忽视此天府之宝藏，国内有志民族运动之青年乎，请勿忽视此岌岌垂危之边疆。”[1]

　　这一时期的青藏地区，由于其自然和人文特征，有大量人士基于不同的目的前去参观访问。旅游者的进入使得该区域旅游资源开发、旅游交通道路以及旅游住宿设施建设等旅游业的多个方面在这一时期都取得了一定的成就，并且成为青藏地区现代旅游业发展的重要起源和基础。因此，本书基于现代旅游学的理论框架，运用历史地理学的方法论，以民国时期青藏地区旅游业发展为研究对象，对于我们认知青藏地区旅游业发展的起源，并指导当代该地区旅游发展战略的制定和实施，具有重要的理论和实践意义。需要指出的是，在民国时期，无论是青海还是西藏地区的行政区域，与目前都有着较大的出入。例如，民国时期，现那曲地区的嘉黎县、现林芝市的察隅县、现昌都市都属于西康省管辖，1949 年后，经过一番行政区划改革，这些行政区域才最终划归西藏管辖。而青海在建省之前，一直属于甘肃省管辖，其所辖范围也在不断变化之中。但本着历史地理学“有用于世”的研究理念，本书研究的青藏地区的地域范围限于当今的青海省和西藏自治区，以使本书的研究成果更有利于当前该区域的旅游业开发。

　　历史地理学研究的是历史时期的环境变化及其发展规律，研究对象不仅包括历史自然环境，也包括历史人文环境。尽管关于历史地理学的学科属性当前学术界仍有较多争论，但是将历史地理学视为历史学与地理学之间的边缘科学的观点，一直有着较大的影响力[2]。这就意味着本书的研究方法不仅包括历史研究中所注重的史料分析与考证，还包括一些现代旅游地理学的研究方法。

---

[1] 斯东记述：《西藏宦游之回忆》，《旅行杂志》1930 年第 5 期。
[2] 李令福：《中国历史地理学的理论体系、学科属性与研究方法》，《中国历史地理论丛》2000 年第 3 辑。

第一节　历史旅游地理相关概念界定

一、相关旅游学概念

本书研究的是民国时期青藏地区的旅游地理发展状况，因此首先有必要对历史时期旅游地理学相关的几个重要概念作一界定。旅游活动古已有之，并且随着人类的发展而不断地发展着。但是现代意义上的旅游业，却是起源于西方的工业革命时代。1845 年，英国人托马斯·库克创立了世界上第一家旅行社，标志着现代旅游业的产生。"旅游"是一个典型的现代性概念，世界旅游组织（World Tourism Organization）将其定义为"为了休闲、商务或其他目的离开他们惯常环境，到某些地方并停留在那里，但连续不超过一年的活动"[①]。国内著名旅游学家谢彦君在其《基础旅游学》中，将旅游定义为"旅游是个人以前往异地寻求愉悦为目的而度过的具有社会、休闲和消费属性的短暂经历"[②]。但是历史学家在研究旅游的时候，往往跳出"现代旅游"的范畴，而将旅游现象提前到更遥远的时代，从而使旅游及其相关概念的内涵变得更加丰富[③]。

（一）旅游

关于旅游的概念，除了上述世界旅游组织和谢彦君提出的定义之外，国内外相关旅游组织及众多学者还给出了多种定义。例如，著名的"艾斯特"（AIEST）定义是由瑞士学者 Hunziker 和 Krapf 于 1942 年提出的，继而被"旅游科学专家国际联合会"（International Association of Scientific Experts in Tourism）用作该组织的标准化旅游定义。此外，著名旅游学家 Burkart 和 Medlik 认为"旅游是人们离开其通常居住和工作的地方，短期前往某地的旅行和在该地逗留期间的各种活动"[④]。Cooper 等认为"旅游是人们离开自己通常居住和工作的地方，暂时前往目的地的旅行和在该地停留期间所从事的活动，

---

① World Tourism Organization. *Collection of Tourism Expenditure Statistics*, Madrid：World Tourism Organization，1995.

② 谢彦君：《基础旅游学》第三版，北京：中国旅游出版社，2011 年，第 70 页。

③ 章杰宽、张萍：《历史与旅游：一个研究述评》，《旅游学刊》2015 年第 11 期。

④ Buikart A. J., Medlik S. *Tourism：Past，Present And Future*，London：Heinemann，1974.

以及旅游地为满足来访旅游者的需要所建立的各种设备设施"[1]。Goeldner 和
Ritchie 提出，"旅游是旅游者、参与招徕和接待来访游客的旅游供应商、目的
地政府、目的地居民和目的地的环境之间的关系与互动而引发的各种过程、活
动和结果"[2]。李天元在《旅游学概论》中，认为旅游即旅游活动，是人们出
于移民和就业之外的目的，暂时离开自己生活的惯常环境，前往他乡开展的旅
行和逗留访问活动[3]。

综合上述关于旅游的定义，我们发现旅游活动有几个基本的特征。首先，
异地性。在这些代表性的定义中，无一例外都强调"离开惯常环境""前往异
地""离开工作居住地"等异地性特征。其次，强调旅行和停留。从空间上来
看，旅游活动体现为旅游者从一个地方到另一个地方的位移，因此交通在旅游
活动中占据重要地位。而通过空间位移，旅游者在目的地会有一个短暂的停
留，关于停留的时间，尽管通常认为以不超过一年为宜，但对于以非定居为目
的的外地游客而言，在对旅游活动的认定中，时间并不是一个十分严格的限制
条件。尤其是在本书的研究中，由于青藏地区独特的自然环境以及不发达的交
通条件，有的旅游者停留的时间远超过一年，如徐近之在西藏的考察长达三
年。此外，在旅游目的地上，尽管上述概念都强调非就业和非定居，但是对于
一些政务活动型旅游者而言，虽然其旅行是出于工作的目的，但正如李天元所
提及的"这些差旅人员的雇主单位不在该目的地……虽然也是为了挣钱，但却
不是从目的地获得报酬"[4]，因此这些人员也属于旅游者。而这部分人群，在
民国时期青藏地区的旅游活动中占据重要地位。

旅游活动是一个综合性的社会现象，在旅游过程中会引起各种复杂的关系
和社会经济影响，因此对旅游尤其是历史时期的旅游进行定义较为困难。历史
地理学是研究历史时期人地关系的一门学科，而与一般的人地关系不同的是，
"旅游者是脱离了当地社会、在短时间的旅行过程中与异地社会所发生的接
触、交流、观赏、了解等一系列活动"[5]，因此，旅游活动所导致的人地关系

① Cooper C., Fletcher J., Gilbert D., et al. *Tourism: Principles and Practice*, Essex: Longman, 1993.
② Goeldner C., Ritchie B. *Tourism: Principles, Practices, Philosophies*, Hoboken: John Wiley, 2006.
③ 李天元：《旅游学概论》第七版，天津：南开大学出版社，2014 年，第 43 页。
④ 李天元：《旅游学概论》第七版，天津：南开大学出版社，2014 年，第 42 页。
⑤ 魏向东：《晚明旅游地理研究（1567—1644）——以江南地区为中心》，天津：天津古籍出版社，
2011 年，第 7 页。

具有异地性和暂时性的基本特征。在这种情况下，旅游活动一般不太可能导致旅游地的自然和人文环境产生较大的变化，除非在当前一些旅游开发日渐深入的知名旅游目的地。但在历史时期，受制于薄弱的社会服务体系，尤其是在民国时期青藏地区这样一个较为特殊的旅游地，较少的旅游者数量和断断续续的旅游时间，很难对旅游地产生较大的影响。即便如此，在地域差异这一旅游动机形成的关键要素方面，历史时期的旅游活动同样有着很好的诠释。一直以来，多样的自然环境和神秘的人文氛围，都是吸引人们出门旅游的基本动力。无论是自然景观还是人文景观，只有通过旅游者的亲身体验，才会有直观的感受。区别在于，不同旅游地的不同社会经济发展水平，会影响到当地旅游发展水平的高低。但无论如何，旅游活动的开展是客观存在的，只是往往囿于历史时期资料的零散和模糊性，我们很难去界定古人的出行动机。因此，探讨历史旅游地理学中的"旅游"概念，我们需要抛开现代旅游着重强调的旅游动机，而要关注"人们的空间循环移动行为，即由出发点到途中景点再返回出发点的空间移动行为"[1]。也就是说，只要是出发旅行后回到出发地，并在旅行途中有游览旅游景观的行为，都是本书关于"旅游"的研究范围。因此，书中提及的无论是出于"政治交流""科学考察"动机，还是出于"政务探险""宗教信仰"动机，都是历史时期旅游动机的基本构成。正是在此概念框架下，本书对民国时期青藏地区的旅游地理进行研究。

需要指出的是，本着契合现代旅游研究的需要，在书中经常会出现旅游、旅行等关于"旅游"的不同表述，尽管表述不同，但其在本书中的内涵完全一致。

（二）旅游者

第二次世界大战以后，随着全球经济的快速恢复，旅游需求规模也迅速增长，从而使得旅游业的地位越来越突出。相应地，旅游研究和旅游统计工作也越发受到人们的重视。为了推进旅游者定义的标准化，当时的国际联盟[2]下属的统计专家委员会于1937年对"国际旅游者"进行了标准界定：到一个不是自

---

① 魏向东：《晚明旅游地理研究（1567—1644）——以江南地区为中心》，天津：天津古籍出版社，2011年，第9页。

② 最早成立的国际性政府间组织机构，于1920年1月10日正式成立，1946年1月18日正式解散，后被现在的联合国所替代。

已惯常居住的国家去访问，并在该国停留至少 24 小时的人①。为了便于理解，该统计专家委员会明确指出四种类型的人，即为了消遣、家庭事务及身体健康等目的而出国旅行的人，为了出席会议或作为公务代表而出国旅行的人，为了工商业务而出国旅行的人，在海上巡游度假过程中登岸访问的人员等应纳入来访国际旅游者的统计范畴。尽管这个定义只是对来访的外国旅游者即所谓的入境旅游者的定义，但是已经成为后来对不同类型旅游者进行定义的一个基本参考。第二次世界大战结束后，针对一些新的旅游发展状况，国际官方旅游组织联盟（World Tourism Organization）将这一定义进行了修订，并且将"修学旅行的外国学生""停留时间不足 24 小时，以消遣为目的的国际来访者"等也纳入国际旅游者行列。此后，联合国于 1953 年在此基础上，增加了来访国际旅游者的连续停留时间最长 6 个月的限制。1963 年，出现了当今旅游学界习称的关于旅游者的"罗马会议定义"。这一年，联合国在意大利的罗马召开了国际旅游会议（即罗马会议），会议提出，凡纳入旅游统计的入境来访人员，统称为"游客"，即基于任何原因到一个非自己定居的国家访问，目的不是挣钱的人。这个概念相比以前关于旅游者的定义，范围无疑更加广阔。其访问目的可以是消遣性的"娱乐、度假、疗养、保健、求知、宗教、体育活动等"，也可以是事务性的"商务、家庭事务、公务出使、会议等"。上述概念都是针对国际旅游者提出的。1991 年，在加拿大渥太华世界旅游组织会议上，世界旅游组织根据旅游的定义，指出凡是符合旅游条件活动的人，都可以界定为旅游者，都应该纳入旅游者的统计范畴，从而将旅游者的定义从"国际旅游者"推广到更一般的情形。这也成为当前国际旅游研究中对旅游者进行界定的一个权威指南。

如前文所述，在对于旅游条件的限定上，本书对于历史时期的旅游活动采用了更广泛的界定，"只要是出发旅行后回到出发地，并在旅行途中有游览旅游景观的行为"，都是符合旅游条件的活动。因此，民国时期到青藏旅行的政府官员、学者文人乃至国内外的间谍探险家，在本书的研究中都可以纳入旅游者的范畴，这也构成了本书的一个理论基础。

---

① OECD Tourism Committee. *Tourism Policy and International Tourism in OECD Member Countries*，Paris：Organization for Economic Cooperation and Development，1973.

（三）旅游资源

旅游资源是一个具有中国特色的学术名词，在国际上，更多的是用旅游吸引物（tourism attractions）来表达旅游资源的概念。但抛开其表述的区别，旅游资源和旅游吸引物的内涵却有着共通之处。1992 年，由国家旅游局资源开发司和中国科学院地理研究所制定的《中国旅游资源普查规范（试行稿）》指出，"旅游资源是自然界和人类社会，凡能对旅游者有吸引力、能激发旅游者的旅游动机，具备一定旅游功能和价值，可以为旅游业开发利用，并能产生经济效益、社会效益和环境效益的事物和因素"[1]。这是当前国内学术界对旅游资源最权威并且最有影响力的定义。后来，此定义被国家旅游局颁布的国家标准《旅游资源分类、调查与评价》[2]所采用。

李天元根据旅游业发展的实践，在上述概念的基础上，提出了一个更为广义的概念，其认为"凡是能够造就对旅游者具有吸引力环境的自然事物、文化事物、社会事物或其他任何客观事物，皆可构成旅游资源"。这个概念突出强调"对旅游者具有吸引力"的内涵，因此无论是已经开发的旅游资源，还是仍未开发的旅游资源，只要其能够对旅游者产生吸引力，就可以看作旅游资源。民国时期的青藏地区，其相对封闭而又独特的自然和人文环境要素，对于国内外的旅游者来说，其吸引力不言而喻。尽管其旅游业的发展水平处于相当初级的阶段，但在我国旅游业发展起步的民国时期，青藏地区的旅游资源，无论是在自然方面还是人文方面，都已经对国内外游客产生了较大的吸引力，吸引着诸多游客前来观光、考察、交流以及从事一些其他的旅游活动。因此，正是这些要素（包括地质地貌、河流湖泊、建筑设施、宗教社会等各个方面）构成了民国时期青藏地区的旅游资源。尽管这些旅游资源由于区位条件及社会经济发展水平不同，在开发利用方面可能显示出较大的差异性，但就其吸引力而言，无疑是客观存在的。

（四）旅游业

旅游业也称旅游产业，国外通常以"tourism industry"称之，是一个典型

---

[1] 国家旅游局资源开发司、中国科学院地理研究所：《中国旅游资源普查规范（试行稿）》，北京：中国旅游出版社，1992 年，第 2 页。

[2] 中华人民共和国国家旅游局：《旅游资源分类、调查与评价》（GB/T18972-2003），http://www.cnta. gov.cn/zwgk/hybz/201506/t20150625_428120.shtml［2006-07-13］。

的现代性名词。当前公认的旅游业起源于英国人托马斯·库克，其在开创和引领旅游业发展方面作出了一些开创性的努力。1841 年，托马斯·库克利用包租火车的方式，组织了一次大型团体旅游活动，被当时的英国媒体誉为"伟大的创举"，并普遍被看作近代旅游业的开端。此外，托马斯·库克还编制了世界上第一本面向旅游者的旅游指南——《利物浦之行手册》，建立了世界上第一家旅行社——托马斯·库克父子公司等，从而标志着近代旅游业的诞生。

与其他产业概念不同的是，国内外学者在给旅游业进行定义的时候，总是基于综合性服务的角度，对其进行综合性阐述。例如，Goeldner 和 Ritchie 认为，"旅游业是为旅游者提供旅游体验的多种经济活动、服务或行业的集合体，包括所有旅游产品即相关服务的提供者，是一个综合性产业"[①]。在《旅游学概论》中，李天元认为"旅游业是以旅游消费者为服务对象，为其旅游活动的开展创造便利条件并提供所需商品和服务的综合性产业"[②]。因此，旅游业是一项综合性产业，其中饭店、交通和旅行社是现代旅游业的三大支柱。资料显示，无论是旅游饭店还是旅游交通，在民国时期的青藏地区都取得了一定的成就。此外，尽管该区域内并没有旅行社部门，但是当时中国旅行社出版的《旅行杂志》曾不止一次对这一区域进行了介绍，也促进了当地旅游事业的发展。本书主要从旅游交通和旅游住宿两个方面来研究民国时期青藏地区旅游业的发展，并且对旅游业相关的其他行业如娱乐、餐饮服务业等作相应的分析。

二、相关学科概念

本书研究的是历史时期的区域旅游地理，因此这是一个覆盖历史学、旅游学、地理学等学科的交叉学科研究。其中历史学与旅游学的融合产生了旅游史学，旅游学和地理学的融合产生了旅游地理学，历史学和地理学的融合则产生了历史地理学这样的子学科。在以上交叉学科的不断交叉中，产生了历史旅游地理这样一个新兴的研究方向。

---

① Goeldner C., Ritchie B. *Tourism: Principles, Practices, Philosophies*, Hoboken: John Wiley, 2006.
② 李天元：《旅游学概论》第七版，天津：南开大学出版社，2014 年，第 153 页。

（一）旅游史

历史学研究的主要范式在于依托时间维度，在时间背景下探讨各种社会经济现象，因此历史学研究的基本要素就是现象和变化。在旅游活动的发展过程中，旅游目的地的演化、旅游者数量和特征的变化、目的地居民态度的变化乃至旅游政策的演变等，都是一个时间的演变过程。因此，历史学研究范式可以很好地应用到旅游学研究中[1]。历史学对于理解旅游以及在旅游研究中运用历史视角具有重要的价值[2]，从而形成旅游史这样一个横跨旅游学和历史学的重要子学科[3]。旅游史是研究历史时期旅游活动的一门学科，其基本"研究方法包括史料记载、个人游记、历史遗存、民间传说等研究资料的应用"[4]，遵循实证主义、人本主义和结构主义的研究范式[5]。在旅游史学科的建立和发展中，英国伯明翰大学的 Towner 教授是一个奠基性的学者。早在 20 世纪 80 年代，Towner 在其博士学位论文中，就探讨了欧洲的大旅游时代（Grand Tour）及其在旅游史研究中的重要地位[6]，在该研究中，Towner 关于旅游史研究的基本范式初步形成。

学科交叉的发展拓展了旅游史研究的外延，特别是交通、环境、城市等与旅游发展密切相关的要素，为旅游史的研究提供了更广大的空间。从早期的纯史学观点发展到有更多的学者结合其他学科理论进行旅游史研究，如规制理论和旅游地生命周期理论的应用[7]，旅游史和交通史、商业史、城市史、环境史等之间的联系的研究[8]等。在众多学者的努力下，无论是研究对

---

① 章杰宽、张萍：《历史与旅游：一个研究述评》，《旅游学刊》2015 年第 11 期。

② Towner J., Wall G. History and Tourism, *Annals of Tourism Research*, 1991, 18（1）.

③ Walton J. K. Prospects in Tourism History：Evolution, State of Play and Future Developments, *Tourism Management*, 2009, 30（6）.

④ 章杰宽、张萍：《历史与旅游：一个研究述评》，《旅游学刊》2015 年第 11 期。

⑤ Towner J. Approaches to Tourism History, *Annals of Tourism Research*, 1988, 15（1）.

⑥ Towner J. *The European Grand Tour, c.1550–1840：A Study of its Role in the History of Tourism*, Birmingham：PhD. Dissertation of University of Birmingham, 1984.

⑦ Garay L., Ca`noves G. Life Cycles, Stages and Tourism History：The Catalonia（Spain）Experience, *Annals of Tourism Research*, 2011, 38（2）.

⑧ Baranowski S. Common Ground：Linking Transport and Tourism History, *The Journal of Transport History*, 2007, 28（1）；Walton J. K. Seaside Tourism in Europe：Business, Urban and Comparative History, *Business History*, 2011, 53（6）；Maxwell K. Tourism, Environment, and Development on the INCA Trail, *Hispanic American Historical Review*, 2012, 92（1）.

象还是研究范式，都表明在西方学术界建立旅游史学这样一门子学科已经具备了一定的理论基础。特别是 Towner 的一系列研究成果提出的研究资料、研究方法，对于旅游史学尤其是西方旅游史学的发展具有重要的奠基和推动作用。正因为如此，旅游史研究在旅游学科体系中的地位日渐突出。2009年，国际旅行和旅游史委员会（International Commission for the History of Travel and Tourism）创办了 *Journal of Tourism History* 杂志，并由全球知名的学术出版商 Taylor & Francis Group 出版发行，成为国际旅游史研究的重要学术阵地。

在国内，方百寿对中国旅游史研究的方法论建设、内容更新以及多学科合作等提出了一些建议。他认为除了已有的相关研究之外，还应考虑旅游与经济的互动、旅游动机的产生以及旅游业的发展状况等[1]。在研究方法上，方百寿认为除了史料研究之外，也应该重视统计分析及历史计量学方法。王永忠在历史学概念的基础上，对旅游史的概念、研究方法和研究内容作了界定[2]。李小波和吴其付将古代风景名胜的记载主要分为志记、咏记和游记，认为只有三者相互参照，才能较客观地回到原始环境[3]，这对于研究历史时期的旅游地有一定的参考意义。相对于旅游学和旅游业的发展而言，目前中国旅游史研究已然滞后，理论框架尚未完整确立，研究内容尚在探索，关键概念尚无定论，旅游史研究尚未形成规模，区域旅游史研究刚刚起步[4]。邱扶东也认为国内在旅游的内涵、研究对象、研究内容、研究方法等认知方面，还存在一些问题，制约了中国旅游史研究的进一步发展[5]。谢贵安和谢盛以现代旅游的概念为重要参照，认为中国旅游史的研究应侧重休闲娱乐性的旅游活动[6]。这些观点为未来国内的旅游史研究指明了方向。但与西方旅游史研究不同的是，中国是一个自古以来都十分重视修史的国家，拥有大量涉及旅游基本要素的各种史料，这为中国旅游史研究提供了得天独厚的先天优势。因此，依托中国史研究的深厚底

---

① 方百寿：《中国旅游史研究之我见》，《旅游学刊》2000 年第 2 期。

② 王永忠：《西方旅游史》，南京：东南大学出版社，2004 年。

③ 李小波、吴其付：《唐宋时期三峡地区的志记、咏记、游记与历史旅游景观研究》，《中国地方志》2004 年第 10 期。

④ 向玉成：《旅游史与区域旅游史相关问题的思考——以乐山旅游史为例》，《桂林旅游高等专科学校学报》2007 年第 1 期。

⑤ 邱扶东：《反思中国旅游史研究的几个问题》，《历史教学问题》2007 年第 6 期。

⑥ 谢贵安、谢盛：《中国旅游史》，武汉：武汉大学出版社，2012 年。

蕴，汲取西方旅游史学研究的理论精华，东方范式下的中国旅游史研究必将成为世界旅游史研究的重要组成部分。但显然，当下中国旅游史的理论研究还有很长的路要走。

此外，国内还出现了一些旅游史方面的综述研究，这对于国内旅游史学科的建立也具有重要的推动作用。例如，学者们考察了当代近代旅游史研究的现状中存在的问题和不足①、民国时期我国的旅游研究②、唐代旅游的相关研究③等。

（二）旅游地理学

旅游地理学已经成为当今国内外旅游研究的一个重要领域。在学科属性上，旅游地理学是人文地理学的重要分支，在旅游业飞速发展的背景下，旅游地理学的地位也越来越突出。20 世纪 30 年代美国学者 Mcmurry 发表的《游憩活动与土地利用的关系》，被国内外学术界誉为关于旅游地理研究的第一篇学术论文。在 1976 年的第 23 届国际地理学大会上，旅游地理被列为一个专业组，而第 24 届国际地理学大会成立了"旅游游憩运动专业委员会"。自此，国际上旅游地理学的学科地位开始得到承认。国内的旅游地理学研究源于老一辈的人文地理学专家，1979 年陈传康教授从地理学的角度对旅游业发展作了阐述。后来旅游学界的标志性学者保继刚教授和吴必虎教授，都出身于地理学背景。尽管在教育部的学科分类中，旅游管理是管理学门类下的一个二级学科④，但是从学术发展的现状来看，旅游学和地理学的结合更加紧密，这也奠定了旅游地理学在当今学术界的重要地位。

作为国内管理学研究的民间一级学术组织，中国管理现代化研究会下辖的17 个专业委员会中，并没有旅游管理专业委员会。在国家自然科学基金委员会管理科学部的学科分类中，在管理科学与工程、工商管理和宏观政策与管理三大方向中，也不见旅游管理研究方向。而中国地理学会于1992 年成立了旅游地

---

① 郑焱、杨庆武：《30 年来中国近代旅游史研究述评》，《长沙大学学报》2011 年第 1 期。

② 贾鸿雁：《民国时期旅游研究之进展》，《旅游学刊》2002 年第 4 期；许春晓：《民国时期中国旅游学术探索述论》，《北京第二外国语学院学报》（旅游版）2008 年第 3 期。

③ 李娜：《唐代旅游研究综述》，《重庆工商大学学报》（社会科学版）2008 年第 5 期。

④ 2014 年 4 月，教育部发布《2014 年高考普通高等学校本科专业目录》，"旅游管理"升格为专业类（专业代码1209），成为一级学科门类，与"工商管理"类平级。但在国务院学位委员会办公室的专业目录里，旅游管理学仍然是隶属于工商管理下的二级学科。

理专业委员会，并由陈传康教授任首任主任。在国家自然科学基金委员会地球科学部的学科代码中，则有地理学（D01）、人文地理学（D0102）、社会文化地理学（D010203）、旅游地理（研究方向）这样的设定。由此可见旅游地理学在整个旅游学科中的重要地位。郭来喜认为旅游地理学是"研究人类旅行游览、休憩疗养、康乐消遣同地理环境以及社会经济发展相互关系的一门学科"[①]。卢云亭提出，"旅游地理学是研究人类旅行游览与地理环境和社会经济条件之间关系的科学，也就是研究构成旅游业要素的地理背景，特别是研究与旅游活动相关的地理要素的发生、发展和变化的规律"[②]。保继刚和楚义芳在其经典的《旅游地理学》教材中，指出了旅游地理学研究的10项内容，分别是旅游产生的条件及其地理背景、旅游者行为规律、旅游流预测、旅游通道、旅游资源评价、旅游地演化规律和重要旅游地研究、旅游环境容量、旅游区划、旅游影响和旅游规划[③]。

当然，当前的旅游地理学研究大都侧重于对现实问题的研究，立足于地理研究的空间视角，而在时间尺度上鲜有相关成果。

（三）历史地理学

历史地理学是研究历史时期地理环境的变化发展及其规律（即人地关系）的一门学科。历史地理学的发展包括古代沿革地理的起源和发展、沿革地理向历史地理的演变和现代历史地理学的形成和发展三个阶段。关于各阶段的发展概况，已经有较多著作论述，这也是历史地理学的常识性知识，此处不再赘述。

时至今日，历史地理学已经成为历史学和地理学下属的重要分支，并且涌现了大量代表性的研究成果。根据毛曦的研究，目前历史地理学已经形成了一个较为完备的学科体系，其学科构成如表1-1所示[④]。

---

① 郭来喜：《人文地理学的一个新兴分支——旅游地理学》，李旭旦主编：《人文地理学论丛》，北京：人民教育出版社，1986年，第272—286页。
② 卢云亭：《现代旅游地理学》，南京：江苏人民出版社，1988年。
③ 保继刚、楚义芳：《旅游地理学》，北京：高等教育出版社，1999年，第4—6页。
④ 毛曦：《历史地理学学科构成与史念海先生的历史地理学贡献》，《史学史研究》2013年第2期。表1-1引用时有改动，保留了原表中关于专门（专题）历史地理的分类方式，而对于基础历史地理学的其他分类体系则简单列举显示。主要目的在于从理论上来说，论证历史旅游地理应在专门（专题）历史地理中占据一席之地。

表 1-1　历史地理学学科构成

历史地 理学	基础历史 地理学	历史地理学学科问题	理论、方法、技术、学科史、文献学、史料学	
		综合性、通论性历史地理		
		专门（专题）历史地理	历史自然地理	历史气候地理
				历史水文地理
				历史地貌地理
				历史土壤地理
				历史生物地理
				历史海洋地理
				历史灾害地理
				其他历史自然地理
			历史人文地理	历史政治地理
				历史人口地理
				历史经济地理
				历史民族地理
				历史文化地理
				历史聚落地理
				历史军事地理
				历史交通地理
				历史社会地理
				其他历史人文地理分支
		区域历史地理		
		断代历史地理		
		历史地理学边缘学科		
	应用历史 地理学	历史地图		
		历史地理工具图书		
		历史地理科普读物		
		历史地理信息系统		
		其他应用历史地理		

在这个分类体系中，我们可以发现，大凡现代地理学的分支学科，其历史时期的研究在现代历史地理研究中都有一席之地。但旅游地理学这一现代地理学的重要分支，却仍然在历史地理研究中难觅身影。因此就理论上而言，历史旅游地理学的提出似乎也并非异想天开。近年来，已经有众多学者开始关注

历史旅游地理的研究，并且取得了一定的成就，这将在学术史回顾部分再行讨论。当然，历史旅游地理研究和旅游史研究还是有着较大的联系，正如当前历史地理研究和历史研究一样，很多研究机构的历史地理学学者获得的都是历史学学位。本书认为，历史旅游地理学是试图在时间和空间范围内，运用多学科的研究和分析方法，来描述和解释历史时期所发生的旅游现象，以期建构历史旅游地理研究的一般方法。而旅游史研究则是对人类旅游活动，按时间顺序的发展和空间范围的展开进行考察，并且在时间顺序上和空间范围内对人们从事的旅游活动引起的各种现象及其相互关系进行记述和总结。从概念上看，无论是在研究内容还是研究方法上，旅游史研究和历史旅游地理研究都有一定的相同之处。正如 Towner J. 将毕生的精力致力于旅游史研究，而其代表作却是历史地理视域下的《西方世界的休闲与旅游历史地理：1540—1940》一书。

第二节　学术史回顾

本节从与本书研究相关的四个方面来回顾已有的学术研究，分别是关于旅游史的研究、关于历史旅游地理的研究、关于民国时期国内旅游的研究、关于民国时期青藏高原社会经济的研究。本书研究的是历史时期（民国）的旅游业发展，因此与旅游史研究有着必然的联系。而本书运用历史地理学研究范式研究民国时期的青藏旅游地理，又属于历史旅游地理这一新兴的研究方向。此外，民国时期的青藏高原社会经济研究和民国时期国内旅游的研究，同样也为本书的研究提供了重要的参考。

一、关于旅游史的研究

旅游史研究已经成为旅游学研究中的一个重要子学科[①]，除了上文提及之外，在很多方面，国内外旅游史研究都取得了较多的成果。Towner 研究了大旅游时代的旅游者、旅行的时空特征以及旅游业的发展进程，他认为 19 世纪 20—30 年代是传统旅游向现代旅游转变的重要阶段[②]，这也是西方旅游学界的一个基本共识。但也有学者对此持不同的意见，认为现代旅游应该起源于 17 世纪晚

---

① 章杰宽、张萍：《历史与旅游：一个研究述评》，《旅游学刊》2015 年第 11 期。

② Towner J. The Grand Tour: A Key Phase in the History of Tourism, *Annals of Tourism Research*, 1985, 12（3）.

期至 18 世纪早期①。在西方旅游史研究中，人们往往从西方文化经历的角度出发，在研究旅游史的时候更多关注大富商、大企业家、上层贵族等的旅游活动，以及一些著名的旅游胜地，而忽视了大众化的一些旅游实践，Towner 主张应更多地关注非西方社会、民族文化旅游和广泛的旅游活动，体现了旅游史研究的全球视野②。

在区域旅游研究方面，欧洲旅游现象理所当然地成为西方旅游史研究的重点，尤其是罗马帝国时期的旅游活动和欧洲的大旅行现象。中世纪时期，古罗马人的旅游活动已经是非常普遍的社会现象，包括宗教朝圣、温泉度假、城市观光等多种旅游活动，而文艺复兴时期到 18 世纪的大旅游时代，欧洲大陆成为英国人文化旅游的首选目的地，并且此时旅游已经发展成了一种商业活动③。罗马帝国时期的宗教朝圣旅游④，历史时期阿尔卑斯山脉的旅游开发以及与之相关的导游指南和基础设施建设⑤，历史时期地中海旅游度假地的开发⑥等，也是西方学者研究的焦点。历史时期的西方世界旅游，同样引起了国内学者的关注，如对古罗马旅游现象的研究⑦，对世界旅游发展史的研究⑧等。

随着旅游史学科的发展，研究的重心从欧洲逐渐向全球扩展。Revels T.J.梳理了美国佛罗里达州的旅游史，重点阐述了在美国南北战争期间、两次世界大战期间、大萧条时期乃至包括 "9·11" 事件后等几个阶段旅游主题的转变⑨。张颖以美国加利福尼亚州旅游业发展为线索，结合美国和加利福尼亚州的历史背景，对加利福尼亚州从加入美国联邦大家庭的时候开始，到 20 世纪 30 年代末期这一阶段的旅游业发展作了描述，并通过与美国其他州旅游业发展的比

————————

① Verhoeven G. Foreshadowing Tourism: Looking for Modern and Obsolete Features-or Some Missing Link-in Early Modern Travel Behavior（1675-1750）, *Annals of Tourism Research*, 2013, 42（1）.

② Towner J. What is Tourism's History?, *Tourism Management*, 1995, 16（5）.

③ Feifer M. *Tourism in History: From Imperial Rome to the Present*, New York: Stein and Day, 1986.

④ Hunt. E. D. *Holy Land Pilgrimage in the Later Roman Empire: AD 312-460*, Oxford: Oxford University Press, 1984.

⑤ Ring J. *How the English Made the Alps*, London: John Murray, 2000; Barton S. *Healthy Living in the Alps*, Manchester: Manchester University Press, 2008.

⑥ Segreto L., Manera C., Pohl M. *Europe at the Seaside: The Economic History of Mass Tourism in the Mediterranean*. NewYork, Oxford: Berghahn Books, 2009.

⑦ 夏正伟、高峰：《析古罗马的旅游现象》，《上海大学学报》（社会科学版）2008 年第 1 期。

⑧ 彭顺生：《世界旅游发展史》，北京：中国旅游出版社，2006 年。

⑨ Revels T. J. *Sunshine Paradise: A Hstory of Florida Tourism*, Florida: University Press of Florida, 2011.

较，论述了加利福尼亚州旅游业的发展特点及其整体水平①。需要指出的是，上述两位学者的研究，基本属于对历史发展进程中的一些旅游相关现象的罗列和分类，不能算是纯粹、严肃的史学研究。因此也较少有相应的学科理论贡献，但对旅游史研究视野的扩展无疑有一定的促进作用。

中国是一个史学大国，历代以来在各种史书中记载了大量的风土人情、山川形胜等旅游要素资料，诸如二十四史中的《地理志》、一些地理总志（如《元和郡县图志》《太平寰宇记》《舆地纪胜》等）、一些游记（如《大唐西域记》《游城南记》《徐霞客游记》等），等等。尽管这些著作只是内容的梳理，没有上升到理论分析，更没有从今天所谓的文化学、社会学等学科的高度进行研究，但为中国当前的旅游史研究提供了丰富的素材和史料支持。因此，相比国外，国内的区域旅游史研究呈现出欣欣向荣的局面。早在民国时期，著名的宗教学和民族学专家江绍原就对汉以前的旅游环境、旅游心理、旅游风俗及旅游设施设备等进行了初步研究②。尽管其研究的民俗学痕迹明显，与近现代旅游研究路径相异，却是中国早期最为学术化的旅游史研究。在当代，黄家城的桂林旅游史研究③、彭勇④、谢贵安和谢盛⑤的中国旅游史研究，都对历史时期的诸多旅游现象作了细致的分析，成为国内区域旅游史研究的代表。而王福鑫对宋代旅游史的研究⑥和王玉成对唐代旅游史的研究⑦属于在特定时空条件下对旅游现象及其影响的分析，为后来的类似研究提供了一个良好的范本。

此外，国内外旅游史研究还新兴了以下一些研究主题，反映了当前旅游史研究的多元化特征以及学科发展的成熟度，也为未来旅游史研究提供了较多的视角参考。例如，20 世纪中叶美国迈阿密的旅游活动对吉姆·克劳法⑧施行的影响⑨；佛朗哥独裁时期城市的发展状况对如今巴塞罗那世界旅游目的地建设

---

① 张颖：《加州旅游业发展的历史考察（1960—1980）》，长春：东北师范大学博士学位论文，2012 年。

② 江绍原：《中国古代旅行之研究》，上海：商务印书馆，1935 年。

③ 黄家城：《桂林旅游史略》，桂林：漓江出版社，1998 年。

④ 彭勇：《中国旅游史》，郑州：河南医科大学出版社，2006 年。

⑤ 谢贵安、谢盛：《中国旅游史》，武汉：武汉大学出版社，2012 年。

⑥ 王福鑫：《宋代旅游研究》，保定：河北大学博士学位论文，2006 年。

⑦ 王玉成：《唐代旅游研究》，保定：河北大学博士学位论文，2009 年。

⑧ 吉姆·克劳法（Jim Crow Laws）泛指 1876—1965 年美国南部各州以及边境各州对有色人种（主要针对非洲裔美国人，但同时也包含其他族群）实行种族隔离制度的法律。

⑨ Rose N. C. Tourism and the Hispanicization of Race in Jim Crow Miami, 1945-1965, *Journal of Social History*, 2012, 45（3）.

的重要性①；冷战时期澳大利亚人去亚洲旅行的政治意义②；美国的著名政治家威廉（William）一家 1905—1906 年的私人世界旅行路线③；19 世纪 20 年代芬兰地理教科书上的景观照片和旅游指南中的国家意识④等。

二、关于历史旅游地理的研究

尽管当前历史旅游地理只是一个研究方向，但是 20 世纪就有学者提出了历史地理学范式在旅游研究中的适用性。著名旅游学者吴必虎认为可以从历史地理学角度进行当前旅游主要方向的研究，包括旅游资源的调查评价、旅游区的规划设计、旅游区客源市场的调查评价、风景区的管理保护、人文景观的再造等，并认为其构成了旅游区历史地理学的主要内涵⑤。国外的旅游史学研究权威学者 Towner 著的《西方世界的休闲与旅游历史地理：1540—1940》一书，将历史地理方法用于休闲和旅游方面的研究。时间跨度从 16 世纪到 20 世纪早期，方法包括各学科的史料以及历史地图，研究了旅游和休闲系统在目的地的形成过程，并研究了城市和乡村的旅游休闲行为以及当时的政治、经济、社会和文化环境，是历史旅游地理方向的巨著⑥。该书标志着历史旅游地理学的研究范式已经初具雏形，对于历史旅游地理学科的发展具有重要的引领作用。以上两位学者不约而同地在同一时期提出了历史地理学在旅游研究中的应用，验证了在学科发展过程中历史地理学和旅游学两个学科之间交叉的可能性，也表明了历史旅游地理学这样一个交叉学科建立的可能性⑦。而国内历史旅游地理学的标志性著作要数魏向东的《晚明旅游地理研究（1567—1644）—— 以江南地区为中心》一书。魏向东出身旅游学，而又经过专业历史地理学训练。在书中，魏向东明确提出历史旅游地理

---

① Oscarsson O. M. R. Archaeology, Nostalgia, and Tourism in Post-civil War Barcelona（1939-1959），*Journal of Urban History*，2013，39（3）.

② Sobocinska A. Visiting the Neighbours：The Political Meanings of Australian Travel to Cold War Asia，*Australian Historical Studies*，2013，44（3）.

③ Scroop D. William Jennings Bryan's 1905-1906 World Tour，*The Historical Journal*，2013，56（2）.

④ Jokela S.，Linkola H. "State idea" in the Photographs of Geography and Tourism in Finland in the 1920s，*National Identities*，2013，15（3）.

⑤ 吴必虎：《论旅游区的历史地理研究》，《华东师范大学学报》（哲学社会科学版）1994 年第 5 期。

⑥ Towner J. *An Historical Geography of Recreation and Tourism in the Western World 1540-1940*，New York：John Wiley & Sons，1996.

⑦ 章杰宽、张萍：《历史与旅游：一个研究述评》，《旅游学刊》2015 年第 11 期。

的概念，认为历史旅游地理研究应该包括"历史时期旅游的内涵、历史时期旅游活动的主体——旅游者、历史时期的景观地理、历史时期的旅游客流、历史时期的旅游地、历史时期的旅游空间格局"等。这是国内第一部关于历史旅游地理研究的学术著作，被周振鹤先生称为国内历史旅游地理学科的开篇之作。

现代旅游地理学的研究要素，如旅游者行为、旅游产品（活动）、旅游政策、旅游影响、旅游资源开发、旅游文学等，在旅游史研究中，也被广大学者分成了若干专题来进行研究，甚至还包括旅游思想这样的当代学术研究热点问题。在旅游者研究方面，魏向东和朱梅对晚明时期我国历史旅游客流的集聚和扩散现象进行了研究[1]。Horner A.E.认为艺术需求是第一次世界大战和第二次世界大战期间赴非洲旅游的基本动机，对土著文化的向往是旅游者进入非洲的基本驱动力，这一阶段也成为进入西非的旅游者艺术行为的重要阶段[2]。Jones K.研究了美国落基山脉在 19 世纪后期成为狩猎者乐园的过程，狩猎者从最初的旅游者到超脱旅游的范畴而成为美国精神的体现[3]。Wurst L.针对以往尼加拉瓜瀑布区域旅游史研究中注重中产阶级旅游者的研究倾向，通过对考古以及相关资料的考证，论证了当地的旅游者是由许多不同阶层的人共同构成的[4]。Benson D.S.讨论了非裔美国旅游者是如何影响非裔古巴人的[5]。文献分析表明，历史时期的旅游者研究与当代有较多的相似之处，如旅游动机的形成、旅游者的构成乃至旅游流特征等，但在研究方法上，受限于历史条件，大部分研究都是从资料考证的史学范式进行的，区别于当代旅游者研究的量化分析。

按照现代旅游学观点，旅游产品是旅游企业通过开发、利用旅游资源提供给旅游者的旅游吸引物与服务的组合，历史时期尽管相关旅游服务设施与现代相比有较大差距，但从服务这个角度来说，也出现了多元化的旅游产品形式。

---

[1] 魏向东、朱梅：《晚明时期我国历史旅游客流空间集聚与扩散研究》，《人文地理》2008 年第 6 期。

[2] Horner A. E. Tourist Arts in Africa Before Tourism, *Annals of Tourism Research*, 1993, 20（1）.

[3] Jones K. "My Winchester Spoke to her"：Crafting the Northern Rockies as a Hunter's Paradise, c.1870-1910, *American Nineteenth Century History*, 2010, 11（2）.

[4] Wurst L. "Human accumulations"：Class and Tourism at Niagara Falls, *International Journal of Historical Archaeology*, 2011, 15（2）.

[5] Benson D.S. Cuba Calls：African American Tourism, Race, and the Cuban Revolution, 1959-1961, *Hispanic American Historical Review*, 2013, 93（2）.

当然，从旅游者的角度来看，古代的旅游产品也可以理解为旅游活动。Zauhar J.研究了 20 世纪之前欧洲一些国家的体育事件及其影响[1]。Clark I.D.和 Cahir D.研究了 19 世纪澳大利亚 Victoria 的旅游歌舞会（Corroborees）如何从当地土著的民族舞蹈发展为一种旅游产品的过程及其影响因素[2]。此外，Hunter M.K.研究了 1926 年非洲的狩猎旅游开发及其社会意义[3]，Steel F.探讨了 1870—1910 年新西兰塔斯曼地区的海洋旅游[4]，Walton J.K.研究了 20 世纪 30—70 年代欧洲的汽车旅行，探讨了第二次世界大战前后的汽车旅游在现代背包旅游发展中的作用[5]。在国内，相关研究有民国时期的文化名人旅游[6]、中国古代的帝王巡游[7]和近代中国避暑度假旅游[8]。

旅游活动的开展也推动了旅游相关文学作品的繁荣。旅游指南和游记为英国人去欧洲大陆旅游提供了很大的帮助，18 世纪的英国旅游者去欧洲大陆旅游的一些旅游指南和游记被认为是欧洲旅游指南的起源[9]。丰富的史料记载使得历史时期国内的旅游文学作品要比西方丰富得多，这也给中国的旅游文学史研究提供了更广阔的空间。周振鹤通过对明人文集中旅游文章的全面梳理，论证了晚明旅游风气的形成过程[10]。刘德谦在其《中国旅游文学新论》中，对先秦旅游文学、秦汉旅游观、汉魏之际的旅游意识、晋宋间老庄思想与山水等相关的著作都作了深入的探讨[11]。常耀华认为通过大量有旅游内容的殷墟甲骨刻

---

[1] Zauhar J. Historical Perspectives of Sports Tourism, *Journal of Sport Tourism*，2004，9（1）.

[2] Clark I. D., Cahir D. "An Edifying Spectacle"：A History of "Tourist Corroborees" in Victoria，1835-1870，*Tourism Management*，2010，31（3）.

[3] Hunter M. K. New Zealand Hunters in Africa：At the Edges of the Empire of Nature，*Journal of Imperial & Commonwealth History*，2012，40（3）.

[4] Steel F. Cruising New Zealand's West Coast Sounds：Fiord Tourism in the Tasman World c.1870-1910，*Australian Historical Studies*，2013，44（3）.

[5] Walton J. K. The Origins of the Modern Package Tour?：British Motor-coach Tours in Europe，1930-70，*The Journal of Transport History*，2011，32（2）.

[6] 贾鸿雁：《民国时期文化名人旅游特点浅析》，《桂林旅游高等专科学校学报》2002 年第 2 期。

[7] 李岩：《帝王巡游与中国古代的旅游》，《广西社会科学》2004 年第 9 期。

[8] 吕晓玲：《近代中国避暑度假研究（1895—1937 年）》，苏州：苏州大学博士学位论文，2011 年。

[9] François P. If it's 1815, This Must be Belgium：The Origins of the Modern Travel Guide，*Book History*，2012，15（1）.

[10] 周振鹤：《从明人文集看晚明旅游风气及其与地理学的关系》，《复旦学报》（社会科学版）2005 年第 1 期。

[11] 刘德谦：《中国旅游文学新论》，北京：中国旅游出版社，1997 年。

辞，可以系统地对商代旅游进行研究，进一步可以修撰一部商代旅游专史[1]。

在旅游资源开发研究方面，国内外代表性的论著有晚明文人佛寺旅游的开发情况[2]，1925—1950 年法国殖民时期的摩洛哥历史遗迹和旅游景点的电力开发问题[3]。在旅游政策方面，Spode H.研究了希特勒时代德国民众在"海滨旅游度假胜地 20 000（Seaside Resort of the 20 000）"影响下的大众旅游发展状况[4]。Akira S.探讨了 1859—2003 年日本入境旅游政策的演变过程，以及这一历史阶段入境旅游与国家相关政策之间的关系[5]。在旅游思想方面，卢长怀分析和研究了中国古代的休闲思想[6]。

在历史时期旅游业研究方面，由于旅游交通从公共交通中剥离的困难性以及相关研究的缺乏，学者们更多的是从饭店和旅行社业的角度去研究。中世纪的欧洲，旅游交通形式除了步行外，主要是利用畜力和自然力；旅游食宿条件相比以前，也有了很大的改进，住宿设施主要有客栈、旅馆及接待大厦等[7]。而历史上，旅游业的发展推动了纽约的基础设施建设，进而使纽约成为世界的文化中心[8]。Camp S.研究了 1893—1936 年的加利福尼亚这样一个在 19 世纪初各种休闲行为流行的区域，旅游从业者的历史边缘化问题及其影响因素[9]。Cirer-Costa C.J.考察了西班牙马略卡岛的旅游业起源状况，认为经过 1837—1914 年的发展，当地已由起初的若干小酒店发展成为现代旅游服务业俱全的世界著名旅游目的地[10]。还有的学者研究了新西兰 1900 年左右热湖旅游区的旅游

---

① 常耀华：《殷墟甲骨刻辞与商代旅游史的建构》，《旅游学刊》2007 年第 5 期。

② 陈晖莉：《晚明文人佛寺旅游研究》，福州：福建师范大学博士学位论文，2009 年。

③ Apelian C. Modern Mosque Lamps：Electricity in the Historic Monuments and Tourist Attractions of French Colonial Fez，Morocco（1925-1950），*History and Technology*，2012，28（2）.

④ Spode H. Mass Tourism and the Third Reich：The "Strength Through joy" Seaside Resort as an Index Fossil，*Journal of Social History*，2004，38（1）.

⑤ Akira S. Inbound Tourism Policies in Japan From 1859 to 2003，*Annals of Tourism Research*，2005，32（4）.

⑥ 卢长怀：《中国古代休闲思想研究》，大连：东北财经大学博士学位论文，2011 年。

⑦ 胡幸福：《从〈十日谈〉看中世纪西欧旅游的条件与环境》，《西南师范大学学报》（人文社会科学版）2004 年第 4 期。

⑧ Gassan R. H. Tourists and the City：New York's First Tourist era，1820-1840，*Winterthur Portfolio*，2010，44（2/3）.

⑨ Camp S. Materializing Inequality：The Archaeology of Tourism Laborers in Turn-of-the-Century Los Angeles，*International Journal of Historical Archaeology*，2011，15（2）.

⑩ Cirer-Costa C. J. The Beginnings of Tourism in Majorca 1837-1914，*Annals of Tourism Research*，2012，39（4）.

业发展全貌，尤其是当地旅游住宿接待业的发展[1]。

三、关于民国时期国内旅游的研究

民国时期是中国近代旅游发展的重要阶段，1923 年，陈光甫先生在其创立的上海银行总部设立旅行部，1924 年，旅行部独立成为中国近代第一家旅行社——中国旅行社，标志着中国近代旅游业的开端。中国近代旅游业的兴起和发展，为中国现代旅游业的繁荣奠定了坚实的基础，同时也对近代中国社会政治、经济、文化等各方面产生了广泛而深远的影响。因而，这一阶段的旅游业发展也激起了较多学者的研究兴趣，其中关于中国旅行社及其相关的研究占据了重要部分。张俐俐根据档案史料，实证考查了中国旅行社的发展状况，从而折射出 20 世纪 20—30 年代的旅游行业发展史[2]。易伟新依据大量的一手资料，综合历史学和旅游学的研究方法，对民国时期中国旅行社的创办缘由、发展进程、组织架构、业务范畴、经营管理、企业文化以及旅游理论研究等方面进行了系统论述[3]。王专以陈光甫与中国近代旅游业的关系为研究对象，以陈光甫创办并经营中国旅行社为切入点，着重考察了陈光甫在中国近代旅游业历史进程中的思想与实践。作为近代旅游史中的实证研究，其为考察中国近代企业家提供了一个新的视角[4]。董佳简要回顾了中国旅行社的创办经营历程，通过对陈光甫创建中国旅行社的主要目的的分析，着重阐述了中国旅行社的管理思想精华[5]。Gross M.探讨了中国旅行社及其创办的《旅行杂志》的营销理念与营销策略[6]。

其他方面，马晓京考察了中国近代旅游活动中旅游者和旅游活动的类型，以及中国近代出境旅游与其意义[7]；郑向敏研究和考察了古代旅馆的起源、产生与发展的历史痕迹，分析了社会经济、技术发展和朝纲意识等因素对旅馆起

---

[1] Bremner H., O'Gorman K., Henry C. Tourism Development in the Hot Lakes District, New Zealand c.1900, *International Journal of Contemporary Hospitality Management*，2013，25（2）.

[2] 张俐俐：《近代中国第一家旅行社述论》，《中国经济史研究》1998 年第 1 期。

[3] 易伟新：《近代中国第一家旅行社——中国旅行社述论》，长沙：湖南师范大学博士学位论文，2003 年。

[4] 王专：《陈光甫与中国近代旅游业》，苏州：苏州大学博士学位论文，2009 年。

[5] 董佳：《试论近代旅行社的经营管理：以民国时期的中国旅行社为例》，《武汉文博》2009 年第 4 期。

[6] Gross M. Flights of Fancy From a Sedan Chair：Marketing Tourism in Republican China，1927-1937，*Twentieth-Century China*，2011，36（2）.

[7] 马晓京：《近代中国出境旅游活动的历史考察》，《湖北民族学院学报》（社会科学版）1998 年第 2 期。

源与发展的作用，进而总结了中国古代旅馆流变中所表现出的特点和规律性[1]；许春晓通过对档案资料的整理与分析，指出民国时期旅游学术研究有巨大的成就[2]；贾林东和张容考察了抗战时期中国西南旅游业的发展状况，认为抗战时期是西南地区旅游业发展的重要历史机遇，是西南旅游业由传统走向开放，步入近代化的重要阶段[3]；高玉玲通过 1898—1922 年、1923—1949 年、1950—2000 年三个阶段的划分，考察了青岛旅游业的发展脉络[4]；龚敏探寻了 1912—1937 年中国近代旅馆业的发展脉络，深入分析了近代旅馆经营与管理特征及类型、等级和行业管理相关内容，对于我们了解近代旅馆行业发展的全貌具有重要的意义[5]。

四、关于民国时期青藏高原社会经济的研究

在旅游需求越发多元化的今天，青藏地区作为我国主要的高原生态旅游目的地，其旅游业发展呈现出蓬勃的态势，成为我国旅游业发展的新动力。在这样的背景下，青藏旅游研究快速成为学术界的焦点，学者们从社会经济的各个角度探寻青藏旅游业发展的内在规律，但是对其发展源头，即近代青藏旅游罕有涉及。如前文所述，民国时期是我国近代旅游业的源头，因此，本书将研究对象定位于民国时期的青藏旅游。由于旅游的社会经济多维属性，本书有必要对民国时期青藏地区的社会经济研究作一简要梳理。

苏发祥分析了民国时期西藏的农牧业、手工业、金融业、商业等的发展情况，认为彼时的西藏虽然创办了一些现代工业，产生了某些资本主义的萌芽，但封建农奴制经济依然占主导地位[6]。张保见的博士学位论文对民国时期的青藏高原经济地理作了系统的研究，在传统的农牧业、林业、手工业的基础上，他探讨了青藏高原商业的发展以及与其对应的城镇发展，认为城镇分布受农业和交通影响较大，而陆路交通在青藏高原交通体系中占据绝对统治地位，当然这种陆路交通并非现代的公路运输，而是畜力和人力的背运。直到 20 世纪 30

---

① 郑向敏：《中国古代旅馆流变》，厦门：厦门大学博士学位论文，2000 年。

② 许春晓：《民国时期中国旅游学术探索述论》，《北京第二外国语学院学报》（旅游版）2008 年第 3 期。

③ 贾林东、张容：《民国时期西南旅游近代化述论》，《郧阳师范高等专科学校学报》2010 年第 2 期。

④ 高玉玲：《滨海型城市旅游业之演进——以青岛地区为中心（1898—2000）》，厦门：厦门大学博士学位论文，2006 年。

⑤ 龚敏：《近代旅馆业发展研究（1912—1937）》，长沙：湖南师范大学博士学位论文，2011 年。

⑥ 苏发祥：《论民国时期西藏地方的社会与经济》，《中央民族大学学报》（哲学社会科学版）1999 年第 5 期。

年代以后，公路运输才在青海出现，航空运输则是昙花一现①。在此基础上，张保见还探讨了民国时期西藏的商业以及城镇的发展与布局，他认为民国时期西藏的城镇发展基本上与商业发展同步，具有较强的半殖民地色彩，且对经济发展的带动力较弱②。马安君认为民国时期青海的城镇市场在原有基础上有了一定发展，虽然许多地方仍不尽如人意，但还是对传统的军事和交通重镇模式有所突破，商业的顺利运营在城镇发展过程中起着越来越突出的作用③。王永飞研究了西北地区民国时期的交通格局，指出 20 世纪 20 年代青海就已经初步形成了以西宁为中心的公路交通格局，而抗日战争以后，掀起了西北建设的高潮，青海的内外交通运输网络基本形成。此外，这一阶段还出现了兰州到西宁的航空运输④。何一民指出民国时期西藏的城市掀开了近代化的序幕，除了拉萨以外，部分重要城市也有了一定的发展⑤。周晶认为 20 世纪上半叶，拉萨经历了西藏历史上城市快速发展的时期，作为传统的政治、经济和文化中心，拉萨的经济和商业中心的地位也更加突出。在第二次世界大战期间，由于西藏断续作为中国内地物资供给的一个重要通道，拉萨贸易集散地的地位日益重要，从而使其商业也空前繁荣⑥。

由此可见，关于民国时期青藏的社会经济有着较多的研究成果，但由于学科背景以及资料的掌握情况，鲜有学者对其旅游业发展有所关注，而这种发展却是客观存在的，并且无论在资源开发、产业发展等多方面都有了较大的进步。例如，青海塔尔寺的旅游资源开发、西宁湟中大厦和郑记客栈的成立、青海公路交通事业的发展等。

第三节　历史旅游地理学研究探讨

综上所述，无论是旅游史、历史旅游地理还是民国时期旅游和民国时期青

① 张保见：《民国时期青藏高原经济地理研究》，成都：四川大学博士学位论文，2006 年。

② 张保见：《民国时期（1912~1949）西藏商业及城镇的发展与布局述论》，《中国社会经济史研究》2011 年第 3 期。

③ 马安君：《民国时期青海城镇市场述论》，《西藏研究》2008 年第 3 期。

④ 王永飞：《民国时期西北地区交通建设与分布》，《中国历史地理论丛》2007 年第 4 辑。

⑤ 何一民：《民国时期西藏城市的发展变迁》，《西南民族大学学报》（人文社会科学版）2013 年第 2 期。

⑥ 周晶：《20 世纪上半叶的拉萨城市面貌研究》，《西藏大学学报》（社会科学版）2006 年第 3 期。

藏高原社会经济研究都取得了大量的成果。"旅游业动态发展的本性，以及这种动态发展研究的学术和实践意义，吸引了大量学者"对历史旅游地理及其相关学科的关注①，这为历史旅游地理学这一学科的建立与发展奠定了坚实的基础。因此，本书在历史旅游地理学这样的学科背景下，探讨民国时期青藏旅游地理，具有重要的学术和实践意义。

历史旅游地理的研究与三门学科的发展密切相关：历史地理学、旅游地理学和旅游史学。当然，尽管历史旅游地理学与上述三个学科都有着密切的关系，但在隶属关系上我们仍认为其应该更多的归属于历史地理学科。正如鲁西奇所云②，许多学科的考察对象与目的是一致的，但其研究方法和手段迥异，因此当今学科的分类在很大程度上取决于其研究的路径、方法或手段而非其对象与目的。历史旅游地理学尽管研究的是历史时期一定区域内的旅游活动，但与现代旅游地理学研究不同，其研究方法类似于历史地理学方法，主要靠史料的搜集、整理、鉴别与运用，这就涉及学科范式的问题。作为一门学科，要成立，首先要回答该学科遵循什么样的研究范式。我们提出历史旅游地理学的概念，首先也是最关键的问题就是其范式的形成问题。

范式是科学哲学家 Kuhn T.S.在其代表作《科学革命的结构》（*The Structure of Scientific Revolution*）一书中首先提出的。他认为，科学家之所以能对共同研究的课题使用大体相同的语言、方式和规则，是因为他们具有一种解决问题的标准方式，即范式③。因此，某一学科的范式是指该学科研究人员所共同拥有的价值观，包括该学科研究所特有的观察视角、概念体系、内容框架和分析工具等要素。那么作为一个正在形成的准学科（姑且这样称呼），历史旅游地理研究应该遵循什么样的范式，或者说历史旅游地理学具备什么样的理论框架，这是关乎这门学科能否最终形成的最重要标志。其实在 Towner 教授的《西方世界的休闲与旅游历史地理：1540—1940》一书中，关于历史旅游地理学的研究范式已经初具雏形，对于历史旅游地理学的发展具有重要的引领作用。但他并没有将其上升到理论高度，或者说该研究只是在旅游史框架下展开的，他并没有历史旅游地理学的学科自觉性。下面结合相关学科的发展状况以

---

① 章杰宽、张萍：《历史与旅游：一个研究述评》，《旅游学刊》2015 年第 11 期。

② 鲁西奇：《〈椿庐史地论稿〉读后》，《史林》2006 年第 3 期。

③ Kuhn T. S. *The Structure of Scientific Revolution*. Chicago：University of Chicago Press，1962.

及历史旅游地理学的研究现状，从四个方面来探讨历史旅游地理学的研究范式，以便与广大读者探讨。

第一，观察视角。

视角指的是看待问题、研究问题的角度。历史地理学研究以历史时期区域空间环境与人的互动关系为视角[①]，旅游史学立足于旅游活动的时间维度[②]，旅游地理学研究则以旅游活动的区域性为基本出发点[③]。历史旅游地理学则兼顾了上述三门学科的研究视角，在人地关系的基础上注重休闲娱乐性，在历史时期旅游活动的基础上注重区域性，在区域旅游活动的基础上关注历史局限性，即历史旅游地理的观察视角应该包括时间、空间和旅游三个基本要素。历史旅游地理学研究试图在特定时间和空间范围内来描述和解释历史时期所发生的旅游现象。具体而言，历史旅游地理将人类的旅游活动按时间顺序的发展和空间范围的展开进行考察，并且在时间顺序上和空间范围内对人们从事的旅游活动而引起的各种现象及其相互关系进行记述和总结。历史旅游地理学关注历史时期某一空间范围内的旅游现象，以历史地理学"人地关系地域系统"为核心，探索旅游利益相关者与地理环境之间的关系。从观察视角来看，历史旅游地理研究和旅游史研究具有一定的相通之处，正如著名的旅游史专家 Towner 将其毕生的精力用于旅游史研究，其代表作却是历史地理视域下的《西方世界的休闲与旅游历史地理：1540—1940》一书。因此，尽管历史旅游地理学是一门综合性的交叉学科，但从学科属性来说，其类似于历史地理学，将其置于历史学框架下似乎更为合适。

第二，学科概念。

学科概念是形成 Kuhn T.S.提出的"学科共识"的基础，一门学科的形成必须要有构建该学科理论体系的一些关键概念的共识性认知。在历史旅游地理学的发展中，最具争议也最为关键的无疑是关于"旅游"的认识[④]。在此基础上我们才能对与旅游相关的旅游者、旅游资源、旅游产品等多个学科概念进行讨

---

① 鲁西奇：《人地关系理论与历史地理研究》，《史学理论研究》2001 年第 2 期。

② Walton J. K. Prospects in Tourism History：Evolution，State of Play and Future Developments，*Tourism Management*，2009，30（6）．

③ 郭来喜、保继刚：《中国旅游地理学的回顾与展望》，《地理研究》1990 年第 9 期。

④ 魏向东：《晚明旅游地理研究（1567—1644）——以江南地区为中心》，天津：天津古籍出版社，2011 年。

论。众所周知，现代旅游业产生于 19 世纪中期，从此在由实践发展而推动的学术研究中，旅游的概念都带有显著的现代特色[①]。据此，很多学者认为旅游是一种新兴的社会现象，因而对 19 世纪以前的旅游活动产生怀疑[②]，而这种怀疑将会动摇历史旅游地理这一新兴学科的理论基础。因此，在历史旅游地理学中，旅游是什么？在这一最基本的学科概念上形成共识是形成历史旅游地理学的最基本条件。对此，诸多学者对历史时期旅游的概念进行了广泛的讨论。旅游活动由来已久这一客观事实已经被国内外大量的研究所证实，因此对旅游的定义应该跳出无论是历史学科还是旅游学科的固有框架，将其置于一个更广泛的跨学科背景下去讨论。当然无论哪一种认知，旅游活动具有空间移动行为这一基本特征必须要明确。现代旅游业强调的旅游动机中的"休闲娱乐行为"，由于历史时期的资料限制，很难去为古人界定。因此我们认为历史旅游地理学的旅游行为应该强化其空间行为，弱化其动机行为。弱化不代表忽视，正如魏向东所云，"人们出外旅行后又回到出发点，并在途中有观赏旅游景物的行为"[③]，都可视为历史时期的旅游行为。此外，在现代旅游活动所强调的时间范围上，由于历史时期交通条件的限制，其时间界定也不应该那么严格。有的旅游者停留的时间可能为一年、两年甚至更多，但只要其在异地并开展一定的旅游活动，都可纳入历史时期的旅游活动范畴内。由此，在历史旅游地理学框架下，我们可以将旅游的范围定义为："人们暂时离开自己生活的惯常环境，在前往异地以及归途的过程中，所发生的综合性旅行活动，包括观光游览、科学探险、政治考察、文化交流等多方面行为。"

第三，内容框架。

研究内容在学科范式中的地位并不是十分突出，因为随着学科体系的发展，其研究内容总是在不断的变化之中。例如，历史地理学研究，由最初的以历史自然地理为主，到后来的历史人文地理兴起，到当前历史人文地理体系的

[①] 关于现代"旅游"的定义已经有相当丰富的著作提出，在此不再赘述。

[②] 张嵩：《〈中国旅游史〉教学中"旅游"概念辨析》，《河南商业高等专科学校学报》2014 年第 5 期；Page S. Review Essay: Progress in Tourism History—The Contribution of Recent Historiography to Tourism Research, *Tourism Management*, 2006, 27（5）; Battilani P., Gordon B. M., Furnée J. H., et al. Discussion: Teaching Tourism History. *Journal of Tourism History*, 2016, 8（1）.

[③] 魏向东：《晚明旅游地理研究（1567—1644）——以江南地区为中心》，天津：天津古籍出版社，2011 年，第 9 页。

不断丰富①，其研究内容也在不断的扩展之中。而历史旅游地理学不同，其研究对象局限于旅游及其相关的内容，即现代旅游地理学的研究内容在历史时期的特征。关于旅游地理学的研究内容，本书在绪论部分已经有叙述，那么应用到历史时期，本书认为应该大体包含以下几个部分。

（1）旅游活动产生的自然和人文环境地理分析。这一部分应该重点阐述旅游活动产生的自然和人文环境背景，以及自然人文环境对旅游活动产生的影响，具体包括山川形胜、气候水文、宗教文化、民风民俗、政治生态、经济发展等多方面的分析。

（2）旅游资源地理研究。旅游资源是旅游活动开展的基础，因此，对旅游资源的形成、特征、分类及分布进行探讨是历史旅游地理学的重要研究内容。此外，结合一定的历史背景，对当时旅游资源的开发行为也可以进行适当的研究。

（3）旅游者行为地理研究。旅游者行为地理研究是现代旅游地理学的重要构成部分，历史时期的旅游者行为特征也具有较高的研究价值。对历史时期旅游者的旅游动机、行为特征、时空变化、旅游流等进行研究，都有助于我们了解当时旅游活动及其产生的社会经济影响。

（4）旅游交通地理研究。旅游交通是现代旅游产业的重要组成部分，在历史时期交通道路的建设同样对旅游活动的开展有着极大的推动作用。本部分可以从旅游交通线路的设置、旅游交通节点的分布和旅游交通工具的演变等多方面探讨历史时期的旅游交通地理。

（5）旅游接待地理研究。尽管区别于现代旅游酒店业，但是历史时期多样化的住宿设施同样有助于旅游活动的快速发展。例如，中国古代的驿馆、客栈、寺庙等，都是旅游接待的重要形式。

（6）其他方面。受限于史料来源，对于不同区域的历史旅游地理还可以涉及旅游购物、旅游餐饮、旅游娱乐、旅游影响、旅游城市规划等多个方面。

第四，分析工具。

所谓分析工具，指的是学科研究的方法论。一个学科要形成，从事该学科的大部分研究人员都应具备成熟并且共通的方法论基础。因为历史旅游地理学

---

① 毛曦：《历史地理学学科构成与史念海先生的历史地理学贡献》，《史学史研究》2013 年第 2 期。

的研究对象是历史时期人们的旅游活动和地理空间环境的关系，因此史学研究方法就构成了其方法论的基础。通过前文关于历史旅游地理研究状况的分析，我们可以发现，与现代旅游地理学不同，历史旅游地理研究受限于历史条件，大部分研究都遵循史学研究范式，区别于当代旅游地理研究的量化分析。因此史料分析成为历史旅游地理研究的基本手段。由于历史上关于旅游活动记载的碎片化和零星化，从事历史旅游地理研究需要对大量的各种资料进行搜集，这些资料包括各种史籍、方志、档案、早期的报纸、信件，甚至包括口述、传说、文学作品、绘画、照片、碑刻等[①]。

此外，在学科交叉不断盛行的背景下，一些跨学科研究方法或者一些新兴的研究方法也开始在历史旅游地理研究中得到更多的应用，一方面丰富了学科研究的方法论体系；另一方面也成为历史旅游地理研究区别于传统史学研究的根本特征，如在晚明江南地区的旅游客流研究中，魏向东对统计分析方法的应用[②]。同样地，借鉴于当前旅游流研究中社会网络分析方法的普遍应用，对于历史时期的旅游流同样可以开展网络分析，从而有利于我们认知历史时期一些重要的旅游节点及其作用。需要强调的是，在当前历史地理学方法的创新中，地理信息系统（geographic information system）分析发挥了重要的作用。在历史旅游地理学研究中，地理信息系统工具的潜力同样巨大，如旅游资源的分布、旅游者行为规律、旅游交通线路分布等，都可以使用地理信息系统分析方法获得一些传统方法所无法取得的成果。因此，历史旅游地理学的分析工具是基于传统史学分析，恰当地嵌入现代旅游地理学的研究方法所形成的新方法论。

第四节　研究内容、方法与技术路线

通过学术史回顾，可以得知，历史旅游地理学以及相关学科方向已经取得了丰硕的成果，但是对于一门学科建立而言，当前的研究成果仍然存在一定的问题和不足。首先，系统性的历史旅游地理研究成果较少，专题研究较多。尽

---

① 章杰宽、张萍：《历史和旅游：一个研究述评》，《旅游学刊》2015 年第 11 期。
② 魏向东、朱梅：《晚明时期我国历史旅游客流空间集聚与扩散研究》，《人文地理》2008 年第 6 期。

管《西方世界的休闲与旅游历史地理：1540—1940》一书可以看作国际历史旅游地理方向的开篇之作，但其仍局限于对人们的休闲行为的研究，对于旅游地理学框架下的旅游资源、旅游业、旅游交通等涉及较少。相反，兼具旅游学和历史学知识的魏向东则在其《晚明旅游地理研究（1567—1644）——以江南地区为中心》一书中，对历史旅游地理作出了系统的描述。后来刘勋的《唐代旅游地理研究》①、任唤麟的《明代旅游地理研究》②、何小芊的《中国温泉旅游的历史地理研究》③都对国内历史旅游地理研究体系的丰富作出了重要的贡献。这表明，在国内历史地理研究蒸蒸日上的环境下，国内历史旅游地理迎来了良好的发展契机，尤其是不同时空背景下的历史旅游地理研究有着非常大的发展空间。其次，作为我国近代旅游业开端的民国时期，其旅游地理研究较少。除了关于民国时期的中国旅行社之外，关于民国时期其他方面旅游地理的研究较少。相反，对于传统意义上不属于现代旅游活动的封建时代，其旅游地理研究却得到了较多学者的关注。这也表明民国时期的旅游地理研究具有较大的拓展空间。最后，随着我国西部大开发战略的日渐推进以及国家对西部民族地区发展的日益重视，关于青藏高原的历史地理研究也逐渐成为学术研究的热点，这尤其表现在对青藏高原社会经济的研究中。学者们对历史时期青藏高原的交通、城镇、商业等多方面作出了较多的努力。但是对于已经发展成为青藏地区支柱产业的旅游业而言，却鲜有学者关注，其历史时期的旅游地理研究仍是空白。

对于青藏地区这样一个特殊的区域来说，在如今大力发展旅游业的背景下，学术界对其源头的梳理和研究显得不足。因此，在上一节分析的基础上，本书遵循历史旅游地理学研究范式，探讨民国时期青藏地区的旅游地理，一方面试图在历史旅游地理理论建构中作出一些努力；另一方面也试图在特定的时空背景下，对区域历史旅游地理进行初步的分析和探讨。本书对民国时期青藏旅游地理的研究，不仅仅是怀古思今，促进当代旅游业的发展，也可以从另一个侧面对当时青藏地区的社会经济发展有更进一步的认知。

① 刘勋：《唐代旅游地理研究》，武汉：华中师范大学博士学位论文，2011年。
② 任唤麟：《明代旅游地理研究》，合肥：中国科学技术大学出版社，2013年。
③ 何小芊：《中国温泉旅游的历史地理研究》，北京：旅游教育出版社，2013年。

基于这样的分析，本书的研究框架可以作如下界定。

第一章，绪论。这一部分首先交代研究选题的缘由，接着对本书的相关概念进行阐述，梳理国内外历史旅游地理及其相关领域的研究现状。同时，阐明本书的研究内容、方法与技术路线。最后对本书的研究意义和资料来源作简单的介绍。

第二章，民国青藏旅游业发展的自然人文环境状况。这一章主要从自然环境和人文环境两个方面论述民国时期青藏地区旅游业发展的背景，着重解释旅游业形成的原因。在自然环境方面，从地形地貌、水文方面论述其对旅游业的影响。在人文环境方面，则重点关注政治环境、人口状况、宗教信仰、经济状况等方面对旅游业的影响。

第三章，民国青藏旅游资源。旅游资源是旅游业发展的基础，正是因为拥有众多异彩纷呈的旅游资源，民国时期的青藏地区旅游业才取得了一定的成就。首先，本章对该时期青藏地区旅游资源的特点作基本概述。其次，根据现代旅游地理学研究成果，对这一时期的旅游资源进行分类。再次，本章从空间的角度探讨这一时期青藏地区旅游资源的分布特征。最后，以个案研究的方式，对民国时期青藏地区的旅游资源开发利用进行考察。

第四章，民国青藏旅游交通。本章从旅游交通线路分布、旅游交通节点和旅游交通方式与工具三个方面探讨民国时期青藏地区的旅游交通地理，旨在阐释旅游交通发展与当时旅游业发展之间的关系，揭示当时青藏旅游业发展的一些内在动因。

第五章，民国青藏旅游者。旅游者研究是现代旅游地理学的重要构成部分。首先，本章考察民国时期入青海和西藏旅游者的基本动机。其次，根据旅游动机对旅游者进行分类，考察不同类型旅游者的旅游行为及其时空变化特征。再次，本章根据旅游者在青藏地区的空间流动，研究其旅游流网络特征。最后，本章对旅游者行为进行个案研究。

第六章，民国青藏旅游住宿及其他相关行业。除了旅游资源开发以及旅游交通建设之外，民国时期的青藏旅游业其他方面的发展也取得了一定的成就。本章从旅游住宿、娱乐和餐饮服务等方面，探讨现代旅游业在当时青藏地区的发展。在旅游住宿方面，针对青藏地区的社会经济现状，本章从宾馆客栈、驿站、寺庙和帐篷四个方面论述其住宿设施的类型和分布。旅游娱乐主要集中在公园和影院两个方面，旅游餐饮则主要论述茶馆业。

根据上述研究内容，本书确定如下研究方案。

第一，本书首先了解、掌握国内外关于旅游史、历史旅游地理、民国旅游研究、民国青藏社会经济研究方面的研究动态，在已有研究成果的基础上，确定本书的基本研究路径和研究方法。

第二，进行相关史料的搜集。在现代旅游地理学框架以及史料支撑的双重保障下，本书确定民国青藏旅游地理研究的基本框架，进而确定研究内容，并在此基础上，充实相关研究资料。

第三，进行本书的专题研究，重点分析民国时期青海和西藏的旅游资源开发与分布、旅游者行为、旅游交通地理以及旅游住宿发展状况，形成本书的核心研究部分。本书注重历史学、地理学、旅游学以及其他社会科学研究方法的融合，注重个案研究。研究中，鉴于地理信息系统工具在历史地理研究中的作用日渐凸显，以及其在旅游地理研究中的适用性，根据研究需要，本书在各核心章节都对其进行了应用。

根据以上研究方案，本书的研究技术路线如图 1-2 所示。

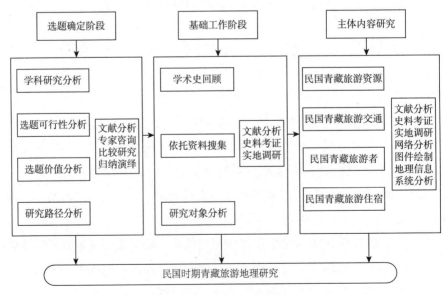

图 1-2　本书研究技术路线

第五节　研究意义与资料来源

一、研究意义

本书的总体设计为：采用历史旅游地理学研究范式，探讨民国时期的青藏旅游地理，从而为历史旅游地理这一新兴的研究方向作出相应的理论与实践贡献。本书首先简要介绍民国时期与旅游业发展相关的青藏地区自然和人文环境，接着从旅游资源、旅游者行为、旅游交通、旅游住宿等旅游地理学研究的几个主要版块出发，在大量史料考证的基础上，结合现代旅游学研究方法，研究民国时期青海和西藏的旅游业发展状况。依据这样的设计，本书具有以下研究意义。

（一）学术意义

本书不仅拓展了历史地理学尤其是历史人文地理学的研究范畴，而且对于历史旅游地理学这样的子学科的形成具有一定的促进意义。本书关于历史旅游地理学学科概念、历史时期旅游、历史旅游地理学研究框架的设定、研究方法的选择，尤其是关于历史旅游地理学研究范式的讨论等，都可以为未来历史旅游地理学的进一步研究提供参考。

（二）实践意义

在高原生态旅游越发受到关注的当代，在西藏自治区世界重要旅游目的地的建设过程中，在青海省不断提升旅游产业地位的背景下，本书追根溯源，探讨当代青藏地区旅游的源头——民国时期的青藏旅游，总结当时的旅游发展规律，对于当代青藏地区的旅游规划与开发、高原生态旅游地的管理具有重要的借鉴意义。

二、研究资料

（一）地方志资料与档案资料

《西藏地名》《西藏地名录》《青海地名录》等现代书籍为本书的地名查询提供了便利。其他的地方志资料与档案资料包括《西藏自治区志》《西藏调查记》《昌都志》《青海省志》《青海商业志》《西宁市志》《吴忠信入藏日记》《黄慕松护送班禅回藏工作报告书》《赵守钰护送班禅灵回藏经过简要报告书》《戴传贤奉命前往甘孜致祭班禅经过报告》《元以来西藏地方与中央政府关系档案史料汇编》《康藏纠纷档案选编》《民国时期西藏及藏区经济开发档案选编》《西藏亚东关档案选编》《九世班禅圆寂致祭和十世班禅转世坐床档案选编》《西藏社会历史藏文档案资料译文集》《西藏历史档案荟萃》等。

（二）个人游记资料

主要有《康藏轺征》《黄慕松奉使新疆西藏自记》《拉萨见闻记》《西藏纪要》《甘青藏边区考察记》《后藏环游记》《藏印纪行》《日喀则鸟瞰》《中国的西北角》《宁海纪行》《西北考察日记》《西北视察记》《西北漫游记·青海考察记》《西北随轺记》《西游小记/西行杂记》《西北行》《藏边采风记》《入藏日记》等①。此外，还有一些个人探险、游记类资料散见于民国时期的一些报纸杂志，包括《旅行杂志》《地学杂志》《新亚细亚》《新青海》《边事研究》《边政公论》《小说月报》《西北月刊》等。例如，张印堂的《宁青经济地理之基础与问题》、蒋君章的《西藏之自然环境与人生》、李明矩的《西藏旅行记》、李国柱的《游藏纪程》、徐幼峰的《西藏记》、杨希尧的《青海漫游记》、王翰的《游藏指南》等②，不一而足。

民国时期，同样有较多国外旅行者基于政治、文化、科学等多重动机在青

---

① 刘曼卿：《康藏轺征》，上海：商务印书馆，1933 年；黄慕松：《黄慕松奉使新疆西藏自记》，北京：中央编译局，2011 年；朱少逸：《拉萨见闻记》，上海：商务印书馆，1947 年；尹扶一、杨耀卿：《西藏纪要》，南京：蒙藏委员会编译室，1930 年；马鹤天：《甘青藏边区考察记》，兰州：甘肃人民出版社，2003 年；戴新三：《后藏环游记》，《康藏研究》1948 年第 19 期；戴新三：《藏印纪行》，《康藏研究》1949 年第 25 期；戴新三：《日喀则鸟瞰》，《边政公论》1945 年第 9—12 期；范长江：《中国的西北角》，成都：四川大学出版社，2010 年；周希武：《宁海纪行》，兰州：甘肃人民出版社，2002 年；顾颉刚：《西北考察日记》，兰州：甘肃人民出版社，2002 年；陈赓雅：《西北视察记》，兰州：甘肃人民出版社，2002 年；侯鸿鉴、马鹤天：《西北漫游记·青海考察记》，兰州：甘肃人民出版社，2003 年；高良佐：《西北随轺记》，兰州：甘肃人民出版社，2003 年；张恨水、李孤帆：《西游小记/西行杂记》，兰州：甘肃人民出版社，2003 年；林鹏侠：《西北行》，银川：宁夏人民出版社，2000 年；葛赤峰：《藏边采风记》，重庆：商务印书馆，1942 年；杨质夫：《入藏日记》，《中国藏学》2008 年第 3—4 期。

② 张印堂：《宁青经济地理之基础与问题》，《边政公论》1942 年第 11—12 期；蒋君章：《西藏之自然环境与人生》，《边政公论》1944 年第 3 期；李明矩：《西藏旅行记》，《地学杂志》1919 年第 11—12 期；李国柱：《游藏纪程》，《地学杂志》1918 年第 11—12 期，1919 年第 1—3 期；徐幼峰：《西藏记》，《西北月刊》1925 年第 20—22、30 期；杨希尧：《青海漫游记》，《新亚细亚》1937 年第 2—6 期；王翰：《游藏指南》，《西北杂志》1913 年第 3 期。

藏地区进行考察，也留下了大量关于当时青藏地区自然和人文各个方面的记述，甚至其论述的范围和深度都超过国内相关著作。这些国外著作也是本书的重要资料来源，其中国外旅游者中尤以英国人居多。代表性的有英国人怀特的《拉萨游记》、英国人麦克戈德温的《乔装到拉萨》、英国人泰克曼的《西藏东部旅行记》、英国人詹姆斯·瓦特的《西康之神秘水道记》、英国人麦克唐纳的《旅藏二十年》等[1]。此外，瑞典人斯文·赫定对青藏地区的考察[2]，对当时青藏地区的地理概况、民风民俗、自然景观有较多的介绍，成为今天研究民国时期青藏地区地理的重要资料。其他方面，日本人青木文教的《西藏游记》、英国人郝希的《西藏东部游记》、法国人古纯仁的《川滇之藏边》等著作[3]，也是本书研究民国时期青藏旅游地理的基本资料。

（三）其他相关著作

除了上述主要资料外，本书还参考了《西藏文史资料选辑》《青海文史资料选辑》《西藏经济简史》《塔尔寺史话》《中国人口史》《藏北牧民》《西北公路交通要览》《青海通史》《西藏通史》等著作。

---

[1]〔英〕怀特：《拉萨游记》，吴与、陈世骧译，《东方杂志》1917年第3期；〔英〕麦克戈德温：《乔装到拉萨》，孙梅生、黄次书译，《蒙藏旬刊》1935年第91～100期；〔英〕泰克曼：《西藏东部旅行记》，高上佑译，《康藏前锋》1934年第8期；〔英〕詹姆斯·瓦特：《西康之神秘水道记》，杨庆鹏译，南京：蒙藏委员会，1933年；〔英〕麦克唐纳：《旅藏二十年》，孙梅生、黄次书译，上海：商务印书馆，1936年。

[2]〔瑞典〕斯文·赫定：《我的探险生涯》，潘岳、雷格译，乌鲁木齐：新疆人民出版社，1997年。

[3]〔日〕青木文教：《西藏游记》，唐开斌译，上海：商务印书馆，1931年；〔英〕郝希：《西藏东部游记》，吴墨生译，《边政公论》1938年第7期；〔法〕古纯仁：《川滇之藏边》，李思纯译，《康藏研究》，连载于1947年12月第15期至1949年8月第29期，共11期，其中第24、25期间断。

第二章　民国青藏旅游业发展的自然人文环境状况

　　民国时期青藏地区旅游业的发展与当时的自然和人文环境有很大的关系。自然和人文环境孕育了青藏地区异彩纷呈的旅游资源，从而吸引了国内外众多旅游者前往体验。青海省和西藏自治区是青藏高原的主体部分，青藏高原号称"世界屋脊"，自然和人文环境特殊，高峰荒原，人迹罕至。现代旅游地理研究认为，差异性是驱动旅游业发展的重要动因。在当时的社会经济环境下，青藏地区的自我封闭性尤为突出。无论是在自然环境还是人文环境方面，青藏地区都是一个相对独立的地理单元，这对国内外旅游者产生了巨大的吸引力。因此，自然和人文环境分析是本书的研究基础。本章即从自然和人文环境两个方面，来探讨民国时期青藏地区与旅游业发展相关的整体环境背景。

　　青海在清朝时期属于甘肃西宁道，民国十八年（1929）改为青海行省。青海行省以"全国最大盐水湖而得名，是我国两大河流（长江和黄河）的发源地……全省面积约七十万方千米，人口约一百三十万。平均每平方千米尚不足二人……西北毗连新疆，西南接壤西藏，南连西康，东北东南接壤甘肃，所以是腹地和边地的中介地，也是西北国防的重镇"①。西藏则更加封闭和独

---

① 马鹤天：《近十年来青海建设事业》，《西北世纪》1937 年第 3 期。

特，正如胡明春在其游记中写道："藏境多山，交通阻隔，外界文化不易输进……所以一直到如今的生活情况，仍如太古的游牧状态。"[①]

自然环境方面，青藏地区与当今并没有显著的区别。在自然环境分析方面，本章主要参考徐近之的《青藏自然地理资料·地文部分》[②]和《青藏自然地理资料·植物部分》[③]。徐近之被誉为"内地科学工作者入藏第一人"[④]。1933年，当时的中央气象研究所所长竺可桢先生在十三世达赖喇嘛圆寂之后，派遣中央大学青年学生徐近之随中央西藏巡礼团进藏。尽管当时徐近之由于政治原因未能入藏，但是他第一次到达西宁。在西宁期间，徐近之考察了青海湖，并作有《青海纪游》一文，这也是历史上中国考察青藏高原的最早论述。1934年5月，竺可桢又委派徐近之入藏。徐近之由成都启程，历时4个月到达拉萨。徐近之在布达拉宫附近建立了西藏高原的第一个气象站，并在西藏停留3年。在西藏期间，徐近之考察了青藏地区的大湖——纳木错。根据考察结果，徐近之测绘了纳木错的地形图，记录了纳木错的考察资料及其地理上的变化。徐近之在留藏3年期间，还南越喜马拉雅山，骑行通往印度的山路至亚东，乘火车至加尔各答。徐近之自印度回拉萨后，开始对西藏东南部的横断山脉产生兴趣。1936年11月，徐近之离藏东返，沿着云南马帮入藏往返的路线，对横断山脉进行科学考察，取得了宝贵的一手资料。中华人民共和国建立后，中国科学院成立，徐近之任中国科学院南京地理研究所研究员。其后，徐近之根据自身考察的资料以及大量国内外相关资料，编著了近代中国第一部系统的关于青藏高原自然地理特征的著作。本章所参考的《青藏自然地理资料·地文部分》和《青藏自然地理资料·植物部分》即成书于此。尽管书籍出版在1949年后，其参考的主要资料都源于民国时期，因此，本章在分析关于民国时期青藏旅游发展的自然环境时，仍选择《青藏自然地理资料》作为主要参考文献。在人文环境分析方面，本章则主要参考第一章给出的地方志和档案资料、个人游记资料等。

---

① 胡明春：《西藏甘丹圣寺游记》，《边疆半月刊》1938年第1期。
② 徐近之：《青藏自然地理资料·地文部分》，北京：科学出版社，1960年。
③ 徐近之：《青藏自然地理资料·植物部分》，北京：科学出版社，1959年。
④ 严得一：《三十年代徐近之青藏高原的考察探索》，《地理学与国土研究》1985年第1期。

第一节　自然环境状况

本节从地形地貌和水文环境两个方面来论述民国时期青藏地区旅游业发展的自然环境背景。在现代旅游业发展中，气候条件的影响较大，尤其是对于西藏自治区这样特殊的地理单元来说，气候条件的影响要比其他区域更加突出，导致其淡旺季差异明显①。由于气候条件的影响，在西藏地区，每年的 5—10 月是旅游旺季，其他季节的旅游者则较少，同样的现象也体现在青海旅游业发展中。但是在民国时期的青藏旅游业发展中，气候条件对旅游业的影响甚微。因为在民国时期的青藏地区，旅游者的旅游动机与当今大众旅游以休闲观光为主不同，主要是以探险、科考、公务活动和文化体验等为主，受气候条件的影响相对较小。因此，本节在自然环境分析中，对气候条件不再赘述。同样地，尽管动植物资源是吸引相关人士到青藏地区进行科考、探险和间谍活动的重要因素，也有对英国和美国间谍如何借采集植物而从事间谍的活动进行的详细报道②，但动植物资源的分布状况对民国时期青藏地区旅游者行为的影响总体较小，本节同样不再叙述。

一、地形地貌环境

青海省和西藏自治区是青藏高原的主体，青藏地区是著名的山地高原区域，青藏高原"是世界上最高最大的区域，青海全省位于高原之上，平均高度为海拔 3000 公尺……青海省地势之高，仅逊于西藏。青海地形可分为四大区，一曰河湟青海区、二曰柴达木区、三曰祁连区、四曰高山区。前二者高度皆在四千公尺之下，后二者高度皆在四千公尺之上"③。从山川上看，青海省的主要山脉可以分为三支，分别是祁连山脉、巴颜喀拉山脉和唐古拉山脉。在区位上，"青海省因青海湖而得名，于我国之西北，地当新疆及西藏与内地交通之卫，以我国全部论，青海实居全国之中心。……其地东北界甘肃，西接新疆，

---

① Zhang J., Mei J., Zhang Y. Tourism Sustainability in Tibet—Forward Planning Using a Systems Approach, *Ecological Indicators*，2015，56.

② 参见 1945 年，英国人考克斯（Cox）著的《中国植物采集》一书，书中写道："凡没有被欧洲人所足踏之处，植物采集者每为开路先锋。"

③ 孟昭藩：《青海省地理志》，《新西北月刊》1941 年第 6 期。

南临西康，西南以一隅连西藏，东南以一隅连四川。东起西经十四度，西至西经二十六度，南至北纬三十一度，北至北纬三十九度"[1]。

相对于青海省，西藏自治区的海拔更高，其被称为"世界屋脊的屋脊"。从地形上看，西藏自治区也可分为四大区：喜马拉雅高山区、藏南谷地区、藏北高原区和藏东高山峡谷区。喜马拉雅高山区位于藏南，由几条大致东西走向的山脉组成，平均海拔6000米左右。其中位于中尼边境、地处西藏定日县境内的珠穆朗玛峰，海拔8844.43米，是世界最高峰。喜马拉雅山顶部常年冰雪覆盖，其南北两侧的气候与地貌有很大差别。藏南谷地区位于冈底斯山脉和喜马拉雅山脉之间，即雅鲁藏布江及其支流流经的地域。这一带有许多宽窄不一的河谷平地和湖盆谷地，地形平坦，土质肥沃，是西藏主要的农业区。藏北高原区位于昆仑山、唐古拉山和冈底斯山、念青唐古拉山之间，约占全区面积的2/3，由一系列浑圆而平缓的山丘组成，其间夹着许多盆地，是西藏主要的牧业区。藏东高山峡谷区，即著名的横断山地，大致位于那曲以东，为一系列东西走向逐渐转为南北走向的高山深谷，其间分布着怒江、澜沧江和金沙江三条大江，山顶终年不化的白雪、山腰茂密的森林与山麓四季常青的田园，构成了峡谷区三江并流的壮丽景观。

青藏地区是世界上高峰最多的区域，尤其集中于西、南两面的喀喇昆仑山脉和喜马拉雅山脉一线，冈底斯山脉和昆仑山脉也有高峰分布。据徐近之统计，喜马拉雅山脉6000米以上的高峰有87座[2]，其中作为喜马拉雅山主峰的珠穆朗玛峰高8848米[3]。在喀喇昆仑山脉、昆仑山脉、冈底斯山脉和唐古拉山脉，6000米以上高峰有58座。如此多的高峰对欧洲旅游者产生了极大的吸引力。徐近之指出："欧洲最高的勃朗峰高度不过海拔4810公尺。"[4]徐文还提到了藏族的三大圣山：康仁波清峰[5]、卡瓦庆博峰[6]和洛察垒峰。康仁波清峰是冈底斯山脉的主峰，位于西藏阿里地区普兰县境内。在西藏，除了珠穆朗玛峰外，没有任何一个山峰比康仁波清峰更能吸引世人的关注。此外，由于大部分

---

① 黎小苏：《青海之地理环境》，《新亚细亚》1935年第1期。

② 徐近之：《青藏自然地理资料·地文部分》，北京：科学出版社，1960年，第10—12页。

③ 2005年中国国家测绘局测量的珠穆朗玛峰的高度是8844.43米。

④ 徐近之：《青藏自然地理资料·地文部分》，北京：科学出版社，1960年，第9页。

⑤ 现在通常写作"冈仁波齐峰"。

⑥ 有的著作也称之为"卡瓦格博峰"。

高峰都分布在边境地区，是国防最前沿地带，因此诸多高峰很早就引起帝国主义者的注意。国外的登山、考察和探险活动也在这个时期达到了一个高峰。相对而言，青海省境内的高峰很少有超过7000米的，大都为6000—6500米。

就整个青藏地区而言，其山系可以分为祁连山系、昆仑山系、唐古拉山系、喀喇昆仑山系、冈底斯山系和喜马拉雅山系。据韩宝善的研究[①]，祁连山系在青海北部，是青海与甘肃的界山，其支脉有二：一个在海北，为布哈山；另一个在海南，为阿米赛什庆山[②]，更蜿蜒至贵德为拉鸡山，至湟源者为日月山。昆仑山系又称为巴颜喀拉山系[③]，自西东行，至娘磋族境分为二支：北支曰貌木克大山，更东北延至黄河中曲，为玛沁雪山、滂马山、大积石山；南支为长江黄河之分水岭，更沿黄河东下至四川与甘肃之间为岷山山脉。唐古拉山系，是青海和西藏的界山。1934年，徐近之由青海入藏的途中，对昆仑山系南支曾作过考察。喀喇昆仑山系在印度河上游以北[④]，叶尔羌河上游以南。其宽度为80.5—161千米，喀喇昆仑山系的高峰呈线状分布，北线有著名的乔戈里峰，南线有马雪布鲁姆峰[⑤]。相比于青藏高原内部的其他山系，冈底斯山系更加宽大崇高，但其规模小于喜马拉雅山系。冈底斯山系脉络复杂错乱，有很多南北走向的断层，藏族第一神山冈仁波齐峰即位于此。喜马拉雅山系是五大山系中蜿蜒最长的，从克什米尔境内的南伽帕尔巴特峰到雅鲁藏布大峡谷的南伽巴瓦峰，全长2414千米。其主峰珠穆朗玛峰，作为世界第一高峰，吸引了众多登山爱好者前来攀登，如从1921年到1938年，英国人曾经先后8次组织登山队，试图从西藏地区的北坡攀登主峰，但都以失败告终[⑥]。

二、水文环境

青藏地区河流众多、湖泊密集，有众多的中国之最，如中国最大的湖泊——

---

① 韩宝善：《青海一瞥》，《新亚细亚》1932年第6期。

② 即赛什腾山。

③ 区别于韩宝善的观点，目前学术界通常将昆仑山脉东段的南支称为巴颜喀拉山脉，即文中所提及的长江和黄河的分水岭。

④ 即今西藏自治区阿里境内的狮泉河流域。

⑤ 徐近之：《青藏自然地理资料·地文部分》，北京：科学出版社，1960年，第21页。

⑥ 分别是1921年（队长克·哈瓦德巴里）、1922年（队长吉·布鲁斯）、1924年（队长弗·诺顿）、1933年（队长赫·卢托列吉）、1934年（队长米·威尔逊）、1935年（队长伊·希普顿）、1936年（队长赫·卢托列吉）和1938年（队长葛·狄尔曼）。

青海湖、中国最高的大江——雅鲁藏布江、中国最高的大湖——纳木错等。民国时期外地入藏的旅游者尤其是科考探险性旅游者，对青藏地区的河流和湖泊产生了浓厚的兴趣，其他类型旅游者也在诸多游记中对此有一定的记述。

青藏地区有两个大的内陆流域，一是藏北高原；二是柴达木盆地和青海湖区。藏北高原是世界上最高最大的内陆流域。因为是内陆流域，这两处的河流都比较短小。相对于内流河，青藏地区的外流河无疑更引人注目。其中世界知名的黄河、长江、澜沧江、怒江、雅鲁藏布江、恒河和印度河都发源于此。因此，徐近之认为"青藏地区是世界上少见的大河发源集中地区"[1]。河源区主要集中在唐古拉山南北、冈仁波齐峰与玛法木湖区[2]。唐古拉山南北是黄河、长江、澜沧江和怒江的发源地，而冈仁波齐峰和玛法木湖区是雅鲁藏布江、恒河和印度河的发源地。

青藏地区还是世界上湖泊分布最为广泛的区域之一。据斯文赫定计算，藏北高原河流内流部分的面积约为 71.78 万平方千米。在这样一个辽阔的内陆流域内，分布着青藏高原最为密集的湖泊群，这些湖泊常常自成流系，并且以湖泊为归宿，因此这一区域被称为高原自容盆地区。据推算，当时藏北高原所有无出口外流湖泊的总面积达 27.61 万平方千米。由于地形关系，相对于藏北高原，青海省境内的湖泊较少，但青海省有我国最大的湖泊——青海湖，民国时期诸多到青藏地区旅行的旅游者都曾在青海湖留下足迹。

由于青藏地区的海拔为世界最高，大部分湖泊的高度都非常惊人。1933年，英国人乘坐飞机窥探珠穆朗玛峰时，见到峰上有一个冰湖[3]，这可能是世界上海拔最高的湖泊。羊卓雍湖是喜马拉雅山北坡最大的湖泊，湖间有山地突起，湖北部呈峡江状态，南部水面较为开阔，湖水面积 880.6 平方千米[4]。据徐近之记载，羊卓雍湖原来还有出口汇入雅鲁藏布江，但后来湖水不能外流。以前的出湖口变成了一条狭长的湖湾，并向西延展成一通谷，成为拉萨到日喀则的一条近路。纳木错是藏北高原上最大的湖泊，据徐近之考察，在过去纳木错

---

① 徐近之：《青藏自然地理资料·地文部分》，北京：科学出版社，1960 年，第 29 页。

② 玛法木湖为徐近之的称谓，今则一般称之为玛旁雍错。

③ Buchan J., Fellows P. M. *First Over Everest: The Houston-Mount Everest Expedition, 1933*, New York: R.M.McBride, 1934, p.225.

④ 该数据为徐近之对羊卓雍湖面积的计算，现在由于气候变化原因，羊卓雍湖面积已经缩为约 650 平方千米。

曾有河流由其西北流出，但到 1935 年时，纳木错已经没有湖水外流，并且湖滩也开始缓慢地向湖中心倾斜，表明湖水面积在逐渐缩小[1]。

如此众多的湖泊，成为青藏地区旅游业发展的重要资源保障，在众多旅游者的游记资料中都可见关于湖泊的记载。除了众多的河流和湖泊之外，冰川覆盖也是青藏地区的一大特色。徐近之认为，整个青藏高原在冰期时可能都被冰川所覆盖[2]。当时，除了南极洲外，高山冰川区的规模很少有超过青藏地区的。据测定，民国初年唐古拉山雪线北坡为 5100 米，南坡为 5250 米[3]。而徐近之 1934 年 8 月经过时，在海拔 5100 米的山口并无积雪，其推测可能为季节原因，但也有可能是气候变迁的原因。祁连山区的雪线，东部为 4600 米，西部则高至 5500 米，但是冰川期都很短。喜马拉雅山脉也是青藏地区冰川的主要分布区，Kellas A.M. 将喜马拉雅山脉的冰川分为两类，一类是冰碛覆盖的大冰川；另一类是大冰川的支流或其上部，有裂隙和冰瀑布[4]。其中，全山最大的是热母冰川[5]，长近 29 千米，尾部海拔 4237 米。

第二节　人文环境状况

与自然环境一样，独特的人文环境也是民国时期青藏地区能够吸引外部旅游者的基本驱动力。本节从政治环境、人口状况、宗教信仰、经济状况和交通状况五个方面论述民国时期青藏旅游业发展的人文环境。

一、政治环境

从清末开始，尽管中央政府对西藏的管辖日渐式微，但西藏一直都是我国不可分割的一部分。中华民国成立之初，1912 年 1 月 1 日孙中山先生在就任临时大总统时，就强调："国家之本，在于人民，合汉、满、蒙、回、藏诸地为

---

① 徐近之：《西藏之大天湖》，《地理学报》1937 年第 4 期。

② 徐近之：《青藏自然地理资料·地文部分》，北京：科学出版社，1960 年，第 62 页。

③ Kellas A. M., Meade C. A Consideration of the Possibility of Ascending the Loftier Himalaya, The *Geographical Journal*, 1917, 49 (1).

④ Kellas A. M., Meade C. A Consideration of the Possibility of Ascending the Loftier Himalaya, The *Geographical Journal*, 1917, 49 (1).

⑤ 今谓之绒布冰川。

一国，则合汉、满、蒙、回、藏诸族为一人，是曰民族之统一。"①《中华民国临时约法》规定"中华民国领土，为二十二省……西藏、青海"。民国政府的各条大法，都明确规定西藏是中华民国的一部分，中央政府还委任了驻西藏的办事长官。从 1912 年 5 月到 1949 年 7 月，从"西藏办事长官"到"蒙藏委员会驻藏办事处处长"，从钟颖到陈锡章，民国政府一直通过设立机构委任官员的方式对西藏实施行政管辖。其间，民国政府还按照历史定制主持了十三世达赖喇嘛和九世班禅额尔德尼的致祭活动，以及十四世达赖喇嘛和十世班禅额尔德尼的坐床典礼。国民政府在南京成立后，西藏地方也很快与国民政府取得联系。九世班禅额尔德尼和十三世达赖喇嘛先后于 1929 年和 1931 年在南京设立驻京办事处。但由于国民政府对西藏地方的控制力不强，再加上英美帝国主义势力对西藏的渗透，西藏与中央的纠纷冲突也不断，尤其是国民政府对待九世班禅额尔德尼的态度，导致西藏地方政府和国民政府的矛盾日渐突出。在这样的政治环境下，国民政府官员往返西藏处理各种政务、帝国主义势力渗透西藏进行策反等政治活动频繁。这些政务旅游者留下的诸多游记、日记等史料，成为本书的重要依据。在行政区划上，民国时期的西藏与当前也有一定的区别。当时的昌都地区和林芝地区属于川边特别行政区（1911—1928）管辖，民国二十七年（1938）11 月 22 日，西康省成立后，其又划归西康管辖。当然，从民国七年（1918）的康藏纠纷以后，西藏和西康的实际管辖范围一直以金沙江为界。

相对于西藏，青海省与内地的关系无疑更为密切。清朝在青海地区置西宁道，驻西宁。民国二年（1913），北洋政府公布了《划一现行各县地方行政官厅组织令》，青海地区为了贯彻此令，废西宁府，留西宁道，并且改厅为县。其时，西宁道所辖共 7 县②。1914 年 6 月西宁道改名海东道，仍治西宁县（今青海西宁市）。1915 年，青海的蒙藏地区和西宁道七县都成为时任甘边宁海镇守使马麒的管辖范围。至此，青海地区尽管仍属于甘肃省管辖，但是青海的军政大权开始归一，也成了后来青海省的雏形。1921 年，马麒统一果洛地区，从此果洛藏族地区也成为甘边宁海镇守使的管辖范围。其后，马麒对青海地区进行经略活动。经过一系列活动，青海牧区也逐渐成为马麒的统治范围。1925 年，

---

① 伦父：《中华民国之前途》，《东方杂志》1912 年第 10 期。
② 分别是西宁县、碾伯县、大通县、巴戎县、贵德县、循化县和湟源县。

国民革命军势力开始向西北挺进。1928 年，中国国民党中央政治会议第 153 次会议提出，将宁夏和青海分别建为行省。从此，青海成为一个省级建制，这成为青海近代史上一个具有里程碑意义的事件。1929 年 1 月 26 日，孙连仲就任青海省主席。8 月 26 日，孙连仲调任甘肃省主席，青海省主席由其部将高树勋暂任。中原军阀混战后，由冯玉祥批准，1929 年 10 月，青海省政府事务由马麒代理。1931 年，中央政府正式任命马麒代理青海省主席。截至 1931 年，青海省共辖西宁、大通、乐都（原碾伯县）、循化、化隆（原巴戎县）、湟源、贵德、共和、门源、玉树、同仁、民和、互助和都兰 14 县。在马步芳统治时期，青海省的行政区划又经历了一番改革。截至 1949 年，青海省辖行政督察区 1 个（治玉树），县级市 1 个（西宁市），县 19 个[①]，治局 2 个（祁连、星川），直辖区 3 个（河南四旗、刚察千户、果洛地区）。

二、人口状况

青藏高原一直以来都是地广人稀的区域。据《甘肃通志稿·民族志》统计，1908 年，西宁府有人口 361 255 人[②]。民国三十五年（1946）的《内政统计月刊》记载，1921 年西宁道属 7 县的人口数为 450 297 人。1931 年，通过对当时青海省下属的 15 个县统计，除了同仁、囊谦外，其他 13 县的人口为 637 965 人[③]。1936 年，青海省人口达到 1 196 054 人[④]，1942 年人口增至 1 512 823 人。到 1949 年，据青海省统计局统计，青海省人口约为 1 483 282 人。在民族构成上，青海省人口包括汉族、藏族、回族、土族、蒙古族、撒拉族等民族。因此，"青海的民族，的确是很复杂的，全国各省区中，除掉新疆堪配作姊妹而外，再没有比得上他的"[⑤]。在 1938 年公布的数据上，西宁、都兰等 13 县的人口中，汉族占54.84%，藏族占 16.53%，回族占 18.08%，土族占 5.44%，撒拉族占 2.12%，蒙古族占 2.99%[⑥]。而根据 1949 年青海省统计局统计的数字，1949 年末，以上 6 个民

---

① 分别是大通、湟中、互助、乐都、民和、循化、贵德、化隆、湟源、共和、门源、玉树、都兰、同仁、兴海、囊谦、称多、海晏、同德。

② 邓隆纂：《甘肃通志稿·民族志》，1936 年。

③ 内政部年鉴编纂委员会编纂：《内政年鉴·警政篇·户籍行政·县市人口调查》，上海：商务印书馆，1936 年。

④ 国民政府内务部统计处编：《战时内务行政应用统计专刊·青海省户口统计表》，1938 年。

⑤ 祁世绩：《青海的民俗》，《青年月刊》1916 年第 6 期。

⑥ 裴其钧、李玉林：《青海省人文地理志·民族》，《资源委员会季刊》1942 年第 1 期。

族的比重分别是 49.6%、28.8%、15.2%、3.1%、1.7%和 1.5%[1]。

关于民国时期西藏的人口并没有一个比较权威的数据。据苏联学者亚历山大罗夫的著作，"西藏有三四百万人口，包括各种的西藏部落"[2]，但这显然与当时的西藏社会经济发展状况相矛盾。据统计，西藏 2014 年的人口才为 317.55 万人[3]。据赵文林和谢淑君根据魏源的《圣武记·西藏后记》和清朝宣统年鉴的人口统计资料，民国元年（1912）西藏的人口约为 166 万人[4]。黄奋生在《藏族史略》中，根据 1945 年西康德格中关于农区和牧区僧侣人口和非僧侣人口比例的调查，推断出其时西藏人口约为 110 万人，其中僧侣占 27%[5]。杨子慧认为，民国初年官方统计的藏族人口 116 万人偏少，其主张以 1912 年和 1953 年全国第一次人口普查数据中的西藏人口数据（127.5 万人）的均值来确定民国时期西藏的人口，约为 121.5 万人[6]。侯杨方在《中国人口史》中指出，1928 年国民政府内务部对西藏人口的估计是 3 722 011 人[7]。但他指出，从人口学和生态学来看，这个数字不足以信。路遇和腾泽之也认为，这个数据纯属杜造[8]。在 1947 年的全国户口统计中，西藏人口被估计为 100 万人，这比较符合当时西藏的社会发展现状。综合上述统计数据，本书认为民国时期西藏人口为 100 万—200 万人，再加上西康省昌都地区的约 30 万人口[9]，则民国末年，较为准确的数字应该接近 200 万人。无论是哪一种统计数据，都认为民国时期西藏人口中民族成分比较单一，几乎全是藏族居民。这与青海省的多民族构成人口特征有着较大的差异。

三、宗教信仰

在民国时期，青海地区的藏传佛教继续得到北洋政府和国民政府的大力扶

---

① 青海省地方志编纂委员会：《青海省志·统计志》，西宁：青海人民出版社，1995 年，第 117 页。

② 〔苏〕亚历山大罗夫：《近代西藏》，北京大学政治学系译，北京：世界知识社，1951 年，第 16 页。

③ 西藏自治区统计局、国家统计局西藏调查总队：《西藏统计年鉴 2015》，北京：中国统计出版社，2015 年，第 29 页。

④ 赵文林、谢淑君：《中国人口史》，北京：人民出版社，1988 年，第 490 页。

⑤ 黄奋生：《藏族史略》，北京：民族出版社，1985 年，第 384 页。

⑥ 杨子慧：《中国历代人口统计资料研究》，北京：改革出版社，1996 年，第 1485 页。

⑦ 侯杨方：《中国人口史》第六卷（1910—1953 年），上海：复旦大学出版社，2001 年，第 222 页。

⑧ 路遇、腾泽之：《中国人口通史》，济南：山东大学出版社，2000 年，第 1035 页。

⑨ 多杰才旦、江村罗布：《西藏经济简史》，北京：中国藏学出版社，2002 年，第 6 页。

持，因此也得到了一定程度的发展。其中，格鲁派在全省占据优势地位，并继续向一些偏远地区传播。宁玛派主要传播于黄南、海南和果洛三州；萨迦派则基本流传于玉树地区；噶举派也主要在玉树地区传播；而觉囊派在果洛地区有所传播①。由于政府的支持，民国时期青海的藏传佛教寺庙得到了修葺，并且也有新的寺庙兴建，但规模和数量有限。在一些偏远地区，如玉树、果洛、海南等边远牧区，修寺之风较盛。至1949年青海省解放前夕，全省有规模较大的藏传佛教寺庙650余座，加上其他规模较小的寺庙，共有1000余座之多②。民国时期青海的寺庙规模在全国仅次于西藏地区，由此可见藏传佛教在整个青海省的巨大影响力。

民国时期，伊斯兰教开始在青海得到发展。随着伊斯兰教的发展，青海地区的清真寺数量也迅速增加。到1935年，青海全省的清真寺发展到360余座③。至1949年10月，则增加至720座，民国时期伊斯兰教在青海的影响力仅次于藏传佛教。此外，由于得到青海统治者马氏家族的支持，天主教在青海的传播也发展很快，天主教教堂数量不断增加④。至1934年，青海地区已有天主教教堂20余座，信徒达3200余人⑤。到1949年，青海省有8座天主教教堂，下辖25座分堂，信徒达3970人⑥。与天主教同源的基督教新教在青海也有一定的发展。1934年，全省基督教新教教徒有200余人⑦，而1949年10月发展到400余人⑧。

西藏是藏传佛教的发源地，自印度高僧莲花生入藏，使佛教在西藏立足后，经过佛教与西藏苯教不断的斗争和融合，形成了独具特色的藏传佛教，进而成为世界上佛教传播的三大主要支脉之一。到吐蕃王朝最后一任赞普朗达玛

---

① 吴均：《青海地区的藏传佛教与寺院》，中国人民政治协商会议青海省委员会文史资料研究委员会编：《青海文史资料选辑》第十辑，西宁：中国人民政治协商会议青海省委员会文史资料研究委员会，1982年，第4—33页。

② 蒲文成：《青海藏传佛教寺院概述》，《青海社会科学》1990年第5期。

③ 马鹤天：《西北考察记·青海之社会》，《开发西北》1935年第6期。

④ 崔永红：《青海通史》，西宁：青海人民出版社，1999年，第840页。

⑤《青海耶教之调查》，《开发西北》1934年第4期。

⑥ 张生林：《初探天主教在青海的传播和发展》，《社会科学参考》1988年第9期。

⑦《青海耶教之调查》，《开发西北》1934年第4期。

⑧ 马毓：《青海基督教简介》，中国人民政治协商会议青海省委员会文史资料研究委员会编：《青海文史资料选辑》第十辑，西宁：中国人民政治协商会议青海省委员会文史资料研究委员会，1982年，第115—117页。

的时候，佛教在西藏已经取得了支配性的地位。但是由于佛教发展给西藏社会经济带来的巨大影响，朗达玛在西藏掀起了轰轰烈烈的灭佛运动，从而标志着佛教传播在西藏前弘期的结束。经过近200年的佛教停歇期，在1040年，受当时阿里地区的古格王朝邀请，又一位印度高僧阿底峡入藏兴佛，再加上其时青海地区佛教也开始向西藏渗透，从而使西藏的佛教传播进入了又一个高潮阶段，即所谓的后弘期。从此以后，佛教在西藏占据了绝对支配性的地位，并先后形成了宁玛派、噶当派、萨迦派和噶举派等派别。在噶当派的基础上，青海僧人宗喀巴创立格鲁派，并一跃成为西藏影响力最大的佛教派别，直至今日。从后弘期开始，佛教在西藏一直长盛不衰。民国时期，胡明春在游历西藏后写道："西藏是一个佛教最昌盛的地方，对于经典与佛理的了解，在这时代中恐怕要算西藏了……藏人因信佛观念之深，故藏中有'喇嘛多，寺院大'之著名。"[1]据统计，在1959年西藏进行民主改革前，全藏共有大小寺庙2711座，僧侣共计114 103人，约占当时西藏总人口的9.51%[2]。藏传佛教在西藏的兴盛，使西藏逐渐形成了政教合一的地方政权，这一社会特征一直到民国时期仍然保持得十分明显。

除了藏传佛教之外，在西藏有影响力的宗教还有其本土宗教苯教。尽管佛教的发展后来居上，但是苯教的影响仍然体现在西藏社会经济的各个方面，在许多生活习俗和节庆礼仪方面都体现出了苯教的一些基本信仰。其他方面，天主教和伊斯兰教在西藏也有一定的传播，但其影响力远远小于藏传佛教。拉萨的第一座清真寺就是现在位于拉萨八廓街的拉萨大清真寺，始建于清朝康熙年间。民国时期，拉萨八廓街东南还修建了一座规模较小的清真寺。尽管近代西方帝国主义势力对西藏不断地进行渗透，但天主教在西藏的传播一直受到抑制。只是在19世纪末在现在昌都地区芒康县的盐井修建了一座天主教教堂，且一直保留至今，但其影响力十分微弱。

四、经济状况

民国时期的西藏，由于不发达的生产力，当地人的生产生活都比较接近传统社会。"尝谓西人每善用机械，国人则善用自然，苟吾人一至蒙番地视察

---

① 胡明春：《西藏甘丹圣寺游记》，《边疆半月刊》1938年第1期。
② 孙泽荣：《中国人口·西藏分册》，北京：中国财政经济出版社，1988年，第298—299页。

者，无一非利用自然也。自牛马粪为燃料，以生羊皮做衣服……"①民国时期的西藏社会经济与之前并没有明显的区别，封建农奴制一直在其社会经济中占据统治地位。此外，西藏恶劣的自然环境和人口条件，使得其产业发展面临巨大的困难。对于西藏当时的产业经济，邱怀瑾如是评价："而西藏充溢宗教之需求，故其宗教上之器具……，带几分手工业的生产过程，日常品之大部分，为自给自足的生产，不足者外间输入，由斯可证西藏全未脱原始产业之域。"②并且，农奴制的压迫和宗教思想对人民的精神麻痹，使得民国时期西藏的经济发展一直处于较低的层次，商业氛围淡薄。英国人柏尔在其《西藏志》中这样描述西藏的商人："西藏社会，可分为两部分：其一面为地主、绅士，他一面为农民、牧人。商人居于此两者之间，为中间阶级，其所怀抱之目的，均不溢出中流社会外，但论其实权则殊藐小不足道。西藏尽无强有力之中等阶级。"③因此，从元朝时期，西藏正式纳入中央版图后封建农奴制建立，直到民主改革之前，西藏"基本上还停留在封建初期的劳役地租的发展阶段上。全区产业就有农业和牧业的分工，手工业还没有从农业或牧业生产中完全单独分离出来。农牧业生产工具原始，耕作粗放，生产力水平较低。……西藏的封建农牧制与世界各地社会发展阶段中的同一社会形态相比较，具有最为典型、系统和完整性的特点"④。

与西藏不同，民国时期青海的商业开始发达起来。在青海，出现了一些著名的民营商业资本家，以及一些商人协会性质的民间组织。民国二年（1913），大通县商会成立，此后其他各县也纷纷成立商会。1941年，西宁成立了"青海全省商会联合会"，各县商会成为其下属机构。但在商会的职能方面，青海商会的成立并没有起到保护同行利益的作用，反而成为地方政府操纵控制的工具⑤。民国时期，青海商业手工业界还陆续成立了一些行会组织，如国药业、新药业、皮货业、书籍业等。需要强调的是，还有一些手工业和服务性行业的同业公会成立，其中包括旅店业⑥。这说明民国时期青海的旅游住宿

---

① 汪扬、舒永康：《青海行程记6》，《华安》1934年第8期。
② 邱怀瑾：《西藏经济之概观》，《边事研究》1936年第1期。
③〔英〕柏尔：《西藏志》，董之学、傅勒家译，重庆：商务印书馆，1936年，第133页。
④ 多杰才旦、江村罗布：《西藏经济简史》，北京：中国藏学出版社，2002年，第38页。
⑤ 崔永红：《青海通史》，西宁：青海人民出版社，1999年，第681页。
⑥ 杨景福：《青海商业志》，西宁：青海人民出版社，1989年，第239页。

业已经有了一定的发展规模，先后成立的昆仑大旅社、湟中大厦、郑记客栈以及诸多车马店等多种形式的住宿设施，也验证了这一点。

五、交通状况

由前文分析可知，西藏地区南部为喜马拉雅山脉环抱，西北面是昆仑山脉和唐古拉山脉，东面是横断山脉，中部还有冈底斯山脉和念青唐古拉山脉，全区平均海拔 4000 米以上。这样特殊的自然环境导致西藏的交通十分闭塞。元明清时代就在西藏建立的官道和驿站，在民国时期仍然是西藏和内地联系的主要通道。民国时期，西藏"没有一条现代意义上的公路，交通运输状况十分落后"[1]。民国时期中央政治学校教授格桑群觉对西藏的交通状况作过形象的描述："西藏地方大山绵亘，不仅无铁路马路，连黄包车和牛车也没有，交通极为不便。很年轻的男女都能骑牛乘马。驮载物件均用牦牛和骡子。街道上多用石板砌铺……桥梁只有木桥、索桥；舟船有木船和牛皮船，容人少而危险多。"[2]

对于青海而言，交通水平则进步许多。民国时期，青海的近代交通运输业开始得到发展。1925 年，青海有了第一辆汽车。1929 年青海建省之后，青海省政府十分重视引进近代科学技术，并将近代科技应用到邮电通信、农牧业、工业和交通运输业等多个领域，青海的公路交通事业开始取得发展。民国十七年（1928），西宁经永登到兰州的汽车公路初步开通。20 世纪 30 年代中期，由于政治形势的需要，青海省在马步芳的领导下，掀起了修建地方道路的高潮。1938 年，兰州至西宁的汽车客运正式开通。进入 40 年代，由于国际国内形势的变化，出现了以修建青藏、青新国道为主的第二次修路高潮。建省之后，青海的汽车数量也不断增加。从 1929 年到 1949 年，先后新修和重建了甘青公路西宁到享堂段、西宁到张掖段、西宁到贵德段，宁凉公路的西宁到互助段、西宁到临夏段等多条地方公路，以及青藏公路西宁至玉树段、青新公路倒淌河到茫崖段等几条国道。同时，一些桥梁如惠宁桥、广济桥、贵德黄河浮桥等桥梁工程也在这一时期完成。1948 年，享堂大通河上建成了一座 32 米的上承式钢桁桥。截至 1948 年，青海全省公路里程达到

---

① 多杰才旦、江村罗布：《西藏经济简史》，北京：中国藏学出版社，2002 年，第 271 页。
② 格桑群觉：《西藏概况》，《时事月报》1939 年第 2 期。

3143千米，桥梁有71座，民用汽车达216辆[1]。交通工具的提升和交通道路的修建，对这一时期青海旅游事业发展产生了重要的推动作用，极大地方便了外部游客的入青旅行。

---

① 崔永红：《青海通史》，西宁：青海人民出版社，1999年，第721页。

第三章　民国青藏旅游资源

　　旅游资源是旅游活动得以开展的第一驱动力，在独特的自然和人文环境下，青藏地区拥有诸多较高品质的旅游资源，给外来游客留下了深刻的印象。第二章是本书进行民国时期青藏旅游地理研究的历史地理背景，在此基础上，以下各章进行历史旅游地理研究领域的相关专题研究。在现代旅游学的观点下，旅游资源是一个非常宽泛的概念，无论是已经开发的还是潜在的具有开发价值的资源都可以成为旅游资源。正如谢彦君所言："旅游资源的存在形态因其被开发的程度而大体上表现为两种：一种是处于原始状态的旅游资源，虽具有旅游吸引力，但由于未经过人类的大规模、产业化开发，尚不能成为多数旅游者的旅游对象；另一种则是已经被部分地开发利用了的旅游资源，而且，这些旅游资源的某些部分已经被当作旅游产品的一部分。"[1]因此民国时期青藏地区的旅游资源无论是已经有一定开发基础的，还是处于比较原始的状态的，都在本章的研究范围之内。本章在前文关于旅游资源概念的基础上，从旅游资源的特点、类型、分布等方面来论述民国时期青藏旅游资源的一些基本问题。

第一节　民国青藏旅游资源的特点

　　关于旅游资源的特点，现代旅游地理学界早有一定的共识。在旅游资源的

---

[1] 谢彦君：《基础旅游学》，北京：商务印书馆，2015年，第89页。

共同特点方面，代表性观点有广域性、区域性、不可移动性、重复使用性、文化属性[1]；多样性、吸引力的定向性、垄断性或对特定环境的依赖性、非消耗性、可创新性[2]；可体验性、自在性、潜在性、不可转移性[3]。但对于民国时期青藏地区的旅游资源而言，除了具有上述一些共性之外，青藏地区的地理环境特征还使得该区域的旅游资源具有原真性、宗教性和封闭性等一些特殊的性质。

一、原真性

由于地处西北和西南边疆，人烟稀少，青藏地区的社会经济形态长期处于不发达的境地，因此其旅游资源也较大程度地保持着原有的生态状况。当然由于青海和西藏地区不同的地理环境和民族构成，青海比西藏更为近代化一些。即便如此，西北边陲的荒凉仍使该区域大部分旅游资源长期以来都保持着原貌。对于青海而言，除了"西宁道各县川原相关，早经开发"，相比较为繁华之外，其他区域"北方盆地……为蒙古族游牧之地……南方山谷……为玉树二十五族驻牧之地，西北柴达木亦系低湿之区……不适耕作，西南高地气候高寒，雨量稀少"[4]，因此，青海的整个自然环境乃至社会经济都保持着较为传统的状态。胡宏基在其《旅行者开发青海之管见》中提到："一过日月山，两眼泪汪汪……日月山以西，则满目荒凉而已，气温则四季皆雪；农业则无希望，只有牧畜而已。"[5]对于西藏而言，其原始程度较青海有过之而无不及，"西藏气候寒冷，空气干燥，山巅积雪有终年不化的，所以居高原的人民，多以游牧为生活，居平原的，就靠农业过活。至于工业及商业，为数甚少"[6]。因此，恶劣的自然环境、不发达的社会经济，使民国时期青藏的旅游资源保留着极高的原始状态，从自然景观到民风民俗、建筑设施等各种旅游资源，都具有极大的原真性。

---

① 甘志茂、马耀峰：《旅游资源与开发》，天津：南开大学出版社，2000年，第6—7页。

② 李天元：《旅游学概论》第七版，天津：南开大学出版社，2014年，第127—128页。

③ 谢彦君：《基础旅游学》，北京：商务印书馆，2015年，第87—90页。

④ 黎小苏：《青海之地理环境》，《新亚细亚》1935年第1期。

⑤ 胡宏基：《旅行者开发青海之管见》，《旅行杂志》1943年第9期。另：日月山是青海省乃至我国的一条重要地理分界线，日月山东是农业文明，日月山西则为游牧文明。同时日月山也是历来从青海去西藏的交通咽喉，当年文成公主进藏即路过此处，有相关遗迹若干。

⑥ 格桑群觉：《西藏概况》，《时事月报》1939年第2期。

二、宗教性

受宗教信仰的影响，青藏地区的大部分旅游资源都具有浓厚的宗教色彩。且不说本身就是旅游资源的众多寺庙，即便是原始的自然景观，也被赋予了深厚的宗教内涵。这与当代其实并无多大区别。在青藏地区，几乎每一座山、每一条河、每一个湖都有着相应的宗教传说。例如，有"圣湖"之称的玛旁雍错、羊卓雍错、纳木错等；有"神山"之称的冈仁波齐峰、珠穆朗玛峰、阿尼玛卿峰、南迦巴瓦峰等。此外，藏传佛教在青藏地区的影响力已经融入了人民的生产生活乃至精神价值观。例如，在藏民的碉房中，必然有一间房屋是用来礼佛的；在各节日节庆中，必然会有大量的宗教活动仪轨。宗教对青藏地区旅游资源的影响，本章在下一节进行详细论述。

三、封闭性

柏尔在其所著的《西藏史》中写到，西藏"高出人类普通住处，其山尤高峻，四面……隔绝。入藏既不易，旅行内地，又苦荒凉，险阻，加以遁世精神，使其政府屏绝外人于佛教圣城之外。孤立如此……"[①]由此可见，无论在自然环境还是人们的心理思维上，西藏都是与外界隔绝较深的地方。青海除了与内地联系比较多的西宁及其周边地区外，其他地方与西藏有较大的相似性。因此，封闭的自然和人文环境使民国时期青藏地区的旅游资源只能为少数人所体验，尤其是在交通条件上，"藏境多山，交通阻隔"[②]，使得青藏地区旅游资源的可进入性相当差。即便在当前，交通条件仍然是制约青藏地区旅游资源开发的重要因素。

第二节　民国青藏旅游资源的类型

关于旅游资源的分类，按照不同的分类标准及研究视角，学术界有诸多分类结果，其中最常见的是基于事物属性的旅游资源分类方法。国家旅游局资源开发司和中国科学院地理研究所把旅游资源分为六大类：地文景观类、

---

① 〔英〕柏尔：《西藏史》，宫廷璋译，上海：商务印书馆，1935年，第1页。
② 胡明春：《西藏甘丹圣寺游记》，《边疆半月刊》1938年第1期。

水域风光类、生物景观类、消闲求知健身类、古迹和建筑类、购物类[1]。李天元将旅游资源分为自然旅游资源、文化旅游资源和社会旅游资源三类[2]，其中自然旅游资源包括气候条件、风光地貌、动植物资源和天然疗养条件；文化旅游资源包括历史文物古迹、民族文化及其表现场所、文体盛事、主题公园等人造景点；社会旅游资源包括经济建设成就、科技发展成就、社会发展成就、社会好客精神。甘志茂和马耀峰提出了两分法分类标准，将旅游资源分为自然旅游资源和人文旅游资源，其中自然旅游资源包括地质、地貌、水体、气象气候与天象、动植物、综合景观；人文旅游资源包括历史古迹、古建筑、陵墓、园林、宗教文化、城镇、社会风气、文学艺术[3]。当然影响力最大、最具权威性的还是由中华人民共和国国家质量监督检验检疫总局于 2003 年发布的《旅游资源分类、调查与评价》（GB/T18972-2003）中对旅游资源的分类，这是关于旅游资源分类的国家标准。在标准中，旅游资源被分为 8 个主类，31 个亚类和 155 个基本类型。本书即参考该标准，对民国时期的青藏地区旅游资源进行分类。现将《旅游资源分类、调查与评价》中的旅游资源分类表列举如表 3-1 所示。其中 A—D 属于自然类旅游资源，E—H 属于人文类旅游资源。

表 3-1　旅游资源分类表（GB/T18972-2003）

主类	亚类	基本类型
A 地文景观	AA 综合自然旅游地	AAA 山丘型旅游地　AAB 谷地型旅游地　AAC 沙砾石地型旅游地　AAD 滩地型旅游地　AAE 奇异自然现象　AAF 自然标志地　AAG 垂直自然地带
	AB 沉积与构造	ABA 断层景观　ABB 褶曲景观　ABC 节理景观　ABD 地层剖面　ABE 钙华与泉华　ABF 矿点矿脉与矿石积聚地　ABG 生物化石点
	AC 地质地貌过程形迹	ACA 凸峰　ACB 独峰　ACC 峰丛　ACD 石（土）林　ACE 奇特与象形山石　ACF 岩壁与岩缝　ACG 峡谷段落　ACH 沟壑地　ACI 丹霞　ACJ 雅丹　ACK 堆石洞　ACL 岩石洞与岩穴　ACM 沙丘地　ACN 岸滩
	AD 自然变动遗迹	ADA 重力堆积体　ADB 泥石流堆积　ADC 地震遗迹　ADD 陷落地　ADE 火山与熔岩　ADF 冰川堆积体　ADG 冰川侵蚀遗迹
	AE 岛礁	AEA 岛区　AEB 岩礁

---

[1] 国家旅游局资源开发司、中国科学院地理研究所：《中国旅游资源普查规范（试行稿）》，北京：中国旅游出版社，1992 年。

[2] 李天元：《旅游学概论》第七版，天津：南开大学出版社，2014 年，第 120—123 页。

[3] 甘志茂、马耀峰：《旅游资源与开发》，天津：南开大学出版社，2000 年，第 19—20 页。

续表

主类	亚类	基本类型
B 水域风光	BA 河段	BAA 观光游憩河段　BAB 暗河段　BAC 古河道段落
	BB 天然湖泊与池沼	BBA 观光游憩湖区　BBB 沼泽与湿地　BBC 潭池
	BC 瀑布	BCA 悬瀑　BCB 跌水
	BD 泉	BDA 冷泉　BDB 地热与温泉
	BE 河口与海面	BEA 观光游憩海域　BEB 涌潮现象　BEC 击浪现象
	BF 冰雪地	BFA 冰川观光地　BFB 长年积雪地
C 生物景观	CA 树木	CAA 林地　CAB 丛树　CAC 独树
	CB 草原与草地	CBA 草地　CBB 疏林草地
	CC 花卉地	CCA 草场花卉地　CCB 林间花卉地
	CD 野生动物栖息地	CDA 水生动物栖息地　CDB 陆地动物栖息地　CDC 鸟类栖息地　CDE 蝶类栖息地
D 天象与气候景观	DA 光现象	DAA 日月星辰观察地　DAB 光环现象观察地　DAC 海市蜃楼现象多发地
	DB 天气与气候现象	DBA 云雾多发区　DBB 避暑气候地　DBC 避寒气候地　DBD 极端与特殊气候显示地　DBE 物候景观
E 遗址遗迹	EA 史前人类活动场所	EAA 人类活动遗址　EAB 文化层　EAC 文物散落地　EAD 原始聚落
	EB 社会经济文化活动遗址遗迹	EBA 历史事件发生地　EBB 军事遗址与古战场　EBC 废弃寺庙　EBD 废弃生产地　EBE 交通遗迹　EBF 废城与聚落遗迹　EBG 长城遗迹　EBH 烽燧
F 建筑与设施	FA 综合人文旅游地	FAA 教学科研实验场所　FAB 康体游乐休闲度假地　FAC 宗教与祭祀活动场所　FAD 园林游憩区域　FAE 文化活动场所　FAF 建设工程与生产地　FAG 社会与商贸活动场所　FAH 动物与植物展示地　FAI 军事观光地　FAJ 边境口岸　FAK 景物观赏点
	FB 单体活动场馆	FBA 聚会接待厅堂（室）　FBB 祭拜场馆　FBC 展示演示场馆　FBD 体育健身场馆　FBE 歌舞游乐场馆
	FC 景观建筑与附属型建筑	FCA 佛塔　FCB 塔形建筑物　FCC 楼阁　FCD 石窟　FCE 长城段落　FCF 城（堡）　FCG 摩崖字画　FCH 碑碣（林）　FCI 广场　FCJ 人工洞穴　FCK 建筑小品
	FD 居住地与社区	FDA 传统与乡土建筑　FDB 特色街巷　FDC 特色社区　FDD 名人故居与历史纪念建筑　FDE 书院　FDF 会馆　FDG 特色店铺　FDH 特色市场
	FE 归葬地	FEA 陵区陵园　FEB 墓（群）　FEC 悬棺
	FF 交通建筑	FFA 桥　FFB 车站　FFC 港口渡口与码头　FFD 航空港　FFE 栈道
	FG 水工建筑	FGA 水库观光游憩区段　FGB 水井　FGC 运河与渠道段落　FGD 堤坝段落　FGE 灌区　FGF 提水设施
G 旅游商品	GA 地方旅游商品	GAA 菜品饮食　GAB 农林畜产品与制品　GAC 水产品与制品　GAD 中草药材及制品　GAE 传统手工产品与工艺品　GAF 日用工业品　GAG 其他物品
H 人文活动	HA 人事记录	HAA 人物　HAB 事件
	HB 艺术	HBA 文艺团体　HBB 文学艺术作品
	HC 民间习俗	HCA 地方风俗与民间礼仪　HCB 民间节庆　HCC 民间演艺　HCD 民间健身活动与赛事　HCE 宗教活动　HCF 庙会与民间集会　HCG 饮食习俗　HCH 特色服饰
	HD 现代节庆	HDA 旅游节　HDB 文化节　HDC 商贸农事节　HDD 体育节

一、巍巍青藏、世界屋脊——地文景观类旅游资源

如前文所述，自民国时期青藏地区就以世界屋脊著称。高原、高山成为青藏地区的基本地貌特征。其中，青海海拔 4000 米以上的地区约占全省面积的 60.93%[①]，而西藏海拔 4000 米以上的地区约占全区面积的 86.1%[②]。青海和西藏 6000 米以上的高峰有百余座，关于青藏地区地形的描述常常见于当时旅游者的笔端。例如，"青海省为吾国最大山川之发源地，北有祁连山脉，南有唐古拉山脉，而巴颜喀拉山则绵于中部，此外尚有许多大山，不胜枚举"[③]；"青海省实居于全国最高地位……南京钟山海拔仅四百五十公尺，泰山为五岳之首，江西庐山为著名避暑胜地，海拔均在一千五百公尺，而西宁则为二千二百公尺，较泰山庐山之绝顶，犹高出许多……惟西宁在青海省中，尚为低处。青海全省高度，评价为三千公尺"[④]；"喜马拉耶山[⑤]，天下至高之山也。山脉绵亘至于一千五百英里之长，有山峰四十五。其最高者厄维勒斯山[⑥]之巅，高至二万九千百余英尺[⑦]，巍巍乎盖不可攀也。我国人之所言高山者，但称五岳，而似不尽知世之有喜马拉耶"[⑧]。由此可见，民国时期的青藏地区地文景观类旅游资源主要是众多的高峰，其旅游活动也以登山、探险为主。青藏地区分布的诸多海拔 7000 米以上乃至 8000 米以上的高峰，尤其是作为世界第一高峰的珠穆朗玛峰，在很早之前就引起了国外登山旅游爱好者的关注，成为他们的旅游目标。

1906—1907 年，英国高山俱乐部的布鲁斯（Bruce G.G.）和朗格斯塔夫（Longstaff T.G.）开始准备 1907 年远征珠穆朗玛峰，但遭到尼泊尔和西藏地方政府的拒绝。此外，据邵生林和成天亮的《西藏登山运动史》[⑨]描述，1913 年，一个名叫 Noel 的英国人和一群人试图接近珠穆朗玛峰，后被地方军队制

---

① 史克明主编：《青海省经济地理》，北京：新华出版社，1988 年，第 4 页。

② 中国科学院青藏高原综合科学考察队编：《西藏农业地理》，北京：科学出版社，1984 年，第 16 页。

③ 朱允明：《新青海之鸟瞰》，《新亚细亚》1931 年第 4 期。

④ 张其昀：《青海山川人物》，《青海评论》1935 年第 40 期。

⑤ 即喜马拉雅山，下同。

⑥ 是英文 Everest 的音译，Everest 山是西方国家对珠穆朗玛峰的称呼，以是纪念英国占领尼泊尔之时，负责测量喜马拉雅山脉的英属印度测量局局长乔治·埃佛勒斯（George Everest）。

⑦ 1 英尺约等于 30.48 厘米。

⑧ 《喜马拉耶山之不仁》，《图画世界》1946 年第 3 期。

⑨ 邵生林、成天亮：《西藏登山运动史》，北京：北京体育大学出版社，2002 年，第 11 页。

止。1914 年，法国计划组织一支为期两年的登山队攀登珠穆朗玛峰，后因战争原因放弃。1921 年，一支由 9 人组成的英国登山侦察队伍，开始从珠穆朗玛峰的东边和北边向上攀登，但最终在达到海拔 6990 米的地方终止。此后，直到 1938 年，英国人又组织了 6 次较大规模攀登珠穆朗玛峰的活动，但都以失败告终。图 3-1 是 1924 年英国第三次攀登珠穆朗玛峰小队成员奥戴尔（Odell N. E.）拍摄的珠穆朗玛峰风光。除了珠穆朗玛峰外，喜马拉雅山中段的马卡鲁峰、卓奥友峰、希夏邦马峰等也在当时引起了国外登山爱好者的关注[①]。需要指出的是，民国时期青藏地区的登山、探险旅游活动基本上都是由国外组织的。除了英国人以外，"在 20 世纪 30 年代，在喜马拉雅山和喀喇昆仑山从事高山探险活动的还有法国、德国、意大利、奥地利、瑞士和美国的高山探险者"[②]，这也是当时帝国主义势力向青藏地区渗透的重要方式。但作为青藏地区开展最早的一种旅游活动方式，当时的登山运动对于提升青藏地区的国际知名度乃至近代旅游资源的开发都有一定的促进作用。

图 3-1　1924 年的珠穆朗玛峰

图中的建筑为绒布寺

资料来源：周正：《探险珠峰》，厦门：鹭江出版社，2004 年，第 45 页

① 邵生林、成天亮：《西藏登山运动史》，北京：北京体育大学出版社，2002 年，第 7—8 页。

② 周正：《探险珠峰》，厦门：鹭江出版社，2004 年，第 55 页。

除了珠穆朗玛峰之外，冈仁波齐峰、南迦巴瓦峰、阿尼玛卿峰等都是民国时期青藏地区著名的地文景观类旅游资源。

二、江河之源、湖泊密布——水域风光类旅游资源

除了河口与海面（BE）和瀑布（BC）之外，民国时期青藏地区的水域风光类旅游资源涵盖了其他所有类型。具体而言，有河段（BA）、天然湖泊与池沼（BB）、泉（BD）和冰雪地（BF）等。青海省为长江发源地，"其东北境河流，为黄河系，西南境河流，为长江系，而澜沧江、怒江系支流较短，流域亦不甚宽；西北境内则为内陆流域"[①]。黄河起源于巴颜喀拉山北麓，"流穿星宿海，扎陵海，鄂陵海循大积石山，巴颜喀拉山间东南流，至大积石山头，折而北，成为河曲，再折而东，所入共和，贵德境，经循化，化隆，民和，而入甘肃境，所谓'黄河九曲'者是也"[②]。张德善认为，"入黄河之水流甚多"[③]，其中著名的有湟水、大通河、野牛沟河等，源于祁连山脉，折戈河、长云河、多云河等源于巴颜喀拉山脉，德特坤都伦河、都尔达都坤都伦河、多拉坤都伦河等源于岷山山脉，隆务河、东河、西河等源于西倾山山脉，甘杜河、水密川、郭密河等源于积石山山脉。"长江为我国第一大川，亦即亚细亚洲之第一长流。"[④]入长江的支流同样甚多，源于巴颜喀拉山脉的有那木奇图乌兰木伦河、曲马来云河、冈吾河等，源于唐古拉山脉的有朵来米河、八日河、郎河等。其他还有澜沧江、怒江等的支流。由此可见，青海省有着诸多的河流旅游资源。

在湖泊方面，首屈一指的就是青海湖。青海湖位于青海省东北部，据西宁约 120 千米。青海湖的蒙古语为"库库淖尔"，即青色的大海之意。诸多来青海的旅游者都会在青海湖留下一定的足迹，因此关于青海的记述数不胜数，如"周凡五百余里，水清如镜，与天一色，夏时草高，大有水天山光共一色之概，近岸观之、惊涛骇浪，不可向迩"[⑤]，"……往前走一程，便看见海了。不由得高声欢呼很想一步跳到海前……海水有如染，水连天际……海浪虽不

---

① 张德善：《青海地理历史》，《地方自治》1942 年第 1—2 期。

② 张德善：《青海地理历史》，《地方自治》1942 年第 1—2 期。扎陵海即扎陵湖，鄂陵海即鄂陵湖。

③ 张德善：《青海地理历史》，《地方自治》1942 年第 1—2 期。

④《青海河流之调查》，《新青海》1935 年第 6 期。

⑤ 张德善：《青海地理历史》，《地方自治》1942 年第 1—2 期。

大，却是怒涛拍岸，很有声势。水澄清，味很咸，颇难喝……"①除了青海湖之外，青海还有达布逊湖、扎陵湖、鄂陵湖等诸多湖泊类旅游资源。与西藏相比，除青海湖外，青海的湖泊无论在规模还是知名度上都逊色很多。

西藏境内也有诸多河流类旅游资源。"亚洲许多最大河流都发源于西藏的山脉……是流入阿拉伯海的印度河与苏特勒河的发源地。在这里，我们也发现了藏布江的发源地……"②阿里地区的东南部，是亚洲几条重要河流的发源地，这些河流"上游的名称分别为：雅鲁藏布江名达姆曲格堪巴，意为马耳口河。印度河名桑格堪巴，意为狮口河。萨特里日河名郎呈堪巴，意为象口河。甲纳里河名玛谱曲堪巴，意为孔雀口河"③。其中雅鲁藏布江是西藏最重要的河流，被誉为西藏人民的母亲河，其上、中、下游的支流年楚河、拉萨河、尼洋河分别孕育了西藏的三座重要城市日喀则、拉萨和林芝。除了西藏南部和西部的河流之外，还有源于青海的金沙江（长江上游）、澜沧江、怒江（上游又称那曲河，当地称黑河）流经西康省的昌都④，即今西藏自治区的昌都地区。

西藏还是我国湖泊分布最为密集的地区之一，"西藏各地都散布着大小不同的湖泊"⑤，尤其是在藏北高原这样一个辽阔的内陆流域，分布着青藏高原最为密集的湖泊群。因此，湖泊类旅游资源在青藏地区尤其是西藏的旅游业发展中占据着重要地位。截至今日，西藏的一些著名湖泊如纳木错、羊卓雍错等几乎是入藏游客的必去景点。柏尔的《西藏志》中如此记述："张塘多湖泊，但湖无出口，因之水皆带有咸味。因此有若干湖泊不再称为错（藏语湖也），而名曰盐坑……其中有若干湖沼高出海面一万五千尺。天湖即其一例也……"⑥1935 年，徐近之在由青海去西藏巡礼的途中，特地考察了纳木错，并写了《西藏之大天湖》一文。文中写道："青海而外，天湖为亚洲高原上最大湖泊，其名称之由来，一则由于西藏天色常极蔚蓝，再则由于高岭雪裳美妙，晴岚辉

---

① 刘梅青：《青海两周游记》，《新亚细亚》1939 年第 2 期。

② 〔苏〕亚历山大罗夫：《近代西藏》，北京大学政治学系会译，北京：世界知识社，1951 年，第 6 页。"藏布江"即雅鲁藏布江，苏特勒河现在通常被称为苏特累季河。

③ 徐近之：《青藏自然地理资料·地文部分》，北京：科学出版社，1960 年，第 42 页。今天的说法是雅鲁藏布江上游为当却藏布，意为马泉河；印度河上游为森格藏布，意为狮泉河；萨特里日河（今常作萨特累季河）上游为朗钦藏布，意为象泉河；甲纳里河（恒河上游）名马甲藏布，意为孔雀河。

④ 黎晓苏：《青海之地理环境》，《新亚细亚》1935 年第 1 期。

⑤ 〔苏〕亚历山大罗夫：《近代西藏》，北京大学政治学系会译，北京：世界知识社，1951 年，第 6 页。

⑥ 〔英〕柏尔：《西藏志》，董之学、傅勒家译，重庆：商务印书馆，1936 年，第 4 页。张塘即羌塘。

映，暗涤心灵。"①文中徐近之对纳木错的景致作了高度的概括。除了纳木错之外，西藏还有其他一些著名的湖泊。例如，"羊卓雍湖（4419 公尺）是喜马拉雅山北坡上最大的湖泊……现时全湖面积 880.6 平方千米"②，"马法木湖（4602 公尺），湖周约 87 千米，西南部最深，达 76—77 公尺……拉噶湖低于马法木湖 13.45 公尺"③。羊卓雍湖现在被誉为西藏最美的湖泊，而马法木湖（即玛旁雍错）是西藏四大圣湖之首，在阿里地区旅游业中占据重要地位。拉噶湖即拉昂错，又名鬼湖，也是当前阿里地区神山圣湖旅游区的重要构成部分。据考证，在民国初年，马法木湖和拉噶湖之间还有流水相连，据观察，在 1924—1926 年、1928—1929 年两湖之间均有流水④。

除了河流和湖泊，青藏地区的水域风光类旅游资源还包括泉和冰川。尽管温泉旅游开发直到当前才逐步得到重视，但是早在民国时期就有对西藏温泉及其功效的描述，"……湖沼附近，有时有温泉涌出，可治病，极为世人所珍贵。温泉遍于全藏"⑤，"马法木湖区多温泉，湖水虽是淡的，隆冬也不能完全封冻"⑥。当然提到青藏地区的温泉，不能不提羊八井。陈炎冰在《中华温泉考》中引用了《嘉庆重修一统志》里的描述："西藏有一温泉……泉涌高二丈，气如烟云，可以熟米云。"⑦此处的温泉指的就是羊八井温泉，这应该是关于西藏温泉的最早记载。后来从 19 世纪初到 20 世纪 50 年代，先后有十余位外国"探险家"从地上或者空中"探查"到西藏高原的热泉现象⑧。当然，现在西藏的温泉旅游资源开发已经遍及西藏各地⑨，只是民国时期对于其他地域的温泉资源鲜有资料涉及。青藏地区还是我国冰川分布的主要区域之一，无论是青海还是西藏都有较为广阔的冰川分布。徐近之在《青藏自然地理资料·地文部分》中对青藏高原的冰川作了详细的介绍，从祁连山脉到昆仑山脉到唐古

① 徐近之：《西藏之大天湖》，《地理学报》1937 年第 1 期。

② 徐近之：《青藏自然地理资料·地文部分》，北京：科学出版社，1960 年，第 49 页。

③ 徐近之：《青藏自然地理资料·地文部分》，北京：科学出版社，1960 年，第 49 页。

④ Kashyap S. R. Some Geographical Observations in Western Tibet, *Journal and Proceeding, Asiatic Society of Bengal*, New Series, 1929, 25（1）.

⑤〔英〕柏尔：《西藏志》，董之学、傅勒家译，上海：商务印书馆，1936 年，第 4 页。

⑥ 徐近之：《青藏自然地理资料·地文部分》，北京：科学出版社，1960 年，第 57 页。

⑦ 陈炎冰：《中华温泉考》，上海：中华书局，1939 年。

⑧ Warning G. A. *Thermal Springs of The United States and Other Countries of the World-A Summary*, Geological Survey Professional Paper, Washington：US Government Printing Office，1965，pp.167-176.

⑨ 钟林生、王婧、唐承财：《西藏温泉旅游资源开发潜力评价与开发策略》，《资源科学》2009 年第 11 期。

拉山，再到西藏境内的冈底斯山脉和喜马拉雅山脉，冰川覆盖都是较为普遍的现象。而由于关于冰川旅游资源相关史料的缺乏，本书对其难以展开讨论。即便随着气候变迁，在雪线抬升、冰川覆盖面积不断减少的情况下，现在的青藏地区旅游业仍然将冰川旅游资源作为一种重要的产品进行开发。

三、种类丰富的高原生物——生物景观类旅游资源

生物景观类旅游资源通常也被称为动植物旅游资源。青藏地区是中国动植物分布较为独特的区域之一，尤其是植物旅游资源在民国时期吸引了诸多探险、科考等旅游活动。在植物旅游资源方面，青海省"木材亦自给有余，如循化、大通皆有森林，每年木筏下航至兰州者甚多"[1]，易海阳亦认为，"由于青海为中国各大流域发源之地，到处有水，且非沙地"，"青海森林，冠于西北各地"，有"杪林、松林、柏林、杨林、柳林……绵互数十里，不透阳光，树之大者数十围，高十余丈——许多大森林，从来未经采伐"[2]。由此可见，在民国时期青海的森林分布十分广泛。相比于青海，西藏的森林资源更为丰富，其主要分布于西藏东部和东南部的昌都和林芝地区。由于民国时期这些地区大部分属于西康省管辖，因此西藏木材出产很少。西藏地区丰富的植物资源成为欧洲人考察、探险西藏的动力。1945 年，英国人考克斯著《中国植物采集》一书，书中对英美人如何借采集植物对中国西南地区进行间谍活动作了报道。在西藏东南部的森林里，还分布着大量的野生植物。英国人特雷西在对西藏东部的考察中，写道："藏人极嗜野生物。我们旅行了近两年，尝过十六种菌和蘑菇……林中还出产笋、荔枝、野大黄、草莓、醋栗和许多无花果变种。"[3]同时，中国学者对青藏地区的植物资源也进行了关注。例如，刘慎谔对中国北部及西部植物地理的研究[4]、顾谦吉和周映昌对中国西部森林的初步调查[5]等。对于青藏地区的植物资源，徐近之在其《青藏自然地理资料·植物部分》曾作过详细的介绍，对其不同区域的植物资源分布作了深入的探讨[6]。

---

① 张其昀：《青海山川人物》，《青海评论》1935 年第 40 期。
② 易海阳：《青海概况（续）》，《边事研究》1935 年第 3 期。
③〔英〕特雷西：《世外桃源的西藏》，尹千译，《编译月刊》1938 年第 2 期。
④ 刘慎谔：《刘慎谔文集》，北京：科学出版社，1985 年，第 25—41 页。
⑤ Ku C. C., Chou Y. C. A Preliminary Survey of the Forests in Western China, *Sinensia*, 1941, （1-6）.
⑥ 徐近之：《青藏自然地理资料·植物部分》，北京：科学出版社，1959 年。

　　高原环境还孕育了众多独具高原特色的动物类旅游资源。易海阳在《青海概况（续）》①中，重点介绍了牛和羊两种高原生物，其认为青海的牛分为三种：一为黄牛，主要分布于柴达木盆地；二为牦牛，主要分布于巴颜喀拉山以南、玉树二十五族以及海南北八族等地；三为犏牛，是牦牛和黄牛的杂交品种。此外，还有多种羊（柴达木羊、小尾羊、玉树羊）的分布。除了常见的牲畜类外，豹、狼、狐、猞猁、熊、鹿、麝、野马、野牛等野生动物资源也分布于青海各地②。青海湖还盛产湟鱼，"亦名青海鱼……当盛夏时，群鱼结对，溯各溪上游，河中成为鱼薮，跣足立水中，顺手捕获，大者可达十斤左右"③。由于西藏的传统观念是严禁狩猎的，"大多地方对于猎杀野兽，都要重办……因此野生动物异常驯良……野兔、土拨鼠、鹧鸪、白雉、野鸭和野鹅等，到十二尺以内，它们还不惊散"④。因此，这为西藏野生动物的繁衍提供了良好的环境。作为一种高原特有的动物，牦牛在西藏也有着广泛的分布。"藏有犁牛，似牛之元祖，毛甚多，而如棉，或为野生，或为人畜。"⑤这里的犁牛指的就是牦牛（图 3-2）。在西藏，另一种较为珍贵的动物是羚羊，"羚羊为吾国西藏特产（西人特称为西藏羚羊）"，此外还有西藏犬，"此犬效用极大。西藏高原之人，以之守家或牧羊，在西藏东部者又常以之负重"⑥。在西藏横断山脉的森林里，也分布着大量的野生动物资源。

四、异彩纷呈的民族风情——人文活动类旅游资源

　　相对封闭的地理单元造就了青藏地区独特、丰富多彩的人文活动类旅游资源。从地方风俗与民间礼仪到民间节庆，再到一些演艺活动、宗教活动，再到饮食服饰，青藏地区的旅游资源给众多旅游者留下了极深的印象。这也是民国时期众多国内外旅游者不远万里，克服自然环境恶劣、交通道路险阻、政治形势复杂等诸多困难，来此旅行的原动力。根据表 3-1 对人文活动类旅游资源的分类，本部分从婚姻礼仪、宗教信仰、丧葬形式、饮食习惯、衣着服饰、节日

---

① 易海阳：《青海概况（续）》，《边事研究》1935 年第 3 期。
② 朱允明：《新青海之鸟瞰》，《新亚细亚》1931 年第 4 期。
③ 李承三、周廷儒：《甘肃青海地理考查纪要》，《地理》1942 年第 1—2 期。
④〔英〕特雷西：《世外桃源的西藏》，尹下译，《编译月刊》1938 年第 2 期。
⑤《西藏之气候物产宗教》，《蒙藏月报》1934 年第 1 期。
⑥ 辛树帜：《西藏鸟兽谈》，《自然界》1926 年第 5 期。

图 3-2　民国时期拍摄的西藏牦牛

资料来源：王小亭：《中国游记之西藏生活》，《大众画报》1934 年第 8 期

节庆等几个方面来论述民国时期青藏地区的人文活动类旅游资源。

（一）婚姻礼仪

婚姻是人生大事，各个民族对待婚姻都有着自身的态度和习俗。青藏地区由于民族成分复杂，尤其是青海地区，分布着汉族、回族、蒙古族、藏族、土族等多个民族，其婚姻习俗也有着较大的区别。通过众多的游记资料，本书发现给旅游者留下极深印象的仍是青藏地区的藏族的婚姻习俗。因此，本书重点对其进行描述。在藏族婚姻历史中，由于社会阶层的区别，其婚姻形式也不尽相同，总体而言，有一夫一妻制、一夫多妻制和一妻多夫制三种。其中一夫一妻制占主要地位，多存在于平民百姓之间，而一夫多妻制则多系贵族地主奴隶主，"奴隶主占有女奴隶为妻妾，在西藏是极普通的事"①。除了这两种外，历史上还有一种比较特殊的婚姻形式——一妻多夫制——在藏族群众中也较为普遍。在西藏，如果"一家有兄弟四五者，必送一人二人或三人入寺当喇嘛，所余弟兄二三人则共娶一妻"②，此种风俗在牧人、农民、小商人等群体中尤为突出。一妻多夫制之所以在贫穷的家庭受欢迎，是因为这"一方面可以避免统治阶级加派门户差徭……另一方面又可使家中空气和睦，不致发生分家及妯

① 一真：《西藏人的风俗习惯》，《旅行杂志》1951 年第 6 期。
② 挺誌：《青海藏族风俗》，《边事月刊》1932 年第 1 期。

姬之争"①。由于藏族男女能歌善舞，因此情歌在男女恋爱中也有着重要的作用。程建业曾经记述了一首经典的青海地区青年男女表达爱意的情歌：

> 情人呦，
>
> 神佛呦，
>
> 我依恋着情人，
>
> 却牺牲了佛缘。
>
> 我入山修道，
>
> 又违背了情人的心愿。
>
> 天哪天哪，
>
> 我愿万世陷落丰都，
>
> 片刻也不愿离开情人的倩影。
>
> 文章经不过雨雪风霜，
>
> 经典免不了火烧虫伤，
>
> 唯有情人的蜜语呦，
>
> 没有痕也没有迹。
>
> 一句句，
>
> 一声声，
>
> 声声句句，
>
> 深刻在肺腑心脏。
>
> 由上届降凡，
>
> 黄花似的爱人呦，
>
> 不但求此生与你同居，
>
> 还祝我俩来世相遇。②

民国时期，藏族男女在男女关系上并不像内地要求那么严苛。相反其"男女婚姻自由，颇合现代潮流③"，"男女恋爱毫无顾忌④"。在婚姻形式方面，

---

① 一真：《西藏人的风俗习惯》，《旅行杂志》1951年第6期。
② 程建业：《青海藏族的婚姻》，《旅行杂志》1932年第11期。
③ 周昌芸：《青海北部及甘肃河西调查记》，《新亚细亚》1943年第1—2期。
④ 时新：《青海社会现状》，《社会杂志》1931年第3期。

也有着数种形式,如"有父母之命、媒妁之言者,有以卜卦订婚者,有以父母之命而当事人之同意者,有自由结婚者"①。在快要结婚的时候,"女家请一位会唱的老婆,教女唱歌,学习歌唱时,恐怕肉类害了嗓子,只吃些牛乳素食。……青海女子,自从会说话,就学唱歌,到出嫁时候,也没有不会唱的。不过家中老人,怕唱的不迎人。所以出嫁的两三月前,不能不有这番举动"②。此外,李自发还介绍了青海羌族的婚姻状况,从恋爱、聘婚、同居到离婚几个方面都详细论述了其风俗习惯③。

(二)宗教信仰

青海地区民族成分复杂,除了汉族、满族、蒙古族、回族、藏族外,还有土族、撒拉族等,"以多寡来说,藏民最多,汉回蒙次之。……藏民大部在海南玉树囊谦一带,其小部散居贵德、循化、同仁、大通等地方;蒙民以海西都兰为中心,土族以互助为最多,更蔓及西宁、大通东部、民和各处;汉回两族,居西宁东部、大通、湟源、贵德、化隆、循化、互助、亹源、民和等县,近来也有迁住共和、都兰、玉树的,但为数尚少"④。不同民族的宗教信仰有较大的区别,因此,各民族不同的分布区域也呈现出不同的人文景观。

青海地区的蒙古族和藏族群众,尽管语言不通,但大都笃信藏传佛教,对藏传佛教的信仰表现在他们生活的各个方面。"若一家有三子者,必以一子或二子当喇嘛……蒙藏同胞心目中之活佛,不啻上帝之代表,威权高于一切,若得罪活佛,即得罪于天,盖犹在神权时代也。"⑤同样地,青海藏民,"若是生有两个儿子,那么,一个定要出家为僧;若有一男一女,则男子也要为僧,女子可以继产承嗣"⑥。西藏地区的藏族群众同样如此,在西藏有着"僧多于民"的谚语⑦。相比于青海,西藏地区的民族成分较为单一,藏族群众占据95%以上的人口,因此藏传佛教在西藏的影响力比在青海更大。黄慕松在一次

---

① 挺誌:《青海藏族风俗》,《边事月刊》1932年第1期。
② 杨希光:《青海漫游记》,《新亚细亚》1931年第2—4期。
③ 李自发:《青海羌民之婚姻》,《新亚细亚》1931年第6期。
④ 祁世绩:《青海的民俗》,《青年月刊》1916年第6期。
⑤ 周昌芸:《青海北部及甘肃河西调查记》,《新亚细亚》1943年第1—2期。
⑥《青海风俗》,《新青海》1932年第1期。
⑦ 吴勃冈:《西藏风土琐记》,《西北论衡》1936年第6期。

政府演讲中，根据自身的旅行经历谈道："差不多整个的藏族人都是信佛教。宗教势力极大，每家假定有儿子三个，便有一两个去当喇嘛。"[1]因此在当时有"蒙藏青各地人民均酷信佛教"的认知[2]。除了蒙古族和藏族，青海的土族也主要信仰藏传佛教。信教群众在"朝见活佛时，活佛如果以木棒或竹竿向头部微打，并以头向活佛卧床座位碰之，即引为大宠，以为必可免除一切灾难"[3]。周昌芸在《青海北部及甘肃河西调查记》中写道："凡有灾害疾病，必请喇嘛诵经，以求禳解。"[4]由此可见蒙藏群众信佛之深。哪怕遇到庄稼没有受到冰雹等自然灾害的影响的情况，"村民照例诵经念佛，答报苍天"[5]。

除了藏传佛教之外，伊斯兰教在青藏地区还有一定影响[6]。回族和撒拉族信仰伊斯兰教。伊斯兰教在青海地区的影响力要大于西藏，尽管在青海不及喇嘛教（藏传佛教）盛行，但穆斯林仍约 10 余万人[7]。除伊斯兰教之外，耶稣教[8]在青藏地区也有一定的传播。

（三）丧葬形式

由于宗教信仰的原因，藏族人对生死看得比较淡泊。藏族人与汉族人的丧葬观有着较大的区别，他们深信佛教的六道轮回。因此，"信喇嘛教者，人死不葬，委尸荒野，供禽兽啄食，食不尽则罪不灭，必再请喇嘛奉经，尽而后已，谓之升天。间有水葬火葬者，皆需喇嘛卜卦定之"[9]。"供禽兽啄食"即所谓的天葬。西藏藏族人的丧葬仪式与青海藏族人的习俗相似，张帆曾专门就西藏的天葬写了一篇短文[10]，对天葬的丧制作了详细的描述。天葬是西藏或者说是藏族所独有的一种丧葬形式，即便到当今社会，在许多藏族人当中，天葬依然是一种神圣的丧葬形式。除了上述三种丧葬形式外，其他"慎终追远之礼

---

① 《黄慕松讲述西藏经历》，《湖北省政府公报》1934 年第 82 期。
② 挺誌：《青海藏族风俗》，《边事月刊》1932 年第 1 期。
③ 《青海大通县之社会概况》，《新青海》1933 年第 6 期。
④ 周昌芸：《青海北部及甘肃河西调查记》，《新亚细亚》1943 年第 1—2 期。
⑤ 李自发：《青海游记续》，《新青海》1934 年第 7 期。
⑥ 《青海大通县之社会概况》，《新青海》1933 年第 6 期。
⑦ 天牧：《青海的风土人情》，《旅行杂志》1949 年第 11 期。
⑧ 天主教、基督新教等派别的统称。
⑨ 周昌芸：《青海北部及甘肃河西调查记》，《新亚细亚》1943 年第 1—2 期。
⑩ 张帆：《天葬——西藏游牧民族风俗之一》，《中国边疆建设集刊》1948 年第 1 期。

皆为习俗及宗教上之传统"①。

（四）饮食习惯

藏族传统的饮食习惯在几百年的时间中并无大的变化，直到现在依然如此。"西藏人民的食物比较单调，游牧人民几乎专靠喝牛奶，附加若干干肉。农民和城市贫民的主要食物是青稞粑和茶，加些面粉。其它还有乳油、干酪、干肉。主要饮料是茶，每天要喝上四五十杯。"②青海藏族人"以糌粑、茶为主要食品，其次为小麦青稞面等类。肉食类有牛羊肉及酥油、奶饼、奶渣、酸奶子等。饮料以茶为正宗"③。茶是藏族人日常生活的必需品，但青藏地区不产茶叶，其茶源主要在内地，因此才在历史上形成了著名的茶马古道。吴勃冈云："藏人嗜茶，多砖茶，由内地输入，视如拱璧。饮时，把少量茶叶放到锅里，搁一撮苏打，加浓其色，煮沸注入加有乳油及食盐的搅乳器里，搅得十分匀和后，才灌入茶壶里饮用。"④除了喝茶外，酒也是青藏地区群众爱喝的饮料之一，酒有本地的青稞酒及内地运去的酒。青藏高原严寒的气候条件，导致藏族人嗜酒的生活习惯，"只要有喝酒的时候，没有不醉了的"⑤。

（五）衣着服饰

青海地区藏族传统的服饰是藏袍，其形式与当今亦无明显区别，"西藏人的服装在过去几世纪，很少发生变化。社会较高层次和较低层次之间，服装有着极大的区别。各种人的服装的质料以及颜色和式样"⑥，都是法律所严格规定的，只有喇嘛才有资格穿黄色的衣服。总体而言，藏族人"衣服之形式圆领大袖，腰系一长带，衣料用毛之织物……羊皮袍则终年在身……帽子式样亦甚复杂，有冠毡帽者，如尖锥形……或用金边毡帽，上绕一红头巾……身上附带物甚多，如火镰包、烟袋、大腰刀……皆系于腰际，怀中满放木碗、鼻烟壶及一切器用……妇女衣服与男子相差无几……未嫁之女束发相同，已嫁之，发辫

---

① 挺誌：《青海藏族风俗》，《边事月刊》1932 年第 1 期。
② 〔苏〕亚历山大罗夫：《近代西藏》，北京大学政治学系译，北京：世界知识社，1951 年，第 17 页。
③ 挺誌：《青海藏族风俗》，《边事月刊》1932 年第 1 期。
④ 吴勃冈：《西藏风俗琐谈》，《西北论衡》1936 年第 6 期。
⑤ 吴勃冈：《西藏风俗琐谈》，《西北论衡》1936 年第 6 期。
⑥ 〔苏〕亚历山大罗夫：《近代西藏》，北京大学政治学系译，北京：世界知识社，1951 年，第 16 页。

间有盘至项上者，腰前悬小银链一串……手指上戴银或珊瑚戒指，腰围羊毛所制成之红带一条"①。男女衣服的区别在于"男子衣服，圆领长袍，袖与身，长均及地，异常宽大，展开来仿佛一床大被，光着身子穿。上边没有纽扣，用一根带子束着"。而妇女的服饰，也是圆领，只是"袖子甚短，刚及手腕，为的便于做事。腰身较男子衣服略窄。裸体穿着，不用内衣，更不穿裤子……妇女头上编着几百根发辫"②。

不同阶层着装的区别，尤其体现在女性服饰上。"上等阶层，极华丽阔绰。就是在家里做事，也打扮得整整齐齐。头发梳成一个髻，盘在头顶上。……西藏女子好装饰，每天要费许多时候在这上面。"③图3-3 所示的就是民国时期西藏妇女的装束，可见富家妇女衣着之奢华。

图 3-3　西藏妇女之装束
资料来源：〔英〕麦克唐纳：《西藏的一瞥》，程志政译，《旅行杂志》1940 年第 4 期

当然在青藏地区内部，不同地域的服饰也有一定的区别。典型地，在妇女的头饰上，"拉萨地区的妇女头上一般戴三角形圈圈，而日喀则地区的妇女则

---

① 挺誌：《青海藏族风俗》，《边事月刊》1932 年第 1 期。
② 杨希光：《青海漫游记》，《新亚细亚》1931 年第 2—4 期。
③ 〔英〕麦克唐纳：《西藏的一瞥》，程志政译，《旅行杂志》1940 年第 4 期。

头上戴弓形的圈圈"[1]（图 3-4）。

图 3-4　西藏妇女之头饰（日喀则地区）
资料来源：〔美〕伊利亚·托尔斯泰：《西藏纪游》，《广播周报》1934 年第 2 期

（六）节日节庆

青藏地区的节日节庆有着丰富的文化内涵，除了通常的民俗节日之外（如新年），一些宗教节日也构成了青藏地区节日节庆旅游资源的主体。此部分举两个例子来讲述其节庆活动的主要形式。对于藏族的节庆而言，除了一些宗教仪轨之外，一个重要的共同点就是藏戏表演。王小亭在《中国游记之西藏的新年》中，对当时西藏的鬼神舞作了细致的说明[2]。读者也可以从中领略到其他藏族人民节日的一些礼仪习俗。

在藏历新年正月十五那天，寺庙每年都会举行盛大的晒佛大会，以及"打鬼"活动。"将供奉的佛相挂于殿中计三天，喇嘛则念经如礼。所谓打鬼，是蒙藏人民的一种传统习俗，意谓举行打鬼祈祷后，可消除一年中之灾祸，因此笃信不疑。此外则又可获观一场喜剧，故远近百数十里之人民，纷纷前往。打鬼时，由喇嘛头顶假面具，道高德重之大喇嘛，则着黄袍，带鸡冠式之僧帽，持铃诵经，于是金鼓杂作，化装为鬼者，且歌且舞，各尽其能，最后焚表如礼，大喇嘛手持金鞭，打鬼至庙外，而一幕喜剧，亦就此终了。"图 3-5 展示的就是当时西藏新年期间的鬼神舞现场。

---

[1] 稈云：《西藏的几种奇异风俗》，《汗血周刊》1935 年第 22 期。
[2] 王小亭：《中国游记之西藏的新年》，《大众画报》1934 年第 10 期。

图 3-5　西藏新年之鬼神舞
从左至右分别是打鬼跳舞场全景、优伶、马面鬼

另外，祁世绩还介绍了民国时期青海土族过年的一些风俗①。在整体时间节点及礼仪上，其与汉族的春节有点相似。新年的准备从旧历及农历腊月八日开始。腊八当天，家家必吃"绞团"②。到腊月二十三，宰"年猪"祭灶。从腊月二十三到大年初一的一周内，开始蒸花卷、馒头等，油炸角儿、大饼等，取水备柴，样样备就。到三十晚上，食猪头以为"咬鬼"，坐终夜以为守岁。至大年初一，在夜将过半时，便起来"迎神"，爆竹之声，直响至天明。在家迎神后，便去"朝庙"，各庙灯火辉煌，香烟不绝。而初一至初三，什么事都不做，只是安坐而食，而所做者，便是赌博。第三日上坟祭祖。初三以后，择定出行日，去给亲友们拜年。自初八起，开始耍"社火"，这社火如演剧一样，直玩至十六日夜。

除了上述一些人文活动类旅游资源外，从一些文献资料中我们还可以窥见其他的一些资源类型，如民间文学，青海是艺术形式"花儿"的故乡。"青海的花儿是最优美的民间文学，是青海老百姓精神生活的历史……在青海，有人烟的地方就有花儿。"③另外在日常休闲方面，也有一些休闲娱乐活动成为当时人们消闲的重要方式。角力是蒙藏人民惯于举行的热烈运动，"是随时随地青年们三五集聚时相约举行的运动，以消磨闲余的时间。他们两人举臂怒目进

---

① 祁世绩：《青海土族年节风俗》，《边疆半月刊》1937 年第 3—4 期。

② 一种用面粉和开水搅和形成的食物。

③ 萌竹：《青海的花儿》，《西北通讯》1947 年第 1 期。

攻后，要用全力相对抗，不能因某方初次失败而胆怯……"①在婚嫁和宗教集会上，到快散会的时候，往往还有赛马运动，"这时候青年男女们都跨上马，并列在一起挥鞭摔脚地竞驰，各显其手各出其竞技了。跑到最前面的人，当然在观众的喝彩声中，显露了头角，博得了胜利的荣耀；跑到最后的人，也不失其运动的价值"②。由此可见，这也属于纯粹的休闲娱乐活动。此外，青海地区的群众尤其是藏族人民喜欢跳舞，这也成为日常休闲的重要构成部分。"藏人最喜跳舞，确实载歌载舞，二者不分。舞时男女围成圆圈，男占半边，女占半边。歌唱是分班的，男和男歌，女和女歌；歌时的声音又是交互的，男歌一声，女接一声，如此循环，更迭唱和。且唱且舞，步伐合拍奏，前进，后退，旋转，都依着圆圈的中心环绕。"③

五、独具一格的宗教风情——建筑与设施类旅游资源

民国时期青藏地区的旅游资源一般包括宫殿、民居和寺庙建筑，其中由于宗教信仰的缘故，寺庙建筑无论在规模、数量还是建筑成就上都独树一帜，成为入青藏地区旅游者的必去之处，给旅游者留下了极深的印象。因此，麦群玉在游记中写道："往青海考察或观光的人士，当抵西宁的时候，必到塔尔寺观光。普通的心理以为不游塔尔寺是辜负此行。"④本部分从宫殿建筑、民居建筑和寺庙建筑三个方面论述民国时期青藏地区的建筑类旅游资源。

（一）宫殿建筑

宫殿建筑方面，首屈一指的就是西藏的布达拉宫。布达拉宫始建于吐蕃王朝松赞干布时期，后历经雷击、战火，大部分损毁。现今的布达拉宫则建于五世达赖喇嘛阿旺·洛桑加措时期。后经历代达赖喇嘛扩建，在民国时期形成今天的规模。民国十二年（1923），十三世达赖喇嘛土登嘉措对布达拉宫进行了大规模的维修。现在布达拉宫最晚的建筑就是十三世达赖喇嘛的灵塔殿，建于民国二十一年（1932），历时三年完成。美国人贝纳德曾经对十三世达赖喇嘛的灵塔殿作过详细的记述：

① 张元彬：《青海风光下》，《国风半月刊》1935年第11期。
② 张元彬：《青海风光下》，《国风半月刊》1935年第11期。
③ 吴勃冈：《西藏风俗琐谈》，《西北论衡》1936年第6期。
④ 麦群玉：《青海纪游》，《旅行杂志》1938年第10期。

　　那座坟①是一个比三层楼（大约等于美国的六层）还高的圆坟。从顶上到底下都敷遍了纯金，而且富丽地装饰了玉石、土耳其玉、红玉和珊瑚。这座占据约五十方尺地方的华丽金坟，任何一部分都超过江孜的寺院里所见的全部财产。有无数的装饰品装饰那个祭坛：有若干坚固的珊瑚小树，最美丽的中国花瓶，最好的玉石佛像，纯金银的佛灯；又有三尺半高的中国宝塔，从顶上到底下遍布着珍珠，旁边有几盏金制的油灯，可盛够燃烧三个月的油。两壁排满了收藏着金汁写的珍贵的 *Kangyur*②和 *Tengyur*③的许多书架，一直放到天花板。④

　　布达拉宫不仅具有宗教功能，更重要的是，它是西藏地方政府政教合一的中心，是历世达赖喇嘛的宫殿，并且已然成为拉萨乃至整个西藏的标志性建筑，成为去西藏旅游者的首选之地。怀特（John Claude White）在其游记中对布达拉宫作了详尽的描述：

　　　　布达拉宫者，因山名寺，实一高岗，与极目平原中，陡然涌起，位置适当谷中。山有石脊，殿宇建焉。楼阁连云，门户栉比，或为宫室，或为庙院，或为卫垒……至建筑之胜，穷技巧，极华丽，加诸浮屠突起。石级临空，红衣僧虔持教礼，上下其间。画窗朱墙，饰以犁毛，更是西藏独擅之奇也。迨玉兔初升，此景渐移，斯时银河在天，林荫满地，万千黑影，斗见布达拉宫耸峙其间，迷离恍惚，一如蜃楼当前。凡兹异状，百出不穷，要无不可爱者也。布达拉宫之雄伟壮丽，举所谓危楼华厦，俱莫能与之相比……墙垣……上塑佛像，金属制者，殆以千数。金光银光，以及古铜之斑斓，烁目惊心。……艺术之精美，犹堪珍奇……金制油灯，盈千垒百，诚稀世之宝也。欲举一类似之图式，为读者状陈全部之石制奇屋，殆不可能之事。闻诸人言，尚有一宝库，藏其金器珠宝甚富，惜乎不容瞻视……⑤

　　由此可见，布达拉宫作为青藏地区宫殿建筑的集大成者，无论是建筑成就

---

① 即十三世达赖喇嘛的灵塔。
② 即甘珠尔经。
③ 即丹珠尔经。
④〔美〕贝纳德：《一个美国人在拉萨》，《改进》1939 年第 4 期。
⑤〔英〕怀特：《拉萨游记》，吴与、陈世骥译，《东方杂志》1917 年第 3 期。

还是内藏文物，都具有极大的艺术价值，堪称青藏地区建筑类旅游资源之典范。图 3-6 为布达拉宫的远眺图。

图 3-6　布达拉宫远眺图

资料来源：〔英〕怀特：《拉萨游记》，吴与、陈世騄译，《东方杂志》1917 年第 3 期

（二）民居建筑

藏族的民居基本上可以分为帐篷和碉房两种。"住帐篷的以牧民为主，住房屋的以农民、工人、商人居多，但纯以游牧为业而住着房屋的也有。"① 作为一种藏式民居，碉房除了承担居住、休息的功能外，还是藏民礼佛、拴养牲畜的场所。"碉房为四方形，屋顶亦有平台形式，与洋楼相似，惟不及洋楼之美丽……其中有一室必作佛堂，以供佛像，为喇嘛诵经之处，内筑一小塔，作焚化符箓之所，旁竖一木杆，上挂六子真言之番旗，人民较富者则另建一室，陈列各种经筒，名为转经阁。"② 此外，作为楼房式结构，碉房一般"有数层，下层多拴牛羊等牲畜。造房的材料有石头、泥土、草饼、木料和牛角"③。

帐篷也是一种重要的民居形式，广泛分布于青藏地区的牧区，是藏族牧民的移动家园。"帐篷以牛毛织成，撑一柱，四角及边缘用大铁钉插入土中。"④

① 吴勃冈：《西藏风俗琐谈》，《西北论衡》1936 年第 6 期。此处的房屋即碉房。
② 挺誌：《青海藏族风俗》，《边事月刊》1932 年第 1 期。
③ 格桑群觉：《西藏概况》，《时事月报》1939 年第 2 期。
④ 挺誌：《青海藏族风俗》，《边事月刊》1932 年第 1 期。

需要指出的是，藏族牧民的帐篷与蒙古族群众的帐篷有一定的区别，藏族牧民的帐篷的"材料是一种牛毛织的粗布，远不如蒙古包所用毛料讲究。形非圆而是方的"[1]。在选址上，由于青藏地区多山地，为了便于去湿，藏族牧民的帐篷"多靠山坡，绝少搭在平地"[2]。另一个比较有特色的是，藏族牧民的帐篷多紧挨一个大的牛粪堆，其一可以"使帐篷站立得稳"；其二"可挡避风雨"；其三可就近将牛粪"当作燃料"[3]。

（三）寺庙建筑

青藏地区因为盛行佛教，在长期的历史发展中，当地人民建造了大量精美的佛教寺庙。可以说，寺庙建筑是藏式建筑的最佳体现，其建筑成就也集中体现在星罗棋布的各地寺庙中[4]。据蒲文成研究，民国时期，青海全省有规模较大的藏传佛教寺庙650余座，加上其他规模较小的寺庙，共有1000余座之多[5]。西藏地区更甚，在西藏民主改革之前，全藏共有大小寺庙2711座[6]。如此多的寺庙，尽管其规模和等级不同，甚至寺庙所属的派别也有所区别，但其形制和建筑风格大体相似。通常而言，藏传佛教寺庙由措钦大殿（大经堂）、拉康（即佛堂，主要用来供奉佛、菩萨或护法神）、拉让（是寺庙的堪布、活佛居住的较为独立的院落）、扎仓（通常大寺庙才有，专门供僧侣学经和修法的地方，寺庙的专门教学单位）、扎康（即僧舍）和佛塔等构成。此外，根据寺庙的规模大小，寺庙中也会有诸如辩经场、演出场、晒佛台、转经廊、印经院等不同功能的建筑。

尽管寺庙不同建筑单元的功能和等级有所不同，但各单体建筑的主体建筑风格与碉房相似，"惟较之普通住宅大……最高级屋顶架以金顶，铺以金瓦，金黄灿烂，耀数千里"[7]。尤其是对于一些大寺庙而言，如拉萨三大寺、西宁塔尔寺等格鲁派大寺，"寺庙建筑大都雄伟，规模宏大，画栋雕梁，布置华丽，最大的经堂，可以容纳五千人以上，佛殿尤其巍峨壮丽，供奉各种佛像，

---

① 吴勃冈：《西藏风俗琐谈》，《西北论衡》1936年第6期。
② 吴勃冈：《西藏风俗琐谈》，《西北论衡》1936年第6期。
③ 吴勃冈：《西藏风俗琐谈》，《西北论衡》1936年第6期。
④ 杨辉麟：《西藏佛教寺庙》，成都：四川人民出版社，2003年。
⑤ 蒲文成：《青海藏传佛教寺院概述》，《青海社会科学》1990年第5期。
⑥ 孙泽荣：《中国人口·西藏分册》，北京：中国财政经济出版社，1988年，第298—299页。
⑦ 挺誌：《青海藏族风俗》，《边事月刊》1932年第1期。

雕刻塑工倍极精绝，金银珠宝珍贵万分，壁饰装置，精美而多美术思想"[①]。
在青海的诸多寺庙中，最为出名的就是南距西宁 25 千米的塔尔寺。塔尔寺为藏
传佛教格鲁派六大寺之一，也是格鲁派祖师宗喀巴的诞生地。除了塔尔寺之
外，青海省著名的寺庙还有佑宁寺、东科寺、广惠寺、都兰寺、拉布寺、铁瓦
寺、海藏寺、福海寺、扎藏寺、隆务寺、却藏寺、沙冲寺等[②]。民国时期的报
刊《良友画报》第 131 期曾专门有一章叫作《青海名刹巡礼》，其中对青海的
几个著名寺庙作了简单的介绍：

> 却藏寺[③]……门前照例有四大金刚的壁画，殿中很幽暗，当中有一尊精
> 美的佛像。由殿中登楼，到金瓦顶，四角生动的游龙，使庄严辉煌的金殿
> 益见华贵。顶上两个金顶，耸立在白云里发光。寺前尚有两个白塔。……
> 广惠寺[④]原名郭莽寺，全寺喇嘛五百人，主教"敏珠尔"和"先灵"都是青
> 海八大呼图克图之一。佑宁寺[⑤]，全寺隐藏在一条山沟里，环境很清幽。佑
> 宁寺沟里，山势渐狭，路北折，就见到对面山顶上有一个白墙的寺庙，沿
> 路登山，发现有十几间僧舍……[⑥]

与青海不同，西藏的宗教信仰比较单一，佛教在西藏占据绝对统治地位，
同时又因为其是藏传佛教的发源地，其寺庙无论从数量还是规模上都要比青海
超出很多。西藏著名的寺庙有大昭寺、哲蚌寺、色拉寺、甘丹寺、扎什伦布
寺、萨迦寺、楚布寺、白居寺、强巴林寺、桑耶寺等。其中大昭寺始建于松赞
干布时期，内有文成公主入藏带去的释迦牟尼八岁等身像。哲蚌寺、色拉寺和
甘丹寺合称拉萨三大寺，与日喀则的扎什伦布寺都入藏传佛教格鲁派六大寺之
列。萨迦寺为藏传佛教萨迦派的祖寺，楚布寺为藏传佛教噶举派一支噶玛噶举
派的祖寺，白居寺是藏传佛教萨迦派、夏鲁派、格鲁派共存的一座寺庙，强巴

---

① 天牧：《青海的风土人情》，《旅行杂志》1949 年第 11 期。
② 天牧：《青海的风土人情》，《旅行杂志》1949 年第 11 期。
③ 湟北四大名寺之一，始建于清顺治六年（1649），后历经兵燹，民国时的却藏寺是清光绪十三年
（1887）重建之寺庙。
④ 湟北四大名寺之一，始建于清顺治七年（1650），历经兵燹，其时的广惠寺是清光绪元年（1875）重
建之寺庙。
⑤ 湟北四大名寺之一，亦有"湟水北岸诸寺之母"之美誉，为藏传佛教格鲁派高僧章嘉呼图克图的驻锡
地。始建于明朝万历三十二年（1604），历经兵燹，其时为清同治年间重修之寺庙。
⑥ 《青海名刹巡礼》，《良友画报》1937 年第 131 期。

林寺是昌都地区（当时属西康省）最大的寺庙，属于格鲁派。桑耶寺是西藏第一座佛法僧三宝俱全的寺庙，也是藏传佛教宁玛派的祖寺。关于各寺庙的详细介绍，可以参考各相关著作，文中不再赘述。图3-7和图3-8显示的分别是民国时期的旅游者拍摄的格鲁派大寺色拉寺和扎什伦布寺的照片，由此可对民国时期藏传佛教大寺的建筑规模和风格得到较为直观的认识。

图 3-7　西藏拉萨色拉寺

资料来源：《西藏色拉寺》，《艺林月刊》1937 年第 95 期

图 3-8　西藏日喀则扎什伦布寺

资料来源：《西藏后藏扎什伦布正面全景》，《康藏前锋》1934 年第 5 期

戴新三在访问日喀则的时候，特地造访了扎什伦布寺，现将其关于扎什伦布寺的一段介绍摘录如下，以飨读者：

扎什伦布寺为日喀则境内唯一大寺，班禅额尔德尼坐床之所，乃第一世达赖更敦珠巴所建，其大殿侧有一小巧玲珑之佛塔，即更敦珠巴之灵塔位……自第四辈以至第九辈班禅，具有辉煌庄严之灵塔列于寺内，而成为后藏人民信仰之中心也。扎什伦布寺，现分为四个扎仓，即妥桑林扎仓、夏资扎仓、纪冈扎仓、阿巴扎仓是也……每一扎仓之下，又分为若干康村，人数多寡不一，全寺经常有喇嘛四千余人。[1]

此外，在建筑旅游资源方面，不得不提在民国时期修建的另一重要建筑——西宁东关清真大寺。该清真大寺始建于明朝洪武年间，确切年代不详，据寺内《重建西宁大寺碑记》[2]和《重建西宁东关大寺碑记》[3]记载，西宁东关清真大寺"创自明代，毁于兵燹"，"创自明代，屡经兵燹，其地遂废"。辛亥革命以后，民国二年（1913），青海各界回族群众募捐重修西宁东关清真大寺，于1914年完工。后经扩建，增加"大殿五间，唤醒楼三层，东厅五间，北厅九间，南厅浴室三间，寺门三间，庖厨浴福皆备，计费银万两有余"[4]，始有今日规模。

除了上述五类旅游资源外，青藏地区也有诸多气候、遗址遗迹和旅游商品类旅游资源，但由于其在民国时期对旅游者的吸引力薄弱以及相关的文献资料欠缺，本书不再对其进行讨论。而上述五类旅游资源无疑构成了民国时期青藏地区吸引国内外旅游者的魅力所在，第三节对其分布作进一步探讨。

第三节　民国青藏旅游资源的分布

一、地文景观类旅游资源的分布

青藏地区是世界上海拔最高的区域，如前文所述，民国时期青藏地区的地文景观类旅游资源主要体现为诸多高峰。当然除了高山旅游资源外，也有一些其他的旅游资源，如沙漠类的自然景观[5]。但在民国时期的青藏旅游资源中，

① 戴新三：《日喀则鸟瞰》，《边政公论》1944年第9—12期。另：现今五至九世班禅额尔德尼的灵塔已于"文化大革命"时期毁去，现重修有五至九世班禅额尔德尼之合葬灵塔。根据五世达赖喇嘛对格鲁派各种制度、礼仪的规定，扎什伦布寺的常驻僧人数目为4400人，同样地，哲蚌寺为7700人，色拉寺为5500人，甘丹寺为3300人。

② 民国三年（1914）立，后碑面受损，与民国三十七年（1948）重立。

③ 民国三十七年（1948）立。

④ 参见《重建西宁东关大寺碑记》，1948年立。

⑤ 例如，黎小苏在《青海之地理环境》（《新亚细亚》1935年第1期）中柴达木盆地沙漠的记述，丹麦人Sorensen（索伦森）在《西藏旅行谈》（《史地学报》1922年第1期）中对西藏地理环境的记述。

无疑还是以高山最具吸引力。青藏地区的山峰主要分布在喜马拉雅山脉、昆仑山脉及冈底斯山脉等较高的山脉中，这些区域分布着大量海拔 7000 米以上的高山。而其他区域如祁连山脉则以东经 98°线为分界线，以西多为 6000—6500 米的高峰；以东则高峰多在 6000 米以下、5700 米以上[①]。此外，在日喀则南部的分水岭上，有 20 个海拔为 6400—6600 米的山峰；在藏北高原，也有较多海拔在 6000 米以上的高峰；而青海的高峰在海拔 7000 米以上的很少。因此民国时期相关的登山、探险类旅游活动多发生在西藏。

民国时期青藏地区的地文景观类旅游资源尤其是高山旅游资源主要依地势分布，其中最受关注的是喜马拉雅山脉的主峰——珠穆朗玛峰。此外，青海的阿尼玛卿峰在民国时期也吸引了众多国外人士的关注。

二、水域风光类旅游资源的分布

民国时期青藏地区的水域风光类旅游资源主要包括湖泊、河流，此外冰川和温泉也引起了国内外旅游者的关注。在湖泊方面，由于自然环境因素，青藏地区的湖泊呈现出如下特征："藏北高原湖泊最多，青海省境较少。"青海地区的著名湖泊有青海湖、扎陵湖、鄂陵湖等，西藏地区的主要湖泊有纳木错、玛旁雍错（又称玛法木错）、拉昂错、羊卓雍错、色林错、当惹雍错等。前文提及，青海湖是到青海旅行人士必去的地方。黎小苏在《青海地理环境》中对青海的主要湖泊作了描述，这里引用一二，"青海湖位于青海之东北境，祁连山之南坡，东距省治西宁二百七十余里"；扎陵湖和鄂陵湖是黄河源头的两个重要湖泊，扎陵湖在青海省玉树地区玛多县西部，黄河之水"自西北流入，又自东南流出"，故有黄河"孔道"之称；鄂陵湖"西距扎陵湖五十余里……黄河经其中自东北流出"[②]。纳木错位于拉萨与那曲的交界处，念青唐古拉山北麓，徐近之认为其是"除青海之外，亚洲高原上最大湖泊"[③]；羊卓雍错位于喜马拉雅山脉北坡，玛旁雍错和拉昂错则位于"岗仁波齐峰和纳木那尼峰"之间[④]。冰川在青藏地区的覆盖面积较大，徐近之推测"整个大高原（即青藏高

---

① 徐近之：《青藏自然地理资料·地文部分》，北京：科学出版社，1960 年，第 21 页。

② 黎小苏：《青海地理环境》，《新亚细亚》1935 年第 1 期。

③ 徐近之：《西藏之大天湖》，《地理学报》1937 年第 1 期。现在而言，那曲的色林错是西藏高原面积最大的湖泊。

④ 徐近之：《青藏自然地理资料·地文部分》，北京：科学出版社，1960 年，第 57 页。

原）在冰期时可能全是冰天雪地笼罩着"①，当然在民国时期，由于气候变化的原因，其冰川覆盖率相比历史上已经缩减很多。据徐近之的研究，民国时期喜马拉雅山脉、昆仑山脉、唐古拉山脉、祁连山脉等的雪线为 4500—5000 米，雪线以上基本上都是冰川覆盖区域。此外，在西藏东南部的横断山脉地区也有大面积的冰川覆盖，据民国时期到西藏考察的英国植物学家沃特（Ward F.K.）估计，在工布以东的峡谷地区，历史上冰川覆盖区域高达 64.75 万平方千米②，即便在当前，林芝地区仍然是青藏高原海洋性冰川的主要分布区。由此可以推断，在民国时期，林芝地区也是冰川尤其是海洋性冰川的重要分布区。

青藏地区还是亚洲诸多重要河流的发源地，长江、黄河、雅鲁藏布江、印度河等，都源于青藏地区，这也成为民国时期青藏地区水域风光类旅游资源的重要构成部分。

三、生物景观类旅游资源的分布

青藏地区是我国重要的森林资源分布区域。青海"素以出产木材著称"，但其森林分布主要在南部区域，"北部及河西，气候干燥，树木繁育较难"③，从而较少有森林覆盖。青海的森林以"云杉、赤松、杜松、侧柏为主，间有桦、栎、杏及其他灌木多种"。西藏的横断山脉即峡谷区域，是我国原始森林分布较广的区域之一。峡谷中多森林，植物十分丰富，徐近之云："整个青藏四分之三的植物群落都在这里。"④根据海拔高度的不同，"峡谷区的较高地带，高山花草和矮小灌木甚为丰富，1830—3660 米为森林，（其中）下部1830—2440 米为温带雨林……2440—3050 为乔木杜鹃带，有桦、冬青、枫，即混合松柏植物"⑤。

在动物资源分布方面，作为青藏地区的特有动物，牦牛的分布区域较为广泛，"东至甘肃，西至拉达克以东之地，皆可见之"⑥。羚羊同样遍布整个青

---

① 徐近之：《青藏自然地理资料·地文部分》，北京：科学出版社，1960 年，第 62 页。

② Ward F. K. A Note on Deglaciation in Tibet, http://journals.cambridge.org/action/displayFulltext?type=1&fid=4935420&jid=GEO&volumeId=64&issueId=06&aid=4935416〔2009-05-01〕. 这个数据包括林芝和青藏高原在四川和云南的边缘地带面积。

③ 周昌云：《青海北部及甘肃河西调查记》，《新亚细亚》1943 年第 1—2 期。

④ 徐近之：《青藏自然地理资料·植物部分》，北京：科学出版社，1959 年，第 20 页。

⑤ 徐近之：《青藏自然地理资料·植物部分》，北京：科学出版社，1959 年，第 20 页。

⑥ 辛树帜：《西藏鸟兽谈》，《自然界》1926 年第 5 期。拉达克地区在历史上是藏族的传统聚居区之一。

藏高原，向西则达到葱岭一线，"更向西北或西方则无有也"①。西藏犬（藏獒）则遍布西藏高原以及青海东南、南部区域，如果洛地区和玉树地区。此外，横断山脉地区由于覆盖着密集的原始森林，也分布着众多野生动物，如扭角羚、斑羚、麝、熊、野猪等②。

四、人文活动类旅游资源的分布

在人文活动类旅游资源中，无论是婚姻礼仪、宗教信仰，还是丧葬形式、饮食习惯，乃至衣着服饰和节日节庆，都与民族成分密切相关。在青藏地区，同一民族的人文活动类旅游资源尽管区域不同，但仍具有很大的相似性。例如，对于藏族群众而言，尽管有极少部分人信仰天主教或伊斯兰教，但绝大部分藏族群众的信仰仍是藏传佛教，而在饮食习惯上，不论是在青海还是西藏，糌粑、牛羊肉、酥油茶等都是他们的基本饮食。因此，本部分通过探讨民族分布的形式来分析人文活动类旅游资源的分布。

如前文所述，相对于青海而言，西藏的民族成分比较单一，民国时期并没有关于西藏的民族构成统计，据1953年全国第一次人口普查的数据，当时西藏噶厦政府上报的数据中，西藏几乎全部是藏族人口，只有极少部分回族、蒙古族等其他少数民族，而汉族人口为零③。尽管该数据在时间上与民国时期最为接近，但其真实性值得商榷。即便如此，它也反映了民国时期西藏较为单一的民族分布特征。即使发展到现代社会，仍然如此。在稍后 1964 年的统计数据中，藏族人口占当地人口的 96.6%，而汉族人口的比例为 2.93%，珞巴族人口的比例为 0.11%，门巴族人口的比例为 0.30%，回族人口的比例为 0.01%④。考虑到西藏社会经济发展变迁缓慢，这个数据应该可以较好地反映民国时期西藏人口的民族构成特征。由于其他民族人口的比例太小，除了回族和汉族外，其他如门巴族、珞巴族等与藏族的生活习俗有着较大的相似性，因此在人文活动类旅游资源上，对西藏没有必要区分。

相对于西藏来说，青海的民族构成显得更加多元化。其汉族、藏族、回

---

① 辛树帜：《西藏鸟兽谈》，《自然界》1926 年第 5 期。
② 〔英〕特雷西：《世外桃源的西藏》，君千译，《编译月刊》1938 年第 2 期。
③ 杨子慧：《中国历代人口统计资料研究》，北京：改革出版社，1996 年，第 1485 页。
④ 刘瑞：《中国人口·西藏分册》，北京：中国财政经济出版社，1988 年，第 285 页。

族、土族、撒拉族、蒙古族等人口占有一定的比重（具体见本书第二章第二节"人口状况"部分）。在民族分布方面，"青海省汉族之分布，以湟水流域为最多，湟水流域诸县，汉人占百分之五十至百分之九十，大通亹源一带，汉人占百分之二十至三十，贵德循化一带汉人占百分之十至二十，共和同仁等新县，汉人仅占百分之一"①。由于严格的宗教信仰，回族的人文活动类旅游资源与当今并无明显差异，在其分布方面，"以化隆为中心，化隆回民占十分之五。民和，西宁，大通，亹源诸县，占十分之二三，贵德，循化占十之一"②。撒拉族与回族都信仰伊斯兰教，其生活习俗有着较大的共通之处，主要分布在循化和化隆二县，其中"循化人口撒拉占百分之五十以上，化隆占百分之十"③。藏族在青海的分布地域最广。青海的藏族包括河湟藏族、玉树藏族和果洛藏族，其中玉树和果洛地区的藏族"仍以游牧为主，受汉人之影响甚少"④，而河湟流域的藏族则以农耕为主，除此之外，生活习俗较多相同。土族也是青海独有的民族，其宗教信仰主要为藏传佛教，而在一些生活习俗上与汉族无异，"青海之土人分布，大通占全县人口百分之五十，民和，互助占百分之十，此外，共和乐都亦有之"⑤。清朝之前，蒙古族在青海的势力较为强大，对整个青藏高原的政治格局有着较大的影响，尤其是对藏传佛教的传播影响甚大。清朝以后，其势力式微，分布范围也缩减到"以都兰为中心"，此外，"亹源，湟源，共和，同德等县已有少数"⑥，范围在现在青海省的海西蒙古族藏族自治州和黄南藏族自治州。

据沈焕章在《青海概况》中的记载，青海省各民族的分布数量为：汉族在西宁有十万零八千三百三十一人，乐都四万九千五百零六人，贵德一万七千二百人，化隆五千五百人，湟县（即湟源县）二万二千人，共和一千三百七十人，都兰二十人，互助三万人，同仁一千零八人，亹源九千人，民和三万一千五百五十人，循化三千八百五十八人，大通三万八千八百人；回族在西宁有四万九千三百八十五人，乐都一千零四十二人，大通二万三千人，贵德一千九百

① 张其昀：《青海山川人物》，《青海评论》1935年第40期。
② 张其昀：《青海山川人物》，《青海评论》1935年第40期。
③ 张其昀：《青海山川人物》，《青海评论》1935年第40期。
④ 张其昀：《青海山川人物》，《青海评论》1935年第40期。
⑤ 张其昀：《青海山川人物》，《青海评论》1935年第40期。
⑥ 张其昀：《青海山川人物》，《青海评论》1935年第40期。

人，化隆一万二千五百人，循化一万六千五百六十三人，湟源一千六百五十人，共和一百四十五人，互助一千人，民和一万七千八百十四人；藏族在西宁有七千零一人，乐都九千五百四十人，大通四千七百人，贵德九万五千零一人，化隆七千人，循化四千二百二十八人，湟源县八千六百五十四人，玉树四万六千八百人，共和一万七千五百人，都兰七千八百二十人，同仁一千四百人，民和二千六百人，互助二千四百人，亹源一千六百人；土族在共和百余人，互助七千人，民和一万人，乐都六千三百余人，大通五千人；蒙古族大都分布在都兰和亹源两处，此外共和、贵德、大通、湟源等也有分布[①]。这是关于民国时期青海省民族人口数量分布较为详尽的记载，同样的记述还可见于《旅游杂志》中《青海的风土人情》一文[②]。当然由于撒拉族和回族的信仰相同，该记述将二者统称为回族，未作区分。

综上所述，民国时期西藏地区的人文活动类旅游资源完全具有藏族特色，无论是婚姻礼仪、宗教信仰、丧葬形式，还是饮食习惯、衣着服饰、节日节庆都给外来旅游者留下了深刻的印象。汉族等其他民族尽管在西藏有零星的分布，但从旅游资源的角度来看，这些民族的影响力微乎其微。而青海的人口构成相对较为复杂，汉族人主要分布在西宁及其周边地区，以及青海与甘肃相邻的地方，这些地方都是民国时期汉族人活动较为频繁的区域。相比回族、蒙古族、土族等区域性比较明显的分布状况，藏族则遍布青海全省。正是由于民国时期藏族在青藏地区的广泛分布，其相关的人文活动类旅游资源也占据了这一类旅游资源的主体，因此本书将其作为描述重点。

五、建筑设施类旅游资源的分布

前文提及，民国时期青藏地区的建筑设施类旅游资源主要包括宫殿建筑、民居建筑和寺庙建筑。对于宫殿建筑而言，布达拉宫是最典型同时也是唯一的代表，民居建筑则散见于整个青藏地区。从研究的角度来看，本部分以寺庙建筑为对象，来探讨民国时期青藏地区的建筑设施类旅游资源的分布，更有代表性，也更具学术意义。从旅游资源的价值来看，佛教寺庙无论是在规模还是艺术上，都比其他宗教建筑更为典型，因此，本部分以藏传佛教寺庙的分布为研究对象。

---

① 沈焕章：《青海概况》，《禹贡半月刊》1935 年第 12 期。
② 天牧：《青海的风土人情》，《旅行杂志》1949 年第 11 期。

藏传佛教是青藏地区一种独特的社会文化现象。寺庙是藏传佛教文化的主要外在表现形式，是藏传佛教影响力的物质载体，同时也是藏传佛教进行活动的中心。因此，有藏传佛教传播的区域就有寺庙的存在，区别在于传播区域的地位以及传播派别会对寺庙的建筑风格和等级产生一定的影响。

关于藏传佛教寺庙的数量，不同的资料显示出不同的结果。由于统计口径的区别，关于各地寺庙数量的记载出入也较大。单从概念上来说，在藏语中，寺庙称作"贡巴"，要求佛法僧三宝俱全，才能称为正规寺庙。因此，西藏第一座寺庙被认为是山南的桑耶寺，而非更早修建的大昭寺。因为，起初在大昭寺只有佛像供奉，没有僧人常驻。故只能称为"拉康"或者"觉康"，即神殿的意思。但无论是"贡巴"还是"拉康"，都具备同样的旅游资源功能。此外，在藏传佛教寺庙中，还有一种被称为"日追"的建筑形式。"日追"是在人迹罕至的山上挖掘的仅供少数人修行的洞窟，但从寺庙功能以及旅游资源价值的角度考虑，本书在统计的时候将这部分寺庙略去。不同的寺庙类型导致在不同的史料中对青藏地区寺庙数量的统计有较大的出入。例如，在东嘎·洛桑赤列的《论西藏政教合一制度》中，作者分析出 18 世纪 70 年代西藏四大教派的寺庙总量为 4582 座[1]，《西藏革命史》则统计出 20 世纪中期西藏的寺庙数量为 2670 多座[2]。另据统计，在 1959 年西藏进行民主改革前，西藏共有大小寺庙 2711 座，僧侣共计 114 103 人，约占当时西藏总人口的 9.51%[3]。尽管从 18 世纪 70 年代到 20 世纪 50 年代，相差了 180 年，但在统计结果上却相差近 2000 之多。即便考虑到政治社会经济发展的原因，这样的结果仍然让人困惑。不过，根据《西藏宗教志》（终审稿）的记载，藏传佛教寺庙的数量在西藏各地区的分布为：拉萨 147 座、日喀则 263 座、昌都 406 座、那曲 114 座、林芝 50 座、山南地区 141 座、阿里 34 座，共 1155 座。多杰才旦主编的《西藏封建农奴制社会形态》一书统计的民国时期西藏地区寺庙数量为：拉萨 148 座、日喀则 179 座、昌都 53 座、那曲 49 座、林芝 36 座、山南 85 座、阿里 15 座，合计 565 座[4]。后二者是对西藏藏传佛教寺庙较为精确的统计，但在区域上，昌都、那曲相差

① 东嘎·洛桑赤列：《论西藏政教合一制度》，陈庆英译，北京：民族出版社，1985 年，第 62 页。

② 中国西藏自治区委员会党史资料征集委员会编：《西藏革命史》，拉萨：西藏人民出版社，1991 年，第 9 页。

③ 孙泽荣：《中国人口·西藏分册》，北京：中国财政经济出版社，1988 年，第 298—299 页。

④ 多杰才旦主编：《西藏封建农奴制社会形态》，北京：中国藏学出版社，1996 年，第 444 页。

较大。昌都地区是藏传佛教传播中一个相对重要的区域，其寺庙数量应该远不止 53 座。因此，本部分参考《昌都地区志》的数据，其数量为 359 座，应该比较令人信服①。那曲地区的数据，格勒等在其所编著的《藏北牧民》一书中，统计寺庙数量为 91 座②。尽管此处参考的资料都是现代文献，但作为寺庙而言，都是从历史上遗留下来的，在 1949 年以后几乎没有新建寺庙，因此用该数据反映民国时期西藏寺庙的分布情况是可以接受的。需要指出的是，上述研究都只是对寺庙数量的统计，并没有给出详细的寺庙目录或者只是给出了部分寺庙的目录。因此，本部分在参考上述资料的基础上，又查阅了《西藏自治区志·文物志》③以及西藏自治区民族宗教事务委员会的有关资料，共统计出有详细名录的民国时期西藏藏传佛教寺庙 980 座，其中拉萨市 79 座、山南市 162座、林芝市 29 座、日喀则市 157 座、昌都市 417 座、阿里地区 57 座、那曲地区 79 座。

对于青海藏传佛教寺庙而言，民国时期关于青海省寺庙分布的资料也不能准确掌握，据蒲文成研究，至 1949 年青海省解放前夕，全省有规模较大的藏传佛教寺庙 650 余座，加上其他规模较小的寺庙，共有 1000 余座之多④。在其所著的《甘青藏传佛教寺院》⑤中，蒲文成对青海的藏传佛教寺庙进行了详细的统计。据此，本部分又参考《青海藏传佛教寺院明鉴》⑥一书，整理分析出青海省各地区藏传佛教寺庙的分布情况，结果显示民国时期青海省共有寺庙 716座，其中西宁市 46 座、海西蒙古族藏族自治州 21 座、海东市 192 座、海北藏族自治州 24 座、黄南藏族自治州 68 座、海南藏族自治州 120 座、果洛藏族自治州 59 座、玉树藏族自治州 186 座。如此，则文章整理出民国时期青藏地区共有藏传佛教寺庙 1696 座。

需要指出的是，正如《川青康藏驿路程站及青康藏喇嘛寺庙之分布》所述，"前后藏至打箭炉，各部落寺庙不可胜记"，因此在书中也仅仅是"名最

---

① 西藏昌都地区地方志编纂委员会编：《昌都地区志》下册，北京：方志出版社，2005 年，第 1010 页。

② 格勒、刘一民、张建世等编著：《藏北牧民》，北京：中国藏学出版社，2004 年，第 445 页。

③ 西藏自治区地方志编纂委员会编：《西藏自治区志·文物志》上册，北京：中国藏学出版社，2012 年，第 28—55 页。

④ 蒲文成：《青海藏传佛教寺院概述》，《青海社会科学》1990 年第 5 期。

⑤ 蒲文成：《甘青藏传佛教寺院》，西宁：青海人民出版社，1990 年。

⑥ 年治海、白更登主编：《青海藏传佛教寺院明鉴》，兰州：甘肃民族出版社，1993 年。

著者叙之"[①]。通过对相关史料的梳理，未发现对青藏地区寺庙的详细记录，因此本部分尽可能地查阅更多的资料，对民国时期青藏地区的藏传佛教寺庙进行梳理，但也只能获得部分数据。如此众多的寺庙建筑，成为民国时期建筑设施类旅游资源的重要组成部分，也成为国内外旅游者前往青藏旅游的重要吸引物，但凡到青藏地区旅行的人士，寺庙成为必去之人文景观。

西藏的拉萨、日喀则和昌都以及青海的东部和玉树地区是藏传佛教寺庙分布较为密集的地方，而青海的西部与拉萨的阿里和林芝地区寺庙较少，其原因应该有三。

第一，寺庙空间分布与藏传佛教的势力有较大的相关性。无论是拉萨、日喀则，还是青海的西宁、海东地区、玉树地区，藏传佛教的影响都十分巨大。例如，拉萨是藏传佛教的中心，象征着藏传佛教最大势力格鲁派权力中心的布达拉宫、哲蚌寺、色拉寺和甘丹寺都分布于此。日喀则则是格鲁派大活佛班禅额尔德尼的驻锡地，是后藏的宗教中心。昌都地区是格鲁派向康巴地区进行辐射的中心区域，以强巴林寺为代表的格鲁派寺庙影响力巨大，也象征着格鲁派在康巴地区的巨大影响力。西宁湟中县是格鲁派祖师宗喀巴的诞生地，当地的塔尔寺是格鲁派六大寺之一，在青海省乃至整个藏传佛教传播区域都具有较高的影响力，同时贵德县的隆务寺和互助土族自治县的佑宁寺都在当地影响力巨大。此外，除了这些格鲁派寺庙之外，青海省海东地区还是宁玛派的重要传播区域，841 年吐蕃赞普朗达玛发动灭佛运动时，大量僧人逃往青海及其他地区，其中青海省的贵德和海东地区成为当时主要的僧人（以宁玛派为主）避难及传教之地，兴建了众多寺庙，因此寺庙分布较为密集。

第二，寺庙空间分布与当地的经济发展水平有较大的关联。拉萨、日喀则和昌都地区是民国时期西藏社会经济发展水平最高的地方，尤其是拉萨和日喀则，分别为前后藏的政治、经济和文化中心，也促进了当地宗教影响力的扩大。青海的西宁、海东地区亦是如此。

第三，当地人口数量影响了寺庙的空间分布。寺庙分布较为密集的区域都是人口相对众多的地方，自古以来青藏地区地广人稀，有限的人口集中于拉

---

① 蒙藏委员会编译室编辑：《川青康藏驿路程站及青康藏喇嘛寺庙之分布》，北京：蒙藏委员会编译室，1942 年，第 53 页。

萨、日喀则、西宁等中心城市。众多的人口有利于宗教影响力的扩散，在这些区域广建寺庙对于扩大宗教影响力、吸引更多的信众具有十分重要的作用。寺庙的集中分布也影响了旅游者行为的选择，这些寺庙集中分布的区域同样也是民国时期青藏地区旅游活动开展较为频繁的区域，这些区域的中心城市也成为旅游流的重要集散地，这在第四章的相关部分详细论述。

第四节　个案分析——民国时期塔尔寺旅游开发

塔尔寺是藏传佛教格鲁派祖师宗喀巴的出生地。"宗氏生于明末，从小就研习红教宗典……宗氏目睹教规的日趋腐败，就潜心苦修，立志改革宗教，在红教之外，别创一派，把教规严加整顿，专持苦行，因为他们着黄色袈裟，所以被称作黄教，黄教既兴，极得藏民信仰势力就续渐强盛起来，替代了从前红教的地位，宗氏圆寂后，他的两个大弟子达赖和班禅喇嘛，分执着全藏政教之权，黄教的势力，更发扬光大了起来。"[1]传说在宗喀巴的出生地"生菩提树一株，树叶上隐现佛像"[2]，因此当地信众在此建塔，有塔而建寺，故名塔尔寺。于是以前十分普通的一个游牧民族的小村落，自从降生了这位宗教改革家之后，就发展成为藏传佛教格鲁派的圣地。在整个藏传佛教尤其是格鲁派教徒心中占有重要地位，在广大蒙藏群众心中也有着重大影响力，塔尔寺也成为格鲁派六大寺之一[3]。"壮丽的庙宇陆续建筑起来，几百座殿宇，三千多间僧舍，逾万的喇嘛，附近倚寺举火的青海教民也有好几千户，每年从蒙古、西藏及青海来膜拜的教民更是络绎于途，供奉的金银宝物，积累盈龛。"[4]在"寺院外有佛寓，是专供各地活佛来此的住所。西藏达赖和班禅，蒙古哲布尊丹巴，阿嘉呼图克图都在此居住过"[5]。因而，"蒙藏人民以到寺

---

① 张沅恒：《塔尔寺晒佛》，《良友画报》1939 年第 146 期。另作者注：张之叙述更多的是从立足故事的角度，当时宗喀巴面临的是整个藏传佛教体系的腐败，而不仅仅是红教（宁玛派）。此外成为黄教的原因不是因为穿黄色袈裟，而是因为头戴黄色僧帽。一世班禅额尔德尼和一世达赖喇嘛尽管都是宗喀巴大师的弟子，但获得这两个称号的分别是五世班禅额尔德尼和三世达赖喇嘛，前世都是追认。

② 天牧：《青海的风土人情》，《旅行杂志》1949 年第 11 期。

③ 藏传佛教格鲁派的六大寺庙分别是哲蚌寺、甘丹寺、色拉寺、扎什伦布寺、塔尔寺和拉卜楞寺。除了拉卜楞寺在甘肃省外，其他五座都在青藏地区。其中青海省一座，西藏地区四座。

④ 张沅恒：《塔尔寺晒佛》，《良友画报》1939 年第 146 期。

⑤ 天牧：《青海的风土人情》，《旅行杂志》1949 年第 11 期。

前叩头为终身大事。寺前（大金瓦殿）之廊阶，系以松板铺成，因叩头者甚多，辄被双手双足及头额摩擦深至二三寸者，所以每岁必须更换一次。蒙藏人民往往以一生之所得，不远千里，长途跋涉，于一次叩头中耗尽。甚至由西藏、内蒙古等处，完全以叩头至该寺者，此等人少则数年，多则十余年始能叩到。有叩至中途而资斧断绝，无能为继，则作记返里，再行经营牧畜等业，快资金有着时，再继续叩起，必达目的地而后已"①，塔尔寺的宗教影响力由此可见一斑。

塔尔寺在西宁县西南约二十五千米塔山中的鲁尔街上②，据记载："寺院（即塔尔寺）的富裕甲于青海，寺中有活佛十余人，喇嘛定额为三千六百名。而食指（注：应该是实际）却超越万人，附近的熟番，依持其生活的有数千户之多。寺中有大金瓦殿、小金瓦殿各一，屋顶盖瓦，全为镀金，寺内金玉宝石雕成的佛像数不胜数，金佛镶嵌珠粒，银佛则积累盈龛……寺的周围二百余里，都为寺的财产，塔尔寺不仅在宗教上有地位，在政治经济上也有相当地位。"③因此，在民国时期，除了通常的宗教朝拜活动，塔尔寺更是成为到青海参观、访问人士的必去之地。对此，麦群玉在游记中这样记述："往青海考察或观光的人士，当抵西宁的时候，必到塔尔寺观光去。普通的心理以为不游塔尔寺，是辜负此行。笔者有一次在西宁旅行，遇见一位福建人，闲谈之下询问他来西北的意思，他的答复是：'在报纸和杂志上看到关于西北种种新建设之宣传，故特来观光。''考察时没有的塔尔（寺）倒也游过，也算不虚此行。'跋涉万余里，为着游塔尔寺而到青海，在他总以为值得。"④图3-9为马鹤天在青海考察时拍摄的塔尔寺建筑的图片。由此图可见，塔尔寺的建筑飞檐峭壁、雕梁画栋，融合了藏、汉两个民族的传统建筑艺术特色，具有极高的艺术价值。

塔尔寺的主要建筑包括大金瓦殿、小金瓦殿、措钦大殿、班禅行宫和八宝如意塔等。

---

① 《青海之大金瓦寺》，《中国公论》1938年第3期。

② 民国十八年（1929），成立青海省，治西宁县。直到民国三十五年（1946），才正式成立西宁市。同年，治鲁尔街，成立湟中县，延续至今。鲁尔街即现在的鲁沙尔镇。

③ 天牧：《青海的风土人情》，《旅行杂志》1949年第11期。

④ 麦群玉：《青海纪游》，《旅行杂志》1938年第10期。

图 3-9 塔尔寺的精美建筑

资料来源：马鹤天：《西北考察记·青海篇》，台北：南天书局有限公司，1985 年，插图

大金瓦殿（图 3-10）位于塔尔寺正中，是塔尔寺最主要也是最古老的建筑。藏语称为"赛尔顿庆莫"，即金瓦的意思。整个大殿建筑面积 450 平方米。殿中有一大银塔，为塔尔寺最古老的建筑，也是"塔尔寺"三字中"塔"的由来。该塔建于明洪武十二年（1379），相传塔中包有宗喀巴出生地所生长的一株菩提树。大金瓦殿始建于明嘉靖三十九年（1560），明万历五年（1577）建成，后于清康熙五十年（1711）用黄金 1300 两、白银一万多两改屋顶为金顶，形成了三层重檐歇山式金顶，故名金瓦殿。"大金瓦寺为塔尔寺最雄伟之建筑，凡二层。因系宗喀巴降生之地，故为寺中最神圣之地区，内藏宗喀巴生前各种遗物。寺前有圣树，再前为大经堂庄严高大，为班禅及高僧讲经之所。寺顶皆覆以金瓦，冠以金顶，辉煌耀目。"[1]

图 3-10 塔尔寺之大金瓦殿

资料来源：马鹤天：《西北考察记·青海篇》，台北：南天书局有限公司，1985 年，插图

---

[1]《青海之大金瓦寺》，《中国公论》1938 年第 3 期。

小金瓦殿（图 3-11）是塔尔寺的护法神殿，藏语称为"赞康钦莫"，即护法之意，始建于清康熙三十一年（1692），建成后供奉从西藏哲蚌寺迎请来的"赤列嘉布"（事业明王）护法神像。清嘉庆十四年（1809），殿顶改建为与大金瓦殿类似的镏金铜瓦殿，故称"小金瓦殿"。

图 3-11　塔尔寺之小金瓦殿

资料来源：麦群玉：《青海纪游》，《旅行杂志》1938 年第 10 期

措钦大殿，即大经堂。是塔尔寺建筑面积最大的殿堂，也是全寺僧人集体诵经和进行其他佛事活动的重要场所。措钦大殿始建于明万历三十一年（1603），后几经维修、改建。民国元年（1912），措钦大殿由于火灾化为灰烬，次年重建，至民国四年（1915）竣工。

班禅行宫，藏语称"拉让钦莫扎西康萨"，意为"大拉让吉祥新宫"，是达赖喇嘛、班禅额尔德尼和本寺法台的办事机构与驻锡行宫。班禅行宫始建于清顺治九年（1652），后历经改建、扩建。十三世达赖喇嘛和九世班禅额尔德尼都曾入驻此处。塔尔寺弥勒殿内立有"九世班禅额尔德尼驻锡塔尔寺记事碑"一方。碑文主要记述九世班禅大师 1935 年 5 月至 1936 年 4 月驻锡塔尔寺时的各项活动，碑文有"大师（九世班禅大师）率随抵达本寺，在大金瓦殿陈列千供祈清沐浴并祝赞，然后住进大拉让扎西康萨寝宫，为本寺以堪布为首的大小活佛及执事僧人摩顶"的内容。

八宝如意塔（图 3-12），是塔尔寺的标志性建筑之一，但凡来寺游览的旅游者都会对其有较深的印象。关于其来源，有如下记载："寺后有八大坟，传说是年羹尧平定青海时杀喇嘛八人，另筑八塔于寺前。"①当然，这种说法只是一种传说，并无法考证。关于八塔通常的说法是其象征着释迦牟尼一生的八大功德，以功德命名分别是莲聚塔、菩提塔、四谛塔、神变塔、降凡塔、息诤塔、胜利塔、涅槃塔。

图 3-12　塔尔寺之八宝如意塔

资料来源：《青海巡礼》，《良友画报》1935 年第 103 期

除了辉煌的建筑外，塔尔寺的宗教活动同样独具特色，吸引了各地的僧众前来观光和参与。民国时期，塔尔寺的宗教活动已经在青海省内外有着较高的知名度。有刊物记载：

　　皋兰社青海专讯：西宁南部五十里之塔尔寺，于本年（作者注：即民国二十一年，1932 年）七月九日即旧历六月六日，举行观经大会，在大会之前数日，全省僧俗，往来朝佛者，络绎于途，汉藏商民，赶集贸易，大有争先恐后之势，至游人观览经书，则必在门首购酥油铜灯，以手执之自左而右，盘桓数匝，然后将灯仍还原主，至九日寺僧群集社伙院，笙锣铙钹，番乐齐奏，先有小僧四人全身裹以白布，只漏两眼，如猴子状，出而跳舞，又有数十中年僧人，头戴牛马羊等兽头及罗汉面具，着奇怪兽衣，握叉执戟而舞，鼓乐铿锵，与跳舞合拍，洵为奇观，十日为晒大佛爷日，大佛系用绸缎制成，上绣佛像，华美异常，用数十僧人扯着，前导喇叭等

---

① 天牧：《青海的风土人情》，《旅行杂志》1949 年第 11 期。

番乐，活佛鸣鸣诵经而进，至后山巅，将佛像展开，宽有五六丈，长十余丈，观者围堵，纷纷投钱，直至下午始冷之而归，诚可谓遍地之奇俗矣。[①]

而民国时期著名的报业人士张沅恒对塔尔寺的宗教活动及其影响作了更为详细的描述：

> 塔尔寺每年有五次庙会，逢到庙会时期，除了举行宗教的仪式而外，更是蒙藏游牧民族结集的唯一场合，在平时他们逐水草而居，过着流动的生活，没有集会交易的机会，在这庙会时期中，成千累万的西藏人、番民，都从老远的地方，跋涉长途，带了帐幕，裹了粮食，以及需要交换的土产如鹿茸、麝香、药材、皮毛之类，来换取茶砖布匹等物，当他们来的时候不论男的女的，都换上了盛装，在庙四周的漫山遍野中，架起帐幕来，参加他们的社交生活，青年的男女们，更利用这个机会找寻恋爱的对象，至于附近的汉人和回民，也大批结了伴来做买卖和凑热闹。[②]

由此可见，由宗教活动而衍生成商业盛会，塔尔寺的庙会已经具有当前青藏地区各种旅游文化节的雏形：以宗教活动为依托，吸引国内外人士前来观光游览，并且在节日期间开展一些贸易洽谈活动。这一方面可以促进旅游产业的发展；另一方面也可以带动当地社会经济的进步。最好的诠释就是当前一年一度的拉萨雪顿节，民国时期塔尔寺的庙会活动在内容方面已经与之相当接近，逊色的只在于活动的组织和管理。同时，民国时期塔尔寺成熟的宗教及相关活动的开展，未尝不为后来塔尔寺的旅游资源开发提供了良好的基础。直到现在，塔尔寺的旅游产业发展在整个青藏地区的宗教旅游中也是首屈一指的。而与它同为藏传佛教格鲁派六大寺的诸如哲蚌寺、扎什伦布寺等，相差较多。

当然，庙会除了商业活动之外，其核心仍是宗教活动。

> 每年五次庙会，其中以六月举行的一次最为热闹，因为在那时候是青海一年中气候最好的时节。庙会的集期有五六天光景，每天有盛大的诵经和跳神等仪式，终年紧闭的大金殿和小金殿，也在这时开放让人们自由参谒，而一年一度的晒佛典礼，也在七日那天清晨举行。

---

① 《塔尔寺举行观经大会》，《新青海》1932年第1期。
② 张沅恒：《塔尔寺晒佛》，《良友画报》1939年第146期。

　　塔尔寺的晒佛仪式，是既庄严而又简单，举行的地点就在寺外一座小山前面，当天在透露着微曦的晨光中，一阵呜呜的号筒声冲破了拂晓的沉寂，近百名喇嘛抬着一卷长达十丈的丝绣佛像（图 3-13），爬上这座小山顶巅，同时执着法器旌幡的喇嘛行列也相继来到山前的广场中，按照一定的方式排列起来，当那卷丝绣佛像徐徐展开的时候，数千喇嘛所发出的响遍云霄的诵经声就随之而起，佛像由山巅展至山麓，上面还覆着一层满绣藏文经典的黄绸，把这层绸渐渐地揭了去，那幅高二十余丈的绣像（图 3-14），就在金黄色的太阳光下反射出绮丽的色彩来，这是整个庙会中最庄严而动人的一幕。

图 3-13　展开的巨型佛像
资料来源：张沅恒：《塔尔寺晒佛》，《良友画报》1939 年第 146 期

　　佛像在阳光中只露了一下脸，不到一小时光景，这晒佛的仪式就告终结，展开在山坡上的大佛像，又被许多喇嘛争着卷了起来，依旧跟着行列在吹打声中抬回到寺里去，这一幅只在微弱太阳光中漏了一脸的佛像，又得回到它阴暗的库房里去宝藏着，当它再和太阳光相见的时候，已经又是一个年头了。[1]

---

[1] 张沅恒：《塔尔寺晒佛》，《良友画报》1939 年第 146 期。

图 3-14　塔尔寺的喇嘛们扛着佛像行走在山坡上
资料来源：张沅恒：《塔尔寺晒佛》，《良友画报》1939 年第 146 期

　　跳神活动是藏传佛教又一个重要的宗教仪式，在每年的各种宗教节日上，跳神活动都是整个宗教仪轨的重要组成部分[①]。张恒沅对塔尔寺庙会上的喇嘛跳神活动（图 3-15）也作了相关的描述。

图 3-15　塔尔寺的喇嘛跳神活动
资料来源：张沅恒：《青海塔尔寺喇嘛跳神》，《良友画报》1939 年第 147 期

　　太阳一照在屋顶上反衬出闪灿的光彩来，殿前用石块铺设的广场四周，早已挤满了各式各样的人；本地的番民、蒙古人、回民、汉人，从西藏来朝佛的藏民，由新疆来旅行的哈萨人，他们都不约而同来到这一块黄教祖师诞生的圣地，来凑这庙会和跳神的热闹。

---

① 李安宅：《藏族宗教史之实地研究》，《中国藏学》1988 年第 1 期。

跳神是喇嘛教中一种宗教上的仪节，所表演的是莲花大师派十八罗汉在印度捉妖的故事，塔尔寺每年有五次庙会，每次总得拿它来表演一次。

一阵呜呜的芒筒声由殿旁平台上传来，殿中先走出两个吹锁钠的喇嘛来，后边跟着穿法衣的堪布喇嘛，接着鼓钹队和依着等级的喇嘛都鱼贯而出，在场中绕了一个圈子，仍旧返回殿中，只留着鼓钹队在廊前，陪奏跳神的节拍（图3-16）。

图3-16　鼓钹队表演

资料来源：张沅恒：《青海塔尔寺喇嘛跳神》，《良友画报》1939年第147期

跳神开始了，先走出一个戴面具的大头和尚来，穿着前清的绣补服，左右手各拉着三个小头陀（图3-17），在鼓钹声中跳跃了一会，就在场旁坐了下来。几分钟后，换上四个带骷髅面具的小鬼，也在场中作种种跳跃的姿势，攒着小鬼，又换上四个穿花衣裙的头陀，牛头、鹿头陆续上场（图3-18），按着节拍舞蹈。末了有五个不戴面具而束发的哈喇人衣着绣满了骷髅花纹的袍服，摇摆上场，留个狰狞的恶鬼，戴上眼如铜铃口似血盆般的面具，帽上又饰着骷髅，在鼓钹声中，狂跳大舞，这是整个跳神场中的最高潮，同时就结束了这一次仪节。[1]

---

[1] 张沅恒：《青海塔尔寺喇嘛跳神》，《良友画报》1939年第147期。

图 3-17　大头和尚和小头陀

资料来源：张沅恒：《青海塔尔寺喇嘛跳神》，《良友画报》1939 年第 147 期

图 3-18　跳神中的牛头鬼和鹿头鬼舞蹈

资料来源：张沅恒：《青海塔尔寺喇嘛跳神》，《良友画报》1939 年第 147 期

　　跳神活动不仅是一种宗教活动，还融合了藏戏表演中的服装、道具等多种艺术形式，可谓传统藏文化的典型代表。

　　因为塔尔寺旅游资源本身的价值，及其在资源开发中独具特色，民国时期有大量的政府要员和社会名流来到塔尔寺参观，更加提升了其已有的知名度，这些重要的旅游者如下[①]。

　　民国十六年（1927）甘肃省政府委员、教育厅厅长马鹤天先生赴青海考察，途中参观了塔尔寺，对塔尔寺的主要建筑作了相关的介绍。

　　民国二十三年（1934），国民政府考试院院长戴传贤（戴季陶）来青海视察，专门来到塔尔寺参观，赠"护国保民"匾额一方，现悬于大金瓦殿前檐横枋之上。

---

　　① 根据拉科·益西多杰：《塔尔寺史话》（北京：民族出版社，2001 年，第 167—168 页）以及其他相关资料整理。

民国二十三年（1934），湖北省释心道法师来塔尔寺学习密宗三年，被九世班禅额尔德尼赐名号"丹巴增贝堪布佛"。

民国二十六年（1937），作家老舍来青海讲学期间参观了塔尔寺。

民国三十年（1941），国民政府要员、著名书法家于右任来青海参观，手书"光明圣地"匾额一方，赠予塔尔寺，现悬于文殊菩萨殿正殿外上方。

民国三十年（1941），国画大师张大千携家人来到塔尔寺，潜心研究了寺中的壁画和雕塑。

民国三十一年（1942），蒋中正在马步芳等陪同下参观了塔尔寺，瞻仰了大、小金瓦殿，同时给该寺题赠了匾额和布施。同年，蒋经国、蒋纬国二人从河西乘车到西宁，参观了塔尔寺。

第四章 民国青藏旅游交通

　　饭店、交通、旅行社被称为现代旅游业的三大支柱，但如果从历史时期的旅游业发展来看，饭店和交通无疑要比旅行社形成的时间更早。尽管民国时期陈光甫先生在上海创立了中国第一家旅行社，但由于种种约束，其业务范围并没有延伸到青藏地区。因此本书在对民国时期青藏地区的旅游业地理研究中，只能将研究对象局限在饭店和交通两个方面。除此之外，在有限的资料前提下，本书还将对民国时期青藏地区的旅游餐饮以及休闲娱乐服务等旅游产业的相关要素进行一定的探讨。本章主要分析旅游交通问题。

　　旅游交通是旅游业发展的先决条件和基础，民国时期青藏地区尤其是青海省的交通建设在一定程度上推动了旅游业的发展。青海建省之后，省政府的八条施政纲领中，有一条就涉及青海的道路修筑。省政府宣言提到："西北素称蔽塞，风化未开，都是因为交通不便。所以本政府要积极地修筑道路，并建筑铁路，以完成先总理西北交通的大计划，以启文化，以利民生。"[①]在中国国民党第四次全国代表大会上，青海省代表在其提出的开发青海计划中，首先提及的就是"交通之整顿"："则先建筑重要铁道……他如汽车道即马路之修筑，无线电航空队之增设，均须限期完成。"[②]此后，道路建设一直都是青海省政府主政的重要任务之一，这对于旅游者入青以及旅游流在青海的扩散起到

---

① 《青海省政府宣言》，1929 年 1 月 24 日。
② 中国国民党第四次全国代表大会：《开发青海计划》，《银行周报》1931 年第 49 期。

了一定的推动作用。

对于西藏而言，其地理环境比青海更加恶劣，地势起伏更大、海拔更高。"地理上与宗教上的关系"，导致西藏"与外界接触之机会甚少"，"而过着原始时代的生活"①。在这样的环境下，西藏的道路建设一直停滞不前。不仅仅西藏与附近各地区交通非常困难，而且其"内部交通也不容易"②，"在西藏，道路通常只是狭窄的小道，沿绕着激流所经过的深沉峡谷，很难涉渡，有时甚至是完全不可能涉渡的"③。有如此不发达的交通状况，当然也就没有所谓的交通管理部门。对于民国时期的西藏而言，唯一的交通机关就是邮局，并且数量也相对较少，"邮局仅有二十处，一等局仅四处，即拉萨、扎什伦布、亚东、江孜等。以估有五十万里地方的西藏，而交通机关仅如上述，其梗阻可想而知"④。但无论怎样，西藏的传统交通方式仍然在其旅游发展中起着重要的作用，不同类型的旅游者就是依靠这原始的交通线路不断地进出西藏的。因此，对这些道路的研究仍是非常有必要的。

本章的主要内容包括三个方面：一是对民国青藏旅游交通线路分布的研究；二是对民国青藏旅游交通节点的分析；三是对民国青藏旅游交通方式与工具的讨论。需要指出的是，旅游交通建设一直都融合在公共交通建设中，即便在当前的旅游研究中，也难以明确地将二者分开。因为正是公共交通的建设大力促进了旅游事业的发展，正如当前的高铁发展对旅游流的影响⑤。因此本章没有理由也没有必要将旅游交通从公共交通中剥离。

第一节　民国青藏旅游交通线路分布

一、传统交通的延续——西藏旅游交通线路分布

民国时期西藏与外界沟通的道路，在陆路方面，其大体方向与现代无异。总体而言，有青藏线（由青海入藏）、康藏线（由西康即今四川入藏）、滇藏

---

① 林东海：《西藏考察纪实》，徐百如译，《康藏前锋》1935 年第 11 期。

②〔苏〕亚历山大罗夫：《近代西藏》，北京大学政治学系译，北京：世界知识社，1951 年，第 6 页。

③〔苏〕亚历山大罗夫：《近代西藏》，北京大学政治学系译，北京：世界知识社，1951 年，第 7 页。

④ 雨辰：《西藏》，《旅行杂志》1931 年第 2 期。

⑤ 汪德根、陈田、李立等：《国外高速铁路对旅游影响研究及启示》，《地理科学》2012 年第 3 期。

线（由云南入藏）三条。正如黄慕松所云："陆路又有三条，一条由青海以通拉萨，一条由云南边界中甸组西也可以到拉萨，还有一条是从西康打箭炉前进。这就是内地赴西藏交通的北、南、中三条道路。"①民国时期的一位军事记者朱海山曾多次出入西藏，其提出了入藏的北、中、东三条线路。所谓北路就是之前提及的从青海西宁过青海湖，经那曲到拉萨的通道，与黄慕松所提的北路相同，其大体走势与当今的青藏铁路沿线类似，也就是所谓的青藏线。而中路是从青海到拉萨的另外一条道路，即由"玉树果河至黑河止，沿途有崇山峻岭，六河山川，道路崎岖南行，幸沿途具有烟户畜牧之人，并柴草可寻，此道称曰中路"②，此与吴忠信提及的"由青海西宁，经玉树，囊谦，三十九族，可达拉萨"③的线路一致。黄慕松认为的中路则是康藏线，即"中路由雅安打箭炉（即康定）以入西康。中路人烟较多，设备也好一点，但是走起路来却很困难，因为横断山脉经过西康，许多大山河流都是由北向南，虽有驿站，行路非常困难，非山即水，绝少平地"④。不同的是，朱海山认为康藏线是入藏的东路，并对此作了更详细的描述。

> 如于四川打箭炉起至拉萨……沿途须越崇山峻岭七十二座，大小河流环回十余道，山路尽如羊肠，行程约需四个月之久，故商旅视为畏途。其中地大而人烟稠密者，有里塘（即理塘，作者注）、西康、巴塘、江卡（即芒康，作者注）、察木多（即昌都，笔者注）、洛隆宗（即洛隆县，笔者注）、边坝、江达等处，余均系小地方，沿途也有人烟，此道称曰东路。⑤

黄慕松认为的南路即滇藏线，"由云南前进，这条路是因为藏民要吃内地的茶，云南普洱茶尤所深好，彼此要做买卖，所以有这一条路"，这条路本来是还可以走的，"不过现在治安不好"⑥，因此，由此入藏的旅游者寥寥无几。相比而言，北路（青藏线）属于"旅行最便捷之路，记者（朱海山）前曾

---

① 《黄慕松讲述西藏经历》，《湖北省政府公报》1934 年第 82 期。
② 朱海山：《旅行西藏交通路线之详讯》，《军事杂志》1929 年第 11 期。
③ 吴忠信：《西藏纪要》，北京：全国图书馆文献缩微复制中心，1991 年，第 95 页。
④ 《黄慕松讲述西藏经历》，《湖北省政府公报》1934 年第 82 期。
⑤ 朱海山：《旅行西藏交通路线之详讯》，《军事杂志》1929 年第 11 期。
⑥ 《黄慕松讲述西藏经历》，《湖北省政府公报》1934 年第 82 期。

于北路往来数次，毫无困难……西藏之地理，于此略得其概要"①。因此，一些商贾、朝拜的群众经常选择这条路线。而康藏线尽是穷山恶水，地势险恶，见林东海描述：

> 自成都至康定，仅能以肩舆代步……再从康定西行，仅能以轿马代步……自离康定西行不久，第一座所必经的大山，名叫折多山……当经过这山时，除轿夫三人、马三匹疲惫而死外，同行者数十人（卫兵与轿夫在内）均罹疾病。我们继续前行，山道愈显窄狭崎岖，除数人因病不得不由原路折回外，轿夫又死一人，其他罹疾病者幸皆先后复原。②

但由于康藏线"既可以对边境同胞宣扬中央的德意，复可以视察康藏种种纠纷的因果关系"③，因此政务交流型旅游者往往选择从西康入藏。典型的代表就是黄慕松入藏致祭和刘曼卿入藏交流。

黄慕松在其《黄慕松奉使入藏册封并致祭达赖大师报告书》中，对其入藏的线路进行了详细的记述。从西康省德格县边境的冈托河西岸进入江达（今昌都市江达县）开始，到拉萨，中间一共41站（表4-1），行程共647英里（约1041千米）。

表4-1 黄慕松入藏交通线路

站名	路程（英里）	站名	路程（英里）
矮多	9	拉木结孔	18
绒松	15	温坐克瓦	10
降达	12	哈拉木	11
格里	16	加贡	16
九绒	20	屠土	14
托浪	20	察秋卡	15
惹丫	18	拉里	17
察木多（昌都）	18	秧长	10
浪达	16	舌里	18
拉麦	14	炸麦	11
拉贡思达	10	浪久	13

---

① 朱海山：《旅行西藏交通路线之详讯》，《军事杂志》1929年第11期。
② 林东海：《西藏考察纪实》，徐百如译，《康藏前锋》1935年第11期。
③《黄慕松讲述西藏经历》，《湖北省政府公报》1934年第82期。

续表

站名	路程（英里）	站名	路程（英里）
瓦河	25	江达	15
马里	9	经大	14
下野松	7	龙马里	23
洛隆宗	18	错木拉	20
则墨	18	河司力蒋	16
肖墨	15	仁钦里	17
抓里	17	墨竹贡卡	18
拉则	22	拉木	11
大宗	13	得庆	20
五结打木达	15	拉萨	13
总计	647	—	—

资料来源：中国第二历史档案馆、中国藏学研究中心编：《黄慕松 吴忠信 赵守钰 戴传贤奉使办理藏事报告书》，北京：中国藏学出版社，1993 年，第 19—21 页

刘曼卿的入藏线路与黄慕松有稍微的差异。黄慕松是由江达入昌都境，而刘曼卿则是由芒康入昌都境。这里也附上刘曼卿在《康藏轺征》中对其入藏线路的记录，见表 4-2。

表 4-2 刘曼卿入藏交通线路

站名	里程（里）	站名	里程（里）
江卡	100	硕都（硕般多）	160
黎树	110	巴里郎	100
石板沟	110	拉子	100
阿足塘	80	丹达	110
洛加宗	100	郎金沟	100
察雅	80	阿兰多	95
昂地	95	多洞（加贡）	80
王卡	90	嘉黎（拉里）	140
巴贡	50	山湾	160
包敦	100	宁多	160
昌都	150	大昭（江达）	80
浪荡沟	75	鹿马岭	160
恩达	160	乌苏江	180
瓦合塘	150	墨竹工卡	130
嘉裕桥	80	德庆	120
洛隆宗	80	拉萨	60
合计	3545	—	—

资料来源：刘曼卿：《康藏轺征》，上海：商务印书馆，1933 年，第 135—140 页

需要指出的是，二人对于沿途的站点以及路程记录有所出入，究其原因，概之有二：一是民国时期对所经过站点并没有统一的名称，因此二人皆是根据自身对于藏语发音进行汉译，从而导致偏差较大；二是当时并没有对站点间距离的详细测量，二人都可能是根据自身的行程经验或者参考相关的资料（这在二人的著作中没有体现）所作的距离统计，从而导致偏差较大。据黄慕松统计，从江达到拉萨为 1041 千米，而刘曼卿统计从芒康到拉萨约 1770 千米。即便芒康离拉萨更远，但也不应该有如此大的差异。尽管二人记录的站点和距离出入较大，但是从昌都（察木多）以后，二人都是基本沿着洛隆—边坝—嘉黎—墨竹工卡—拉萨的线路前进。由芒康到拉萨的路线即朱海山认为的康藏线，也是民国时期由内地入藏最主要的交通线路。表 4-3 列出了康藏线的主要站点以及在今天的大体位置。

表4-3　民国时期康藏线主要站点及其位置

站点	市	县（区）	乡（镇）	村
矮多	昌都市	江达县	岗托镇	岗托村
绒松	昌都市	江达县	同普乡	—
降达	昌都市	江达县	江达镇	—
格里	昌都市	江达县	青泥洞乡	—
托浪	昌都市	卡若区	妥坝乡	—
惹丫	昌都市	卡若区	日通乡	香达村
莽里	昌都市	芒康县	—	莽岭乡
江卡	昌都市	芒康县	嘎托镇	—
黎树	昌都市	芒康县	昂多乡	—
阿足塘	昌都市	贡觉县	阿旺乡	—
洛加宗	昌都市	贡觉县	哈加乡	—
察雅	昌都市	察雅县	烟多镇	—
王卡	昌都市	察雅县	王卡乡	王卡村
巴贡	昌都市	察雅县	王卡乡	巴贡村
包敦	昌都市	卡若区	埃西乡	帮德村
昌都	昌都市	卡若区	—	—
浪荡沟	昌都市	卡若区	俄洛镇	朗达村
恩达	昌都市	卡若区	俄洛镇	仁达村
瓦合塘	昌都市	洛隆县	马利镇	瓦河村
嘉裕桥	昌都市	洛隆县	马利镇	加玉桥

续表

站点	市	县（区）	乡（镇）	村
洛隆宗	昌都市	洛隆县	孜托镇	—
硕都（硕般多）	昌都市	洛隆县	硕督镇	硕督村
巴里郎	昌都市	洛隆县	玉西乡	巴囊村
拉子	昌都市	边坝县	拉孜乡	拉孜村
丹达	昌都市	边坝县	草卡镇	丹达村
郎金沟	昌都市	边坝县	金岭乡	郎杰贡村
阿兰多	昌都市	边坝县	金岭乡	
多洞（加贡）	昌都市	边坝县	加贡乡	
嘉黎（拉里）	那曲地区	嘉黎县	嘉黎镇	
山湾	那曲地区	嘉黎县阿扎镇与工布江达县娘蒲乡交界处		
宁多	林芝市	工布江达县	娘蒲乡	凝多村
大昭（江达）	林芝市	工布江达县	—	江达村
鹿马岭	林芝市	工布江达县	加兴乡	罗马林村
乌苏江	拉萨市	墨竹工卡县	日多乡	
墨竹工卡	拉萨市	墨竹工卡县	工卡镇	
德庆	拉萨市	达孜区	德庆镇	
拉萨	拉萨市	城关区	—	

此外，在陆路交通方面，朱海山还指出了由青海到日喀则的通道。在那曲以北与青藏线的路线相同，进入西藏后，则可由"黑河（那曲的旧称）绕道至后藏昔噶孜地方（即日喀则），其程至多二十余站，沿途均有柴草，其中半有人烟"[①]。

和上述几条入藏路线都是由中国内地行进不同，印藏线借道国外。印藏线是由印度北部的大吉岭经锡金，通过亚东商埠然后到拉萨的。由于"由印度入藏，须经过几个旁人的国家，有所不便，且不能目击康藏边境上种种重要的事情"，对于政治交流型旅游者而言，这通常不是第一选择。只是印藏线沿途交通状况较好，且用时较短，也为一些国内旅游者所青睐，如民国时期的外交官林东海所言，"中国本部之入西藏之道凡三，由青海而行，路较平易。然费时甚久，大抵自北平达拉萨，须一年有半。其次，由四川而行，时日虽较短，然

---

① 朱海山：《旅行西藏交通路线之详讯》，《军事杂志》1929 年第 11 期。

蜀道难行，自古已知。是故入藏者，反不如取道印度之为便"[1]。1940 年吴忠信入藏主持十四世达赖喇嘛坐床典礼即经由印度入藏。尤其是对于从西藏归程而言，考虑到时间和便捷性，印藏线成了众多旅游者的首选，黄慕松、刘曼卿都是如此，甚至一些西藏的重要人士前往内地，也是选择此线，如"此次拉萨政府派参谋官棍确仲尼，大堪布，向中央输诚，亦系取道印度"[2]。当然对于印藏线而言，亚东—喜马拉雅山一段，也是危险异常。"离亚东经喜马拉雅山，中间最危险而艰苦的一段，山路曲折崎岖，道旁峭壁矗立，稍不经心，则万丈深穴，即为不幸者之归宿地；及低噶大克（即甘托克）后，犹心悸不能定者久之。"[3]印藏线在西藏的路线是由亚东经由康马、江孜到曲水，最终到达拉萨。黄慕松在其《奉使办理藏事报告书》中对拉萨到亚东的行程也作了详细的记录，全程共约 273.5 英里，即约 440 千米，这里也将其摘录如表 4-4 所示[4]。

表 4-4　从拉萨到亚东的主要站点及位置

站点	里程（英里）	市	县	乡（镇）	村
业党	15	拉萨市	曲水县	聂唐乡	—
僵美	10	拉萨市	曲水县	菜纳乡	—
曲水	10	拉萨市	曲水县	曲水镇	—
冈巴白嘴	15	山南市	贡嘎县	江塘镇	岗巴村
擦马龙	3	山南市	浪卡子县	白地乡	扎玛龙村
白地	12	山南市	浪卡子县	白地乡	—
浪噶孜	15	山南市	浪卡子县	浪卡子镇	—
热龙	30	日喀则市	江孜县	热龙乡	—
谷喜	16	日喀则市	江孜县	龙马乡	加热村
锁冈	14	日喀则市	康马县	少岗乡	—
江孜	16	日喀则市	江孜县	江孜镇	—
康玛	15	日喀则市	康马县	康马镇	—
苏达	14	日喀则市	康马县	莎玛达乡	—

---

① 斯东记述：《西藏宦游之回忆》，《旅行杂志》1930 年第 5 期。

② 雨辰：《西藏》，《旅行杂志》1931 年第 2 期。棍确仲尼即贡觉仲尼，为十三世达赖喇嘛时期西藏驻京总代表，曾任西藏驻京办事处首任处长。

③ 林东海：《西藏考察纪实》，徐百如译，《康藏前锋》1935 年第 11 期。

④ 中国第二历史档案馆、中国藏学研究中心：《黄慕松　吴忠信　赵守钰　戴传贤奉使办理藏事报告书》，北京：中国藏学出版社，1993 年，第 19—21 页。

续表

站点	里程（英里）	市	县	乡（镇）	村
卡拉	14	日喀则市	康马县	嘎拉乡	—
多金	12	日喀则市	亚东县	堆纳乡	多庆村
图纳	13	日喀则市	亚东县	堆纳乡	—
帕里	21	日喀则市	亚东县	帕里镇	—
沟屋	16.5	日喀则市	亚东县	上亚东乡	—
亚东	12	日喀则市	亚东县	下司马镇	—

从时间上看，民国时期西藏的旅游交通线路无论是在分布上还是形式上都没有显著的变化，驿道式的青藏线、康藏线、印藏线以及西藏的内部交通成为民国时期旅游者出入西藏和在西藏内部扩散的主要选择。

二、现代交通的起源——青海旅游交通线路分布

相比西藏而言，民国时期青海省的旅游交通事业要发达得多，并且其交通运输形式也多种多样，公路运输、畜力运输、水力运输乃至航空运输等多种交通方式都取得了一定的成绩。其中公路运输的日益发达，对于旅游者入青以及在青海的旅游活动起着重要的推动作用。民间运输的主体仍然是马、驴等畜力运输，牲畜驮运仍占相当比重。水运在民国初年一度较为兴盛，航空运输则处于创始阶段。铁路运输尽管有所规划，但一直没有实施[①]。因此，本部分主要从公路角度来探讨民国时期青海省旅游交通线路的分布状况。

青海省真正的公路建设始于1929年青海建省之后。马鹤天第一次考察青海的时候是民国十六年（1927），当时的青海公路建设还未起步。在1929年初的政府宣言中，青海省政府明确提出修路计划，具体为以西宁为中心，修6条干线和一批县道，计划修建的省道总长1645千米。此后5年中，该修路计划的大部分任务得到实施[②]。1933年的一次公路调查显示，青海省的主要公路如下。

> 玉树西宁线，共长一千六百里，已成者有五百里；贵德西宁线，长一百八十里，已成者一百一十里；共和西宁线，长二百六十里，已成者一百

---

① 崔永红：《青海通史》，西宁：青海人民出版社，1999年，第722页。
② 崔永红：《青海通史》，西宁：青海人民出版社，1999年，第722页。

八十里；都兰西宁线，长七百二十里，已成者二百二十里；同仁西宁线，长三百里，已成者二百八十里；民和西宁线，长二百五十里，已成者二百二十里，此外西宁、化隆、互助、大通、湟源、亹源、乐都、循化等八县汽车路，均已完成。其中最大之工程为循化县石翠峡之黄河桥、大通之大通桥、化隆石峡房桥、民和之享堂桥，均用木石整修而成。

此外，为了保护公路交通的安全，青海省政府还于"（西宁至）玉树线之中段，并修营门二处，一名恰布恰（即今共和县之恰卜恰镇），驻兵一营，一名大河坝（即今兴海县之大河坝乡），驻兵一团"[1]。

马步芳于1938年任青海省主席后，在现有道路的基础上继续扩建，并且新规划修筑 6 条干线、19 条支线。6 条干线分别为青凉线（青海经门源至凉州）、青兰线（青海经享堂至兰州）、宁临线（西宁经化隆、循化到临夏）、青藏线西宁至玉树段、青新线（经都兰至新疆若羌）、青川线（经同仁至四川松潘），干线全长3610千米，县内支线全长1440千米[2]。1938年的公路调查显示，青海省的公路建设已经取得了较大的成就，无论是省道还是县道，其通车里程都得到了较大的提升。省道方面，"有宁兰路，由西宁至兰州，自十七年九月（1928）通汽车；宁玉路，由西宁至玉树，自二十一年六月（1932）通汽车；宁河路，西宁到导河（即今甘肃省临夏），所过境界，为化隆、循化及甘肃导河三县，自二十年（1931）五月通汽车；宁甘路，由西宁至甘肃甘州（即今甘肃省张掖），所过境界，为大通、亹源二县，自二十二年（1933）三月通车；宁凉路，西宁至甘肃凉州（今甘肃省武威），所过境界，为互助，尚未通车，余在计划中；宁敦路，西宁至甘肃敦煌，修至都兰二百四十公里，余在修筑中"。此外，还有西宁到拉萨的公路建设，计划经过的地方有湟源、星宿海、玉树，然后达到前藏各地。"此路由宁玉路大河坝分路，经过黄河各地，金沙江河谷地至西藏"，但由于"工程浩大，非中央接济银款，不能建筑"，终民国一世，宁藏公路也没能修筑。县道方面，"宁贵路，西宁至贵德，修至上维庄二十公里，余在修筑中；循同路，由循化至同仁，此支路，修筑完竣，尚

---

① 西宁通讯：《青海公路调查》，《南方杂志》1933 年第 4 期。
② 欧华国：《青海公路交通史》，北京：人民交通出版社，1989 年，第 224 页。

未通车；乐民路，由乐都至民和，二十年（1931）十二月通车"①。

1945年11月，国民政府基于国防需要，决定修筑西宁至若羌的公路。其中芒崖以东由青海负责，芒崖以西由新疆负责②。尽管最后于1947年9月通车，但由于路面状况恶劣且没有维护，最终也遭废弃。因此，对于民国时期的青海旅游来说，此公路的用途不大。同时，当时旅游流向基本都是以西宁为中心向周边扩散的，或者由青海往西藏方向，与此路相反。因此，民国时期青海的公路旅游交通主要有西宁到都兰、西宁到玉树、西宁到俄博、西宁到互助、西宁到贵德、西宁到享堂及西宁到同仁这些线路。

上述主要线路的站点，马鹤天在其第二次入青海的考察日记中有所记述，在青海境内的站点有：

> "由西宁至兰州共六站，计长四百二十里。第一站张家寨七十里，第二站高庙镇七十里，第三站享堂七十里"，其余为甘肃境内站点；"由西宁至临夏共七站，计长四百七十里。第一站骆驼堡六十里，第二站扎什巴七十里，第三站化隆六十里，第四站循化九十里，第五站火龙堡七十里"，其余为临夏境内站点；"由西宁至贵德共三站，计长二百二十里。第一站上新庄六十里，第二站朵让八十里，第三站贵德城八十里"；"由西宁至都兰计十站，第一站湟源九十里，第二站哈拉库图六十里，第三站葱科加拉一百一十里，第四站江撒六十里，第五站哈妥五十里，第六站达纳麻哈六十里，第七站纳头里五十里，第八站盐池六十里，第九站毛里四十里，第十站都兰九十里"；"由西宁至张掖，计十站，共长七百里，第一站新城七十里，第二站流水沟八十里，第三站疊源八十里，第四站黑石头五十里，第五站大梁八十里，第六站俄博七十里，第七站炒面庄八十里，第八站洪水六十里"，其余为甘肃站点；"由西宁至武威，共八站，计长五百七十里，第一站新城七十里，第二站大通三十里，第三站老虎口一百二十里，第四站三岔口七十里"，其余为甘肃境内站点；"由西宁至永登，计五站，共长三百五十里，第一站张家寨七十里，第二站高庙子七十里，第三站冰沟六十里，

①《青海公路调查》，《西北导报》1938年第7期。
② 崔永红：《青海通史》，西宁：青海人民出版社，1999年，第726页。

第四站双牛沟九十里，第五站永登六十里"。①

其后直到青海省解放，没有新的公路建设。后来的几次公路建设基本上都是对原有公路的修补和路面等级提升，具有代表性的是宁兰路的修建。宁兰路西宁至享堂段是青海连接内地的最主要通道，也是旅游者由内地进入青海的最佳路线选择。前文已经提及，享堂是民国时期旅游流入青海的主要入口。因此，这段公路的修建贯穿于整个青海的民国时期。"1928—1934 年，1935—1936年，1941—1944年，1947—1948年，当时的青海省政府曾经四次对这段公路进行整修。"②这一段公路也是民国时期青海省内等级最高的公路。1949年，享堂还建有一孔 32 米的双车道钢桁构桥。

西宁到玉树的公路是民国时期修建的第一条平均海拔超过 4000 米的高原公路，1937 年由马步芳向国民政府建议修建。尽管前后多次修建，但由于施工条件的限制以及经费不足，基本上没有通车。原有的修建计划是西宁—湟源—共和—大河坝—黄河沿—竹节寺（称多县）—歇武（称多县歇武镇）—玉树一线③，共二十站，计长一千五百二十里。其所经站点如下：

> 第一站湟源县九十里，第二站哈拉库图八十里，第三站东坝八十里，第四站沙中驿九十里，第五站却吉八十里，第六站大河坝一百里，第七站小扎索拉五十里，第八站羊肠子沟六十里，第九站棉草湾九十里，第十站东格拿隆九十里，第十一站马拉驿七十里，第十二站野马滩六十里，第十三站野牛沟七十里，第十四站巴颜喀拉山一百里，第十五站休马滩八十里，第十六站休窝四十里，第十七站竹节寺八十里，第十八站拉卜寺九十里，第十九站土达门七十里，第二十站玉树五十里。

但是除了西宁到共和（倒淌河）之外，其他路段基本作废。马鹤天第二次到青海考察西宁至玉树的路线基本上就是沿着这条公路的方向，但略有不同。

---

① 马鹤天：《甘青藏边区考察记》，兰州：甘肃人民出版社，2003 年，第 144—146 页。骆驼堡在今平安县城西南，札什巴在今平安区，火龙堡在今循化撒拉族自治县下古雷乡，上新庄在今湟中县境，朵让在贵德县境，哈拉库图在今湟源县哈城乡，东坝在今共和县境，沙中驿在今共和县沙珠玉乡，却吉在今共和县切吉乡，盐池即今茶卡盐池，俄博即今祁连县峨堡镇，高庙子即高庙镇。

② 崔永红：《青海通史》，西宁：青海人民出版社，1999 年，第 723—724 页。

③ 崔永红：《青海通史》，西宁：青海人民出版社，1999 年，第 725 页。

根据马鹤天考察日记的记载，从西宁至玉树经过的站点有湟源、东科尔寺、窝药、日月山、尕海、恰卜恰、沙珠玉、切吉、大河坝、大河坝沟、扎索拉滩、扎索拉、扎索拉山、羊肠子沟、绵羊湾、长石头、马拉有、黄河沿、海心山、大野马滩、野牛沟、野牛山、查拉坪、查拉山、查拉壑、休马滩、红土冈、竹节沟、竹节寺、卡那寺、歇武寺、通天河、结古山①。主要站点及位置如表 4-5 所示。

表 4-5　西宁到玉树的主要站点及其位置

站点	市（州）	县	乡（镇）	村
湟源	西宁市	湟源县	城关镇	—
东科尔寺	西宁市	湟源县	日月藏族乡	寺滩村
日月山	西宁市	湟源县	日月藏族乡	—
恰卜恰	海南藏族自治州	共和县	恰卜恰镇	—
切吉	海南藏族自治州	共和县	切吉乡	—
长石头	果洛藏族自治州	玛多县	花石峡镇	—
黄河沿	果洛藏族自治州	玛多县	黄河沿镇	—
大野马滩	果洛藏族自治州	玛多县	玛查理镇	江多村
野牛沟	果洛藏族自治州	玛多县	玛查理镇	野牛沟村
查拉山	玉树藏族自治州	称多县	清水河镇	—
竹节寺	玉树藏族自治州	称多县	珍秦镇	—
玉树	玉树藏族自治州	玉树市	结古镇	—

民国时期青海的旅游交通路线中，除了西宁到玉树及西宁周边交通外，从西宁到唐古拉山口进而进入西藏的路线也是整个青藏地区的主要交通路线。在青海境内，该线经过的主要站点及其位置见表 4-6。

表 4-6　西宁到唐古拉山口的主要站点及其位置

站点	市（州）	县（市）	乡（镇）	村
察汉城	海南藏族自治州	共和县	倒淌河镇	—
茶卡	海西蒙古族藏族自治州	乌兰县	茶卡镇	—
尚格	海西蒙古族藏族自治州	都兰县	香日德镇	上柴开村
巴隆	海西蒙古族藏族自治州	都兰县	巴隆乡	—

① 马鹤天：《甘青藏边区考察记》，兰州：甘肃人民出版社，2003 年，第 272 页。各地海拔由随行的摄影师庄学本所测。

续表

站点	市（州）	县（市）	乡（镇）	村
宗家	海西蒙古族藏族自治州	都兰县	宗加镇	—
噶尔穆	海西蒙古族藏族自治州	格尔木市	—	—
赛冈塔什	海西蒙古族藏族自治州	格尔木市	昆仑桥附近	—
纳赤台	海西蒙古族藏族自治州	格尔木市	郭勒木德镇	—
霍霍西里	玉树藏族自治州	曲麻莱县	可可西里	
冬布里纳木	海西蒙古族藏族自治州	格尔木市	唐古拉山乡	五道梁兵站
阿达哈浦吉噶	海西蒙古族藏族自治州	格尔木市	唐古拉山乡	唐古拉山兵站
羊井阿补什喀	海西蒙古族藏族自治州	格尔木市	唐古拉山乡	布强格站
吉丁西林	海西蒙古族藏族自治州	格尔木市	唐古拉山乡	唐古拉山站

民国二十四年（1935），马鹤天拟以护送班禅回藏专使行署参赞的身份随九世班禅额尔德尼入藏，并作考察。但由于种种原因，直到民国二十六年（1937）夏，马鹤天才从西宁出发，历经四十多天到达玉树，并在玉树与班禅共同生活了数月[1]。由于公路保养以及经费不足，西宁到玉树的公路基本没有投入使用，马鹤天一行的考察仍是以骑乘的方式进行。西宁至倒淌河段后来则被青海到新疆的公路所用，其他路段的地基后来为 1949 年以后所用。例如，马鹤天到达大河坝的时候，写道："原汽车可通，车道依电杆行，尚平坦，稍加修理，即成公路。"[2]李式金在青海南部考察的时候，所行进的路线同样也是沿着西宁到玉树公路一线。李式金从西宁到青海湖，到柴达木东南隅，到黄河上源，越过巴颜喀拉山，渡过通天河而到玉树，后又入西藏昌都，顺着澜沧江、怒江上流而下，经云南西北入大理[3]。

由此可见，民国时期青海旅游交通线路的分布变化并不大，特点在于 1929 年之前，青海的旅游交通形式与西藏类似，以驿道式交通为主。而在 1929 年，即青海建省之后，以西宁为中心及其周边地区的公路旅游交通开始发展并逐渐普及。从旅游活动的开展来看，公路交通在青海旅游发展方面起了较大的作

---

① 后因抗战发生，国民政府电令暂缓入藏，民国二十六年十二月九世班禅额尔德尼在玉树圆寂，马鹤天考察西藏的计划最终流产。

② 马鹤天：《甘青藏边区考察记》，兰州：甘肃人民出版社，2003 年，第 249 页。

③ 李式金：《青海南部旅行记》，《旅行杂志》1945 年第 3 期。

用，即 1929 年之后，青海的旅游活动相比之前更为普及。

除了上述陆地运输，青海的交通运输中还有水运和刚起步的空运，不过这些运输方式在旅游者的流动中，几乎没有起到作用，更多的是服务于商业贸易或军事用途。民国时期青海省的水运主要用于木材的运输，主要是湟水和黄河道上的顺流航线。例如，"马步芳官僚资本企业将在青海各地砍伐的林木通过木筏运至兰州，大做木材生意。皮筏有牛皮筏、羊皮筏二种。羊皮筏一般由 12—24 只皮袋组成，多在乐都至兰州间行驶。牛皮筏子，每个筏子用 30—32 个牛皮袋组成"①。水运在人的运输上只起到过河的作用，相对于如火如荼的陆路运输来说，水运对青海省的旅游业发展影响甚微。在空运方面，1931 年，青海省在西宁东郊修建了一个简易机场。此外，玉树、兴海、都兰和海南等地修建了多个机场。这些机场除了寥寥用于军用飞机试飞之外，并没有发挥运输的作用。值得一提的是，1949 年 5 月，"民航空运队青海区运输总站办事处"在西宁成立，还开通了西宁至兰州、西安、重庆的航线。但随着不久之后青海解放，其发挥的作用并不多，因此对旅游业的发展同样没有作用。

第二节　民国青藏旅游交通节点

通常而言，旅游交通节点既是旅游景观的汇集地，又是旅游线路上重要的交通枢纽，从而成为旅游流的集散地。能成为交通节点的旅游地，应具备几个基本的旅游要素：区位条件、旅游资源禀赋、旅游接待能力、交通网络密度优势②。在民国时期青藏地区的旅游发展中，也产生了一些重要的旅游交通节点。这些节点在游客的参观游览、集散中转、接待服务等多个方面发挥了重要作用。其中以青海的西宁和西藏的拉萨最为突出，本节谓之一级旅游交通节点。此外，还有一些重要性没有一级节点那么突出，但在民国时期青藏旅游流的扩散中仍具有较多作用的节点，本节谓之二级节点，包括玉树、江孜、亚东和昌都。

---

① 崔永红：《青海通史》，西宁：青海人民出版社，1999 年，第 730 页。
② 汪德根、王莉、陈田等：《区域旅游流空间结构的高铁效应及机理——以中国京沪高铁为例》，《地理学报》2015 年第 2 期。

一、民国青藏一级旅游交通节点

（一）西宁

西宁原是甘肃省西宁府的辖地，西宁府管辖西宁、乐都、大通、贵德、湟源、巴戎、循化七县，西宁则是西宁府的首县。民国十七年（1928）青海建省之后，西宁遂成为青海省的省会。民国三十五年（1946），西宁市正式成立。大凡到过西宁的旅游者，都对西宁有过或多或少的描述，这里仅摘录李式金之叙述如下，其他叙述大同小异，不再赘述。

> 青海的省会何以设在西宁，一方面因湟中区为青海的农业区，人口最为稠密；另一方面西宁在交通上的地位尤为重要。西宁位于湟水南岸，南北二川流入，适为东西南北二路的十字路口，南面可沿牛心川经塔尔寺而至贵德，路短不甚重要；但其东西北三面对交通均甚重要；北面沿北川河北上经大通、亹源、俄博、祁连而至河西的金张掖；东面顺湟水黄河而下有公路通兰州，一天汽车可达，这是西宁与内地的联络线，其重要性不言而喻；至于西路经青海湖之南北不但有路可通柴达木盆地，且又是经玉树入藏方拉萨的大路，二月可达，这条路比由西康的打箭炉入藏尤为便利……①

由此可见，西宁在区位交通方面有着十分重要的地位，对于旅游者入青以及在青海旅游活动有重要作用，前文关于青海省交通道路建设的描述也印证了这一点。同时，西宁在社会经济发展方面的成就，也使其在旅游服务接待方面有着无可比拟的优势。青海省建立之后，西宁的社会经济发展迅速，商业贸易和手工业集中。

> 在20世纪30年代，西宁仅百货、布匹店铺即达200多家。到1944年前后，商业、手工业同业公会40多个。已经有一定规模的机器工业、工矿企业。城市组织结构日益完善，除政府机关、军事机构、文化教育机构以及金融、邮电、通信设施外，一些福利机构和公共服务设施、文化娱乐场所如图书馆、公园、影戏院、旅店、舞厅、医院等开始出现。②

---

① 李式金：《西宁——青海的省会》，《旅行杂志》1945年第2期。
② 崔永红：《青海通史》，西宁：青海人民出版社，1999年，第752页。

图 4-1 显示的是民国时期西宁的街道。通过马鹤天对西宁生活环境的描述，可以发现，民国时期西宁民众的休闲设施建设与观念形成已经初见成效，"出墓游东北一带，湟水分流，杨树成林，亭榭错列，景色殊佳。据云其地即所谓湟中公园，夏日游人甚多，由马公祠至此长数里，俱所谓西宁风景区也"，"早九时乘马出南门，循墙而走，经西门而入东门，绕城一周。时大雪新晴，满地冰雪，远望南北山，皑皑在望，山上有塔有寺。城南北树林密布，杨柳已黄绿矣，与白雪相映，风景颇佳"①。以湟中大厦、昆仑大旅社为代表的西宁旅游住宿事业的发展，也表明民国时期的西宁在旅游接待方面取得了巨大进步。

图 4-1　西宁街道上的西式建筑

此外，在民国时期，西宁还有六大胜迹一说，其由清朝时所谓的"西宁八景"②发展而来。在《新青海》杂志中，有对六大胜迹的描绘。

绥远关：系宋崇宁二年（1103）所筑，在西宁县东二十五里之小峡口，南北山岩壁立，形势最为险要，湟水中贯，南北二关，南关现今毁去，北关至今尚存，光绪三年（1877）西宁办事大臣豫师捐建，关更名武定，安德路左有左宗棠撰创修南北二关碑记，南关曰武定，至兵威；北关曰武德，饬吏治也。

① 马鹤天：《甘青藏边区考察记》，兰州：甘肃人民出版社，2003 年，第151、154 页。
② 清朝已经形成的西宁八景，分别为石峡清水、金蛾晓日、文笔耸翠、凤台留云、龙池夜月、湟流春涨、五峰飞瀑、北山烟雨。

虎台：相传南凉秃发乌孤所筑，在西宁县城西二里许之杨家寨，台高七八尺，年久颓圮，棱角亦颓废，有高墩四，四隅直立，相距各一百三十丈，高七八尺，俗名将台，实当时伟大建筑也。

土楼山：系清代所建，在西宁县北湟水北之北山，北有土楼崖，高三百尺，楼下建修神洞，雕墙故壁存焉，俗名北禅寺，十三州志谓西北亭，北有土楼神祠，北山烟雨为西宁八景之一。

凤凰山：系清代建筑，距城南约二里许，上有粉楼阁，可以远眺，俯视全城，宛如指掌，现今更为壮丽，俗称南禅寺，禅院有孔雀楼，相传构楼初成，有孔雀来楼，因之为名，凤台留云为西宁八景之一。

文笔峰：系清代命名，距西宁县五里许之南山，有峰超过诸山，峰端尖锐宛若笔，文笔耸翠为西宁八景之一。

塔尔寺：其建立年代不可考[1]，在城南五十里，建筑壮丽，有楼一座，瓦以金溜，故名金瓦寺，辉耀夺目，实为蒙藏人士，信仰所归之地，有该寺僧众，选出僧官为之管理，为青海最大寺院，昔黄教师祖宗喀巴产生之处。[2]

优越的交通区位条件、良好的旅游服务接待设施、完善的城市功能布局以及众多著名的风景名胜，使西宁在民国时期的青藏旅游发展中占据了崇高的地位，也成为青藏旅游交通线路中最核心的节点城市。

（二）拉萨

自从吐蕃王朝第三十三代赞普松赞干布将都城从山南迁到拉萨之后，拉萨就一直在西藏的政治、经济和文化发展中占据中心地位。尽管后来西藏地方的萨迦政权和帕竹噶举政权一度将西藏的政治权力中心转移到了日喀则和山南，但是拉萨的中心地位从未被撼动，这在五世达赖喇嘛之后更得到了强化。

在区位条件方面，拉萨也是西藏其他城市所不能比拟的。拉萨位于拉萨平原中部、拉萨河北岸，"四山环绕，一水中流，气温和煦，最适人居，为藏之极乐地也"[3]。徐近之形容拉萨"南北连山屏障，西方护岭天成，一水东来，

---

① 现今已考证出，塔尔寺修建年代在明朝洪武十年，即 1377 年。

②《西宁六大胜迹概况》，《新青海》1934 年第 3 期。

③《西藏地理上之资料》，《康藏前锋》1935 年第 10 期。

平川百里"①。在地势如此复杂的西藏高原，这样的区位条件在整个西藏也是首屈一指。在交通方面，拉萨南连藏文化起源地之雅砻谷地，东连交通要道之昌都，北控藏北草原之那曲，西达后藏中心之日喀则，南、东、北三个方面分别有青藏线、康藏线和印藏线通达。尽管不像西宁交通路网之密集，但拉萨的交通条件在整个西藏地区也属最佳。但凡入藏的旅游者，大都先汇集到拉萨，然后以此为中心，向其他方向扩散。

优越的区位交通条件，加上其政治宗教上的中心地位，使得拉萨城市发展的各个方面都在西藏处于领先地位。陈观浔在其《西藏志》中如此形容拉萨："拉萨为前藏首府，法王达赖所居之地也……其东滨米底克藏布河，西枕苇汤，前接峻岭，后负高山，东西七八里，南北三四里，市廛杂列其间。商贾辐辏，街市繁荣。"②由此可见，拉萨的社会经济发展也取得了一定的成就。再如洪涤尘所云："拉萨为西藏政教之中心，亦为工商业之要区……四山环拱，一水中流，藏风聚气，温暖宜人，时际春夏，田畴相望，青葱满目，桃红柳绿，百卉争艳，山明水秀，气淑景丽，故有四方极乐世界之称。"③故此，居民的休闲娱乐之风甚盛，"拉萨市南江畔，堤后均为黑刺林，再后为人造之白杨林或柳林，堤上林间，乃藏人行乐之所，号曰'林岗'，别墅筑其中，临时插美丽天幕，红男绿女，夏秋歌舞欢宴，夜以继日，贫富皆然，汉语称'玩林岗'，余以为拉萨最显著之人地关系乃尔"④。

除去优越的自然环境，人文背景才是旅游者不远万里来拉萨旅行的主要原因。除了由于政治地位突出，经常有政治探险型和政务交流型旅游者来往之外，宗教朝拜型旅游者的络绎不绝更使拉萨成为民国时期青藏旅游发展中的重要节点。"拉萨为三大灵地之首（拉萨、日喀则、库伦），凡佛教徒莫不以到布达拉一瞻佛颜为荣，故来朝者颇众"⑤。"每年自蒙古青海来拉萨朝圣拜佛者，当以千计。于途中往往遇风雪，备受艰苦，到拉萨之第一日，即先跪叩于

---

① 徐近之：《拉萨地文人文一瞥》，《地理教育》1937 年第 6 期。
② 陈观浔：《西藏志》，成都：巴蜀书社，1986 年，第 110 页。
③ 洪涤尘：《西藏史地大纲》，南京：正中书局，1936 年，第 42—43 页。
④ 徐近之：《拉萨地文人文一瞥》，《地理教育》1937 年第 6 期。林岗即之林卡。
⑤《西藏地理上之资料》，《康藏前锋》1935 年第 10 期。日喀则为藏传佛教格鲁派活佛班禅额尔德尼的驻锡地。库伦即今蒙古国之乌兰巴托，历史上一直是藏传佛教格鲁派活佛哲布尊丹巴呼图克图的驻锡地，哲布尊丹巴呼图克图自清朝开始就一直是蒙古国最大的活佛转世系统。达赖喇嘛、班禅额尔德尼、哲布尊丹巴呼图克图和主持青海及内蒙古教区的章嘉呼图克图并称为"黄教四圣"。

大昭寺，然后朝游著名之哲蚌寺、色拉寺、甘丹寺三大寺，此为全藏最宝贵之区域"[1]。在城市风貌方面，除布达拉宫这一壮丽的建筑之外，藏族传统的碉房建筑遍布城区，"房屋多用石造，高二层或三层"[2]。日本人青木文教对此有详细的描述："建在这狭小地域的拉萨房屋，却是意外地宏伟壮观。多数为石建的二楼或三楼，平屋差不多没有看见。石建以外，也有单纯土或土石合用的。街道，广二三丈，体裁也颇整齐，有意大利乡村街市的风趣。"[3]图4-2是刘曼卿在拉萨期间拍摄的八廓街情形，从中可以看出民国时期拉萨的城市建筑及其市井风貌。

图4-2　拉萨八廓街一角

资料来源：刘曼卿：《康藏轺征》，上海：商务印书馆，1933年，插图

但与西宁相比，拉萨作为西藏的旅游交通枢纽，其城市建设尤其是公共服务设施相差甚远，尤其是在卫生状况方面，其在整个民国时期都没有得到较多的改善。从青木文教到亨利·海登，再到吴忠信，对此都颇有微词，"小街和背巷内，非常不洁，到处都是尘埃和人马排泄物，臭气腾腾，令人掩鼻而过"[4]，

---

① 明春：《西藏实地考察记》，《国闻周报》1933年第13期。

②《西藏地理上之资料》，《康藏前锋》1935年第10期。

③〔日〕青木文教：《西藏游记》，唐开斌译，上海：商务印书馆，1931年，第110页。

④〔日〕青木文教：《西藏游记》，唐开斌译，上海：商务印书馆，1931年，第110页。

"在城中不多的露天地上，经常可以看见一群群的少说也有二三十只野狗吵闹着将一小块腐肉争来抢去"①。"……拉萨街道，每值早晨，便满遍地……且仅大道上略加扫除，僻街小巷，污秽不堪"②。

此外，需要指出的是，作为西藏地区的旅游交通中心城市，拉萨的交通道路及设施建设在民国时期一直没有得到改善。洪涤尘描述的拉萨道路状况也是所有到拉萨旅游者的共识："惟街道甚狭，且为泥路，每逢雨天，即泥泞及胫，步行为艰。"③

二、民国青藏二级旅游交通节点

除了西宁和拉萨这两个一级节点之外，在民国时期青藏地区的旅游交通中还有诸多重要的节点对旅游者的路线选择和旅游行为方式有一定的影响。根据各节点在民国时期青藏旅游交通中的重要性，本部分确定玉树、江孜、亚东和昌都为二级旅游交通节点，具体如下。

（一）玉树

玉树位于青海南部，南接西藏，东连西康，自古为青海南部重镇。玉树也是青海南部的交通枢纽中心，是民国时期从西宁去西藏的重要中转站。玉树的行政中心结古，在藏语中即是"货物集散地"之意，由此可见其交通之重要性。

马鹤天形容玉树是"青边、康边、藏边之中心，为青海通康、通藏之要道"④。玉树赴西宁、西康与西藏三地均有道路通达，因此是青、康、藏三省往来的枢纽所在。据马鹤天云，由玉树入藏的路线为："结古西南行，牛站一站至哈中达，一站波绿云，西行一站尼玛绒夏，一站达木云，一站子云，西南行一站惹知加果，一站沙庆马，一站巴也寺，一站泗页惹瓜，一站瓦里拉，一站可兖云，一站阿拉且马，一站阿哥公茂日，由上西行牛站六站逾朝午拉山。"即入西藏北部草原，然后经聂荣、那曲可达拉萨。由玉树入西康的道路

---

① 〔英〕亨利·海登、西泽·考森：《在西藏高原的狩猎与旅游：西藏地质探险日志》，周国炎、邵鸿译，北京：中国社会科学出版社，2002年，第67页。

② 吴忠信：《西藏纪要》，北京：全国图书馆文献缩微复制中心，1991年，第115页。

③ 洪涤尘：《西藏史地大纲》，南京：正中书局，1936年，第43页。

④ 马鹤天：《甘青藏边区考察记》，兰州：甘肃人民出版社，2003年，第298页。

为："结古东行一马站至歇武寺，一站至打木多，一站至石渠。"即入西康省境内。由玉树入昌都的路线为："结古南行五十里班庆寺，一百二十里拿伦多，七十里代隆屯，一百里果得，五十里义五屯，一百里仁达，四十里同普县治。"从而进入昌都境内，并可达昌都各地；还有一条捷径为："拿隆多西南行，九十里德色提寺，六十里窝纳，一百里金通，四十里昂达贡，五十里昂多，六十里温多，五十里昌都。"①但由于道路困难，往返玉树的交通工具仅限于牛、马，所以沿途牛站和马站众多。即便如此，由康定赴西藏的茶商，因为康藏线"山路峻险，又艰于雇牛，遂取道结古，以期省便"②。因此，玉树成了内地茶商赴西藏的必经要道。

（二）江孜

江孜位于西藏日喀则东南年楚河畔，位于拉萨之西南，日喀则之东南。江孜西去日喀则约三百里，南达亚东约三百六十里，其交通、战略地位十分突出。"扼藏境交通之要卫，印人入藏亦多取道于此，故为西藏南部之要隘……商业地位亚于拉萨、日喀则，为西藏第三大都会"③。江孜还是前后藏货物之集散地，"一切从东部通往印度以及连接西藏西部的贸易都要从此地经过"④。清末一直到民国时期，英国人都在此设有商务委员⑤。

除了交通地位比较突出，江孜本身也是一个著名的旅游地。江孜县城内，有在全藏十分著名的白居寺。伊利亚·托尔斯泰在江孜停留过一段时间，其间白居寺给他留下了深刻的印象："在城中心有一座巨大的寺院，建筑美丽，闻名全藏，寺院里有八十间房屋，供奉着神像和各种各样的图画，并且装饰着许多宗教的图案与花纹。"⑥图 4-3 为伊利亚·托尔斯泰拍摄的白居寺照片。

---

① 马鹤天：《甘青藏边区考察记》，兰州：甘肃人民出版社，2003 年，第 298—300 页。石渠在民国时期是西康省石渠县，现为四川省甘孜藏族自治州石渠县。同普在民国时期为西康省同普县，现为昌都市江达县同普镇。拿伦多即拿隆多，系作者手误，在今那曲地区索县。

② 马鹤天：《甘青藏边区考察记》，兰州：甘肃人民出版社，2003 年，第 291 页。

③《西藏地理上之资料》，《康藏前锋》1935 年第 10 期。

④〔美〕伊利亚·托尔斯泰：《西藏纪游》，《读者文摘》1946 年第 5 期。

⑤ 吴忠信：《西藏纪要》，北京：全国图书馆文献缩微复制中心，1991 年，第 23 页。

⑥〔美〕伊利亚·托尔斯泰：《西藏纪游》，《读者文摘》1946 年第 5 期。

图 4-3　江孜白居寺

　　此外，江孜还是民国时期西藏一个比较现代化的城市。江孜是西藏最早使用电力的城市："英国贸易机关里有着利用风力发动的电力，少数的几盏电灯使得这里相当地现代化。"①

　　（三）亚东

　　亚东，亦名芽屯，位于西藏极南之地。亚东也是西藏几个较大的城市之一，"据藏地南境突出之一角，介不丹、锡金之间，为西藏极南之门户，通印之咽喉"②。亚东作为重要的通商口岸，"（西藏）对印之进出口货物皆须取道于此……高楼大厦，红瓦碧垣，颇具新市场之观"③。关于亚东的详细描述，在第五章第三节关于"民国青藏旅游流入口分布"中有详细内容，此处不再赘述。

　　（四）昌都

　　昌都是西藏东部的门户，也是康藏线的重要节点。在民国时期，昌都并不

①〔美〕伊利亚·托尔斯泰：《西藏纪游》，《读者文摘》1946 年第 5 期。
②《西藏地理上之资料》，《康藏前锋》1935 年第 10 期。
③ 吴忠信：《西藏纪要》，北京：全国图书馆文献缩微复制中心，1991 年，第 21—22 页。

属于西藏，而是受西康省管辖。但是经过三次康藏冲突，尤其是民国二十一年（1932）《康藏岗托停战协定》签订后，形成了西藏与西康二省以金沙江为界的局面。民国时期昌都的行政权力实际上从民国九年（1918）[①]以后基本上都掌握在西藏地方政府手中。当然，本书的研究区域是以当代的行政区划为依据的，考虑到昌都重要的区位以及其他诸多条件，此处亦将其作为重要的二级节点予以叙述。

昌都，旧称察木多，"为西康西部重镇，兵家所必争"[②]。民国初年，青木文教在其《西藏游记》中提到，"康区地方有察木多大城"[③]。英国人泰克曼指出，"交集于察木多之路段有五：西通拉萨，北至结孔多，又至德格公城与甘孜，东南通巴塘，南通云南"[④]。20世纪30年代，翁之藏的《西藏之实况》这样形容昌都："川、滇、康、藏之孔道，而横断山脉之第一重镇也。"[⑤]后来，著名民族史专家任乃强也指出，"昌都为北通隆庆、玉树，东通德格、甘孜，东南通巴安即云南各地之唯一枢纽"[⑥]。正因为昌都如此重要的区位优势，所以大凡从康藏线入藏的旅游者，昌都都是其必经之地，无论是刘曼卿还是黄慕松，都是如此。

昌都作为传统藏族聚居区的康区中心城市，其旅游景观同样较为丰富，其中以强巴林寺最为著名。"察木多为一泥土建筑之市镇，有寺院及一二衙门……其大寺为康地诸寺中之最富庶者"[⑦]，这里的"大寺"即指强巴林寺。

综上可见，民国时期青藏地区的重要旅游交通节点或是区域政治经济文化中心，或是重要的商业贸易中心，且都具备独特的区位交通优势。在旅游资源方面，这些旅游交通节点也大都有着丰富的赋存。当然以今天的观点视之，这些旅游交通节点的旅游接待服务能力仍不发达，但在那特定的时空范围内，其对于旅游者的集散以及旅游流的形成仍具有重要的促进意义。

---

① 即第一次康藏冲突爆发后，1918 年 4 月昌都被藏军攻占，西藏地方政府在此设立"多麦基巧"及其下属的各宗政府。

② 刘曼卿：《康藏轺征》，上海：商务印书馆，1933 年，第 64 页。

③〔日〕青木文教：《西藏游记》，唐开斌译，上海：商务印书馆，1931 年，第 100 页。

④〔英〕泰克曼：《西藏东部旅行记》，高上佑译，《康藏前锋》1934 年第 8 期。

⑤ 翁之藏：《西康之实况》，上海：上海民智书局，1932 年，第 42 页。

⑥ 任乃强：《西藏自治与康藏划界》，《边政公论》1946 年第 2 期。

⑦〔英〕泰克曼：《西藏东部旅行记》，高上佑译，《康藏前锋》1934 年第 8 期。

第三节　民国青藏旅游交通方式与工具

一、主要旅游交通方式与工具

（一）西藏

旅游交通运输方式的不同，决定了交通工具的差异性。在前文的分析中我们知道，青海地区的交通方式较为多样化，除了陆路交通，还有水路交通、空中交通等。西藏地区则完全依赖陆路交通，只是偶尔在遇到河流的时候会有一些水路交通。对此，亚历山大罗夫作过总结：

> （西藏）桥梁是极不容易看到的。道路常曲折绕沿着带有冰雪斜坡的峻峭山崖上；有时它成为一条窄带，迂回着沿绕下临绝壁的悬崖的边缘；有时它是石头所叠砌而成的，两只载运的犁牛刚可并排而行。最适于此种道路的牲口为西藏的骡马，尤其是西藏的犛牛（毛牛），它们能够渡过最危险的地方。犛牛可以不择食料，只要少量的西藏的粗草就可以满足。西藏的大部分桥梁都已残破失修。遇着水涨或暴雨的时期，它们就常被洪水冲走。有些几百年以前修建的连环桥，现在已经坍塌了。许多河流可以用木筏驶渡。通常横渡西藏大河流的办法是用犁牛皮包盖的特殊船只。[①]

因此，"西藏之交通，除牛马代步外，其他没有代步之物，入藏路多高山峻岭，山顶积雪终年不化，有时竟连路径都找不到，要在悬崖上爬，路途之难，可想而知。拉萨的街道，虽很广阔，但都高低不平，所以只能行牛马，车辆等绝不能行"[②]。吴忠信在选择入藏路线的时候，考虑到往西藏"路行群山中，舟车不通，惟一之交通工具，为乌拉牛马，行李箱物由犛牛（俗称毛牛）驮运，人则乘马缓行。乌拉分雇佣及征用二种，征用仅限于政府官吏"，但是如果由海道入藏（即经由印度入藏），则"沿途均为现代交通工具，行旅甚便"，最终选择了印藏线。只不过，进入西藏境内后，"仍须使用乌拉牛

---

① 〔苏〕亚历山大罗夫：《近代西藏》，北京大学政治学系译，北京：世界知识社，1951年，第7页。
② 《西藏的几种奇异风俗》，《汗血周刊》1935年第22期。

马"①。"乌拉牛马"也成为整个民国时期西藏旅游交通的主要形式。

关于牛马和乌拉的费用，吴忠信在《西藏纪要》中也作了说明。价钱方面，西康和西藏有着一定的差异："牛每头每日约需川洋二元至三元，马每匹约需川洋三元至四元。征用乌拉脚价，在金沙江以东，由西康省政府规定官价，牛每头川洋一元，马每匹川洋一元五角，金沙江以西，由西藏政府规定官价，牛每头藏银二钱，马每匹藏银四钱，如取道青海或云南，入藏境后，其办法亦如之。"②由印藏线经亚东进入西藏后，人力牛马的价钱也是如此。

民国时期在西藏旅行，除了依靠牛马行路之外，在有河流的地方偶尔也会搭建一些各色的桥梁。疯汉喇嘛在游记中写道："距离百里路左右，在拉萨东北的彭多宗，才看到一座铁索桥。这是这条路上所看到的第一座真正的桥梁。"③其还引用时人的一首诗来形容该桥，对桥的形态、构造乃至过桥人的心态都刻画得淋漓尽致，此处特引之如下：

> 隔江垒石成高峰，峰头铁索腾双龙，索间革条千万叢，索经革纬衡连纵，革面向带毛蒙茸，远视龙影苍漾漾，近瞻板下条成空，人登板重条若弓，如小儿立摇篮中，如马夹道无旋踪，两旁铁索腰间笼，手挽索进支节，板刚革柔一线通，初行颇怯翻空风，前者未进后莫从，往来避面愁相逢，一处动引全桥同……须史彼岸欢声浓，遂已超渡彭多宗。④

除了彭多宗，在"前藏的曲水，后藏的拉孜，南岗子（浪卡子）北羊卓雍湖旁的格桑家桑等地"⑤，都会见到这样的铁索桥。

彭多宗铁桥的图片已不可考，但是民国时期有外国人在西藏其他区域拍摄的绳索吊桥照片（图4-4），可以对此桥的形态有所借鉴。

---

① 吴忠信：《西藏纪要》，北京：全国图书馆文献缩微复制中心，1991年，第96页。乌拉是旧西藏农奴为官府或农奴主所服的劳役，这里亦指从事劳役的人。

② 吴忠信：《西藏纪要》，北京：全国图书馆文献缩微复制中心，1991年，第96页。

③ 疯汉喇嘛：《涉水在西藏高原》，《时与潮副刊》1944年第5期。疯汉喇嘛为一民国时期由青海入西藏的旅游人士，真实姓名无从考证。彭多宗亦作旁多宗，在今拉萨林周县境内。

④ 疯汉喇嘛：《涉水在西藏高原》，《时与潮副刊》1944年第5期。

⑤ 疯汉喇嘛：《涉水在西藏高原》，《时与潮副刊》1944年第5期。

图 4-4　西藏绳索吊桥
资料来源：《图画世界》1946 年第 3 期

　　除了铁索桥，西藏还有一座现代化铁桥，这在民国时期的西藏实属罕见，给入藏的旅游者留下了深刻的印象。吴忠信在《西藏纪要》中写道："距拉萨三十里有铁桥一座，西藏途中唯一之现代建筑也。"[1]该铁桥为英国人所修，民国二十六年（1937）竣工，"是印度人邀请的英国工程师勘察、设计、监修，并从印度运进钢条和水泥，这才算修复起一座新式的钢桥"[2]。此铁桥在从亚东通往拉萨的旅游交通线上发挥着重要的作用。

　　（二）青海

　　尽管民国时期公路运输在青海开始兴起，但由于公路通达的限制，除了西宁及其周边地区之外，青海省的其他地区基本沿袭了古代交通中以畜力运输为主体的旅游交通方式。尤其是在青海的牧区，包括玉树、果洛、柴达木盆地等地区，各类型旅游者仍是依靠骑坐牛马进行旅游活动。马鹤天第一次考察青海时所乘之架窝，即为典型的畜力交通工具，也为广大普通旅游者所采用。与畜力运输相关的还有"脚户"这个行业。"脚户"亦称"驮脚"，是一种以畜力驮载的"赶脚"运输户，多分散于民间，是青海地区民间运输的主要组成部

————————

① 吴忠信：《西藏纪要》，北京：全国图书馆文献缩微复制中心，1991 年，第 23 页。

② 疯汉喇嘛：《涉水在西藏高原》，《时与潮副刊》1944 年第 5 期。

分。在经营形式上，"脚户"有专营和兼营两种。专营多见于城镇，而兼营是农民农闲时的副业运输，主要分布在青海省的东部农业区。由于"脚户"具有"经济、灵活的特点，可四通八达，常被小型商客、旅游者、边远地区的群众役用"[1]。其实"脚户"与流行于康藏的乌拉有很大的类似之处，只不过乌拉有相当一部分属于政府的强迫行为，而"脚户"多数出于自愿。这一方式的旅游交通分布于整个青海地区，也贯穿了整个民国时期，只不过随着西宁及周边地区公路交通的发展，畜力运输在1929年以后的主体地位不再那么突出。

青海在建省之后，开始重视公路修筑。在公路交通的发展中，青海的桥梁建设也日渐发展。据不完全统计，民国时期青海省修建了77座规模较大的桥梁[2]，这些桥梁的建筑材料以砖石和木石为主。其中最为著名的就是西宁到兰州道上的享堂桥。享堂桥横跨青海和甘肃两省的界河大通河，自古为甘肃入青的交通咽喉。民国二十一年（1932）青海省在此修建了一孔 32.5 米的石台木面桥（图 4-5），民国三十一年（1942）又改建成一孔 30 米的木桁架桥，后来又改为钢桁架桥。1949 年为阻止青海解放，享堂铁桥被炸毁。

图 4-5　享堂木桥

随着公路交通的发展，汽车在旅游者交通工具选择中的地位越来越突出，

---

① 青海公路交通史编委会编：《青海公路交通史：古代道路交通、近代公路交通》，北京：人民交通出版社，1989 年，第 172 页。

② 青海公路交通史编委会编：《青海公路交通史：古代道路交通、近代公路交通》，北京：人民交通出版社，1989 年，第 351—356 页。

尤其是民国中后期入青海的政务交流、科学考察等类型旅游者，汽车成为其首选。汽车相比西藏的"乌拉牛马"，无疑先进许多。青藏高原的第一辆汽车是当时甘边宁镇守使马麒于1925年购买的雪佛莱小轿车。班禅驻青海办事处也曾于1933年购置轿车2辆[①]，这是进入青海牧区最早的汽车，只是其活动范围实在太小。到1934年，青海全省拥有自备公用汽车10辆[②]。1943年以后，随着青藏、青新公路的大规模施工以及长途运输军用、民用物资的需要，青海省开始大量购置汽车。截至1948年，青海全省汽车拥有量达216辆，其中国有民用车辆有176辆[③]，有力地促进了民国时期旅游者在青海的流动。在线路上，自1948年3月15日开始，西宁至兰州及其在周边地区的客运逐渐规范：西宁至兰州，每周一、三对开班车一次；西宁至湟源，每周一、三、五对开班车一次；西宁至大通每周一、四对开班车一次；西宁至鲁沙尔每周二、四、六对开班车一次[④]。客源专线的开通更加促进了西宁及其周边地区的游客流动。图4-6显示的是民国时期行驶在西宁城外的公共汽车。

图4-6　民国时期青海的公共汽车

资料来源：《西宁》，《良友画报》1941年第171期

---

① 欧华国：《民国时期青海汽车运输业调查述略》，《青海方志》1989年第1期。

②《青海公路》，《西京日报》，1934年1月25日。

③ 崔永红：《青海通史》，西宁：青海人民出版社，1999年，第728页。

④ 崔永红：《青海通史》，西宁：青海人民出版社，1999年，第729页。

二、特种旅游交通方式与工具

除了牛马和汽车这两个主要的旅游交通运输工具外，民国时期在青藏还有一些较为特殊的运输工具。在西藏东部横断山脉里，经常会有一些更为简单的单绳缆桥。法国旅行家克劳德对西藏旅行曾经作过这样的描述："在西藏旅行的两大困难，便是在风雪之中攀越高达五六千公尺的山岭，和在蛮荒之处，悬着绳索渡河。每次渡河以前，有一个苦力执住长绳的一端，先游过河去，把那绳索系住对岸，于是我们在绳上猱升而过。"[①]图 4-7 显示的民国时期西藏的单绳缆桥。

图 4-7　西藏河流上的单绳缆桥

单绳缆桥相对于前文所述的绳索桥而言，构造更为简单，危险性也更大。

这种桥是一根用竹篾绞成的粗缆，两端各固定在河的一岸上。过桥者用一个木制的溜滑器，套在缆上，再用皮条把身体缚住，吊在溜滑器上。所要过的桥，若位置是差不多水平的，则过桥者必须用两手交换拉缆……但如果桥的位置是这边高而那边低，那么他必须用手，而身体会自动地在绳上溜过去，且很迅速。要过这种桥的旅客，若行李带得多，则因为必须个别地把行李送过去，故常感到往返的痛苦。[②]

①〔法〕克劳德：《西藏访僧记》，左右译，《西风副刊》1941 年第 36 期。
②《西藏缆桥》，《科学画报》1933 年第 23 期。

单绳索桥常见于河流比较湍急、地势比较险峻的地区。对于地势平坦的河流而言，其渡河工具则常常为皮筏子（通常为牛皮船）（图 4-8）。亨利·海登对此作过记述："从迪吉林卡到江边要花一个小时，在那儿，我们找到了船，并准备渡江。船只是先用柳条做成框架，然后将牦牛皮蒙在框架上制成的，每只船能载十一二个人。"①

图 4-8　牛皮船

资料来源：〔英〕亨利·海登、西泽·考森：《在西藏高原的狩猎与旅游：西藏地质探险日志》，周国炎、邵鸿译，北京：中国社会科学出版社，2002 年，第 187 页

青海也常见渡河用的皮筏子，其材料除了牛皮外，也有羊皮。

———————————

① 〔英〕亨利·海登、西泽·考森：《在西藏高原的狩猎与旅游：西藏地质探险日志》，周国炎、邵鸿译，北京：中国社会科学出版社，2002 年，第 208 页。

第五章　民国青藏旅游者

第一节　民国青藏旅游者动机

一、旅游动机及其分类

旅游学研究认为，人的旅游行为源自旅游者内部力量的激发和推动，即通常所说的旅游动机。在具备了成为旅游者的一些客观因素①之后，旅游动机就成为形成旅游者的关键所在。所谓旅游动机是指"引发、维持个体的旅游行为，并将行为导向某一个旅游目标的内部心理过程和心理动力"②。旅游动机是一个人能否成为旅游者的主观因素，在对旅游动机进行解释的时候，学者们往往都立足于马斯洛的需要层次理论。

在需要层次理论中，马斯洛将人的需要分为生理需要、安全需要、社会交往的需要、受尊重的需要和自我实现的需要五个层次。在旅游学应用中，尤其是后三层次的需要可以不同程度地解释人们外出旅游的动机。但是由于马斯洛的需要层次理论是基于大众的日常行为分析，在旅游学的应用中局限性较大。对此，很多学者提出了一些旅游动机的分类方式。例如，美国旅游学家麦金托什（Robert McIntosh）将人们的旅游动机分为身体动机、文化动机、社会交往动机和地位与声望动机四种类型（表 5-1）。

---

① 这些客观因素包括人们的收入、时间、身体状况、年龄、性别等，这是产生旅游行为的最基本条件。
② 田利军、张惠华、是丽娜主编：《旅游心理学》，北京：中国人民大学出版社，2006 年，第 78 页。

表 5-1　旅游动机分类

旅游动机类型	旅游动机内容
身体动机（physical motivations）	包括度假修养、参加体育活动、海滩消遣、娱乐活动以及其他直接与身体保健相关的活动
文化动机（cultural motivations）	包括了解异地音乐、艺术、民俗、舞蹈、绘画及宗教等方面的文化
社会交往动机（interpersonal motivations）	包括接触异地民众、探亲访友、结识新朋友等
地位与声望动机（status and prestige motivations）	包括商务谈判、会议、考察研究、业余爱好、修学等

资料来源：McIntosh R., Goeldner C. *Tourism: Principles, Practices, Philosophies*, Columbus: Grid Publishing, Inc., 1984

其他方面，还有日本学者田中喜一关于旅游动机的分类（心情动机、精神动机、身体动机和经济动机）、今井省吾关于旅游动机的分类（消除紧张的动机、充实和发展自我的成就动机、社会存在的动机）等[①]。

需要指出的是，尽管学者们对旅游动机作了较为细致的分类，但其并不足以包含所有的旅游行为，尤其是在民国时期的青藏地区这样一个拥有特定自然和人文环境的旅游目的地，其旅游业发展只是处于较为初级的阶段，现代旅游学的一些研究成果并不是十分适用。此外，某一旅游地的旅游者动机并不是包含上述所有，而只是属于其中的一种或多种。因此，参考关于旅游动机的研究成果，针对民国时期青藏旅游者的实际状况，本节将民国时期入青藏的旅游者动机分为政务交流、宗教朝拜、科学考察、政治探险、其他动机五种类型。下面就从这五个方面来阐述民国时期青藏旅游者的旅游动机。

二、政务交流：中央地方的沟通

政务交流型旅游动机是民国时期青藏旅游较为普遍的一种现象，尤其是在抗日战争爆发之后，我国西北、西南地区逐渐成为驱逐日寇、巩固国防的大后方，从而使国民政府日益重视青海的开发。"开发边疆巩固国防，为训政建设时之重大工作……青海居我国西北及西南各地之中枢，国防上最为重要。境内地大藏丰，人口稀少。年来边疆各省天灾人祸，骈臻而至，外人乘隙积极侵略，政府国人漫不经觉。东北被寇，并非五因。故为在西北永植国防基础于开发富源发展国民经济。开发青海实为目前刻不容缓之要图"[②]。在这样的背景

---

① 田利军、张惠华、是丽娜主编：《旅游心理学》，北京：中国人民大学出版社，2006年，第81页。

②《开发青海计划》，《银行周报》1931年第49期。

下，当时掀起了"开发西北"的浪潮，因此"党国要人风尘仆仆，前来西北考察……给各种建设事业以发动的机会的很多"①。外地官员来青海视察工作，对青海的各项事业起到了巨大的推动作用，同时也促进了当时青海旅游业的发展。

民国时期特殊的政治环境是产生政务交流型旅游动机的基本原因。对于青海而言，"青藏纠纷，孙马冲突，兵连祸结，迄无宁日"②，同时又是"蒙番汉三族互通贸易之所，其全境形势则位于本部之西，适占全国之中央，后倚祁连，前萦雪岭，江河两渎萦绕全区，昆仑余支贯络境内，山水之秀比美东南，矿产之饶甲于西北"③，因此，从 20 世纪 30 年代后期开始，中央政府对青海的重视程度与日俱增，从而使政务交流型旅游者日渐增多，代表性的此类旅游者如下：

民国十六年（1927）甘肃省政府委员、教育厅厅长马鹤天先生赴青海考察。

民国二十三年（1934），国民政府考试院院长戴传贤④来青海视察。

民国三十年（1941），国民政府要员、著名书法家于右任来青海参观。

民国三十一年（1942），蒋经国、蒋纬国兄弟二人来西宁参观访问。

对于西藏而言，尽管由于西藏地方政府与中央政府之间微妙的关系，政务交流联系不像青海那么密切，但关于政务交流的记载仍不绝于书。从刘曼卿到黄慕松，再到吴忠信等，不曾中断⑤。

为了缓解与西藏的关系，民国八年（1919）时任甘肃省长张广建选派甘青宁玛派僧人古朗仓、玉树僧人拉卜尖贡仓、甘肃督军署军事咨议李仲莲、军事参事朱绣四人入藏。入藏后，李仲莲先后拜见达赖喇嘛、班禅额尔德尼以及噶

---

① 程建业：《一年来的青海建设事业》，《青海评论》1936 年第 49 期。

② 张得善：《青海之政治经济及社会事业》，《地方自治》1940 年第 4 期。青藏纠纷指的是发生于 1931 年的青藏战争，是西藏地方亲英势力在英帝国主义者的策动下，对青海及西康地区发动的武装进犯。进攻西康西部地区的藏军，被阻于金沙江西岸。于是藏军又转而向北面的青海玉树地区推进，遇到了青海守军马步芳部队的阻击，最终以马步芳部队胜利结束。青藏纠纷是在英帝国主义的策动下，中国边疆省区之间的一次内战，战争历时年余，对青藏双方人民的生产和生活均造成了很大损失。但其客观上打击了地方分裂势力，粉粹了英帝国主义的阴谋。"孙马冲突"是 1933 年军阀孙殿英和西北以马鸿逵、马步芳为首的军事集团之间的激烈碰撞，结果是孙殿英势力被驱除，而马鸿逵、马步芳势力在西北更加稳固。

③ 张德馨：《青海改建行省刍言》，《中国地学评论》1912 年第 34 期。

④ 即戴传贤，字季陶。

⑤ 祝启源、赵秀英：《中华民国时期西藏地方与中央政府关系研究》，北京：中国藏学出版社，2010 年。

厦政府的噶伦等地方官员①。

民国十八年（1929），为了加强内地与西藏的联系，国民政府派遣刘曼卿为特使，自西康入藏，与噶厦政府及达赖喇嘛进行联系。返程后，刘曼卿著有《康藏轺征》一书，书中对西康与西藏的风土人情作了详细的描述。

民国二十二年（1933），十三世达赖喇嘛圆寂后，国民政府蒙藏委员会西藏办事处主任黄慕松入藏，负责致祭及册封事宜。归程后，黄慕松向国民政府呈上《黄慕松奉使入藏册封并致祭达赖大师报告书》。

民国二十九年（1940），在十四世达赖喇嘛坐床典礼之际，国民政府派遣时任蒙藏委员会委员长吴忠信会同热振呼图克图主持典礼。

三、宗教朝拜：藏传佛教的昌盛

青藏地区是一个宗教信仰十分昌盛的区域，作为藏传佛教的发源地和重要传播区域，其吸引了大量的信教群众来此参与宗教活动，区域内的宗教交流活动十分频繁。此外，一些宗教节日还演变成地方的传统节日，吸引着大量的非宗教游客前来观光。寺庙是进行宗教活动的中心场所，因此青藏地区一些重要寺庙的所在地就变成了宗教朝拜旅游活动的重要目的地。

前文所述的青海省塔尔寺，作为藏传佛教格鲁派祖师宗喀巴的诞生地以及格鲁派六大寺之一，"蒙藏人民以到寺前叩头为终身大事"②，蒙藏各地的很多群众都以到塔尔寺朝拜为毕生愿望。这种旅游活动形式在客观上促进了塔尔寺及其周边地区社会经济的繁荣和发展。"在西藏人的脑筋里面，只有佛的一切是很宝贵的，敬佛就算是功德最高大的事情"③。因此，各大寺庙都香火不绝、信徒万众，每天都有各地信众络绎不绝地来到诸如塔尔寺、哲蚌寺、扎什伦布寺等大寺进行朝拜。胡明春在其游记中也写道："有青海人及蒙古的喇嘛，他们朝拜的热诚不在藏人之下。"④

由于信仰派别的原因，青藏地区的宗教朝拜型旅游者大都源于内蒙古、西康及青藏内部等藏传佛教传播区域，而其他区域的旅游者较少。当然也有例

---

① 周伟洲：《唐代吐蕃与近代西藏史论稿》，北京：中国藏学出版社，2006年，第212页。
②《青海之大金瓦寺》，《中国公论》1938年第3期。
③ 胡明春：《西藏甘丹圣寺游记》，《边疆半月刊》1938年第6期。
④ 胡明春：《西藏甘丹圣寺游记》，《边疆半月刊》1938年第6期。

外，如民国二十三年（1934），湖北释心道法师前往塔尔寺学习密宗，则是这种类型旅游者中的特例。对于国外的旅游者而言，尤其是西方人，其拥有基督教的社会背景，无论其来青藏的动机如何，也基本上不大可能是出于宗教朝拜的旅游动机。例如，民国八年（1919），有外国传教士到塔尔寺听经，学习藏文、藏语，并自称是以求取"密宗真言"为目的[①]，但是我们更愿意将其理解为以宗教为幌子，而从事一些间谍活动。需要指出的是，还有一些国外传教士的旅游活动也是一种宗教行为，但其主要是基于传教目的的旅游活动，这一部分旅游者广义上也可以理解为基于宗教动机。到民国二十六年（1937），青海地区的天主教堂已经达 20 余座，信徒达 3200 余人（以汉族为主）[②]。

四、科学考察：近代学术的兴起

民国时期，由于青藏地区突出的战略地位及丰富的物产资源，国内外掀起了对其进行科学考察的高潮。在科学考察动机下，有基于学术研究目的的活动，也有从事登山探险的行为。在登山探险中，最早的就是英国人从 1921 年开始的攀登珠穆朗玛峰的活动，此后在民国时期历经七次。图 5-1 显示的是 1924年英国第三次攀登珠穆朗玛峰的探险队成员，其中诺顿是探险队队长。1949 年 2—7 月，美国人雷纳德·克拉克，在当时青海省主席马步芳的支持下，探测玉树境内的阿尼玛卿峰。此后他还考察了鄂陵湖和黄河源头，并将考察结果和见闻著书出版[③]。除此之外，民国时期尤其是前期，西方人还对青藏地区的动植物、山川地理、交通道路等作了大量的考察活动。《青康藏新西人考察史略》一书记述了从 1864 年到 1935 年外国人到青藏地区考察及测量的情况。其中到西藏考察的外国人共计 92 人，146 次，书中还附有《青康藏西人考察路线及测量区域图》[④]。但是国人逐渐认识到"痛国权之丧失，恐学术材料之散佚"，开始反对"外人私入国内采集特种学术材料"[⑤]。此后西方人在青藏地区的探险开始收敛，尤其是在青海省较为明显，但仍有西方人与国内学术团体合作的相关探险活动。

---

① 周伟洲：《唐代吐蕃与近代西藏史论稿》，北京：中国藏学出版社，2006 年，第 206 页。
② 张生林：《初探天主教在青海的传播和发展》，《青海社会科学参考》1988 年第 9 期。
③ Clark L. F., I Found the Highest Mountain, Life, 1949, （14）.
④ 徐尔灏：《青康藏新西人考察史略》，南京：国立中央大学，1945 年。
⑤《中国学术团体协会西北科学考察团报告》，北京：中国科学院档案，卷宗号 50-2-27，1928 年。

图 5-1　1924 年英国攀登珠穆朗玛峰探险队成员

后排左起：欧文、马洛里、诺顿、奥戴尔、麦克唐纳；前排左起：谢波利、布鲁斯、索马维尔、贝特曼

资料来源：周正：《探险珠峰》，厦门：鹭江出版社，2004 年，第 42 页

　　抗战爆发后，西北大后方成为战略根据地及物资转运站，全国掀起了开发西北的高潮。同时有感于外国人对该区域科学探险的先行，在这一时期有众多学者来到青海进行科学考察。代表性的有谢家荣、郝景盛、侯德封、孙建初、顾执中、王作宾、刘慎鄂、耿以礼、宋家泰、黄汲青等，他们在青海进行地学、生物学等方面的考察。1923 年，谢家荣考察了西宁盆地的地层特征。1934年，刘慎鄂出版了《中国西部及北部植物地理概论》一书。1935 年，侯德封、孙建初提出了祁连山东端地层系统理论。1944 年，宋家泰出版了《柴达木盆地》一书，这是第一部系统研究柴达木盆地的专著。在西藏的国内调查方面，徐近之无疑是西藏调查第一人，其对青藏高原的调查资料也成为 1949 年以后其所著的《青藏自然地理资料》的基本素材。

　　需要指出的是，尽管在学术研究层面，本部分将国外的这些科学考察人员列入考察类旅游者，认为其是出于科学考察的动机来中国活动，并且这些旅游者也确实在自然和人文地理研究领域作出了一定的贡献，为后来中国关于青藏地区的地理学、考古学和民族学的研究提供了大量的史料，客观上推动了这些学科的发展。但这些旅游活动在本质上仍属于间谍行为，其主要的宗旨还是为西方殖民主义侵略中国边疆以及盗窃中国文物服务，这一点必须明确。例如，

1935—1937 年，德国神父在青海以传教、考察为幌子，先后骗取帐篷、袈裟、经文等珍贵文物，甚至私自挖掘古墓①。

五、政治探险：侵略行为的猖獗

本部分将国内政府官员往返青藏的一些公务活动认定为政务交流动机，但对于当时的青藏地区而言，也有诸多的国外官员在该区域内活动。当然这部分人群不仅仅是公务交流这么简单，而更多的是企图通过政治活动来策动某一群上层官员，以达到分裂中国的目的，这在西藏地区尤为明显。本部分将这类旅游动机称为政治探险动机。其中活动最为猖獗的无疑要数英国殖民者，正如苏联学者亚历山大罗夫所云："一百年来，英国殖民者曾经不断地从印度方面进攻西藏。"②

针对当时以甘肃省军事咨议李仲莲为首的甘肃代表团入藏行为，英国政府于1920 年派遣柏尔赴拉萨，同样拜会了达赖喇嘛、四位噶伦以及其他权贵，以刺探西藏地方政府上层的政治倾向。为了便于通信，柏尔还敦促英国政府将电报线由江孜延伸到拉萨。与此同时，英国还在罗布林卡和布达拉宫建立了电话系统，以便随时开展相关的政治活动③。此外，柏尔还游说西藏地方政府同意英国皇家地理学会派人攀登珠穆朗玛峰（揭开了英国人攀登珠穆朗玛峰的序幕，此后共达七次），并且准许地质学家亨利·海登在西藏进行地质考察。从此以后，西方大规模地掀起了在西藏的考察活动，其中德国人的活动也颇具代表性。

1923 年，九世班禅额尔德尼离开西藏后，英国为了应付局面，于1924 年再次派遣英国驻锡金行政长官贝尔立（Bailey F.M.）少校和赫斯洛普（Hislop I. H.）少校医官抵达拉萨。1933 年十三世达赖喇嘛圆寂，1934 年英国又派遣英国驻锡金行政长官古德以致祭为名，到拉萨监视黄慕松一行。1940 年，在十四世达赖喇嘛的坐床典礼上，古德以观礼为名再次入藏。1942 年，美国战略情报局派遣伊利亚·托尔斯泰上校和杜兰入藏，于 12 月 12 日到达拉萨，1943 年 3 月19 日离开④。

---

① 张生林：《初探天主教在青海的传播和发展》，《青海社会科学参考》1988 年第 9 期。

②〔苏〕亚历山大罗夫：《近代西藏》，北京大学政治学系会译，北京：世界知识社，1951 年，第 1 页。

③ King W. H. The Telegraph to Lhasa, *The Geographical Journal*, 1924, 63（6）．

④〔加〕谭·戈伦夫：《现代西藏的诞生》，伍昆明、王宝玉译，北京：中国藏学出版社，1990 年，第123—136 页。

在青海方面，民国十年（1921）佩雷拉（Pereira G.）、民国十一年（1922）金（King L.）、民国十四年（1925）斯贝尔（Spear J.F.）、民国十五年（1926）汤姆逊（Thompson C.）等，都到过或经过青海进行政治探险活动①。

由此可见，政治探险动机是西方殖民者尤其是一些政府官员往来青藏地区的基本动因，他们的基本目的在于策反、分裂当局或者窃取相关情报。柏尔在西藏活动之余，对西藏的地址、历史、宗教等多个方面作了调查，并著有《西藏志》一书。伊利亚·托尔斯泰在藏期间，多数时间都用于联络西藏上层人士和搜集情报。他还承诺，西藏在战后可以参加和平会议，还向西藏提供了远程发报机②。卡罗尔（Cannor F.）则大言不惭地在其《西藏行》中记述了同行的英国军队与西藏地方军冲突的过程③。在这样的动机下，这些旅游者除了正常的政治活动之外，往往对当地的地理、民族、交通、文化及军事情报表现出浓厚的兴趣，因此也往往留下了众多关于青藏地区自然、人文方面的珍贵资料。客观上，这些资料给后人留下了诸多研究近代青藏的史料，同样地，这些资料也成为本书研究民国时期青藏地区旅游地理的重要素材。

六、其他动机

旅游动机是一个十分复杂的综合性社会现象，除了上述四方面的旅游动机以外，民国时期赴青藏的旅游者也表现出一些其他的动机。例如，探亲访友的动机，"入湟源石峡，一路山明水秀，青葱一色，至石板沟，响河儿一带，山坡华树阴翳，山脚湟水急湍，不禁令人回忆往事……游学江南，迄今已五年有余了，而今故里重归，得唔家人亲友之面，亦人生快事也"④；服务社会的动机，"（民国）三十七年（1948）八月九日安息日会西北疗养医院组织青海旅行团……深入藏区传道，深入藏区医疗"⑤；修学动机，民国三十年（1941），国画大师张大千携家人来到塔尔寺，潜心研究寺中的壁画和雕塑⑥。

通过对上述民国时期青藏地区旅游者动机的研究，可以发现不同旅游群体

① 徐尔灏：《青康藏新西人考察史略》，南京：国立中央大学，1945年。

② 才秀嘉：《伊利亚·托尔斯泰入藏》，《西藏人文地理》2008年第1期。

③〔英〕卡罗尔：《西藏行》，邓文烈译，《西北晨钟》1944年第11—12期。

④ 李自发：《青海游记》，《新青海》1934年第5期。

⑤ 祝鸿仪：《青海之游》，《时兆》1948年第12期。

⑥ 拉科·益西多杰：《塔尔寺史话》，北京：民族出版社，2001年，第168页。

的旅游动机表现出不同的时间特征。政务交流动机在 20 世纪 30 年代之后显得更为突出，而在民国早期，由于中央政府自身处于较为混乱的状态①，或者是无暇西顾，或者是对青藏战略地位的重视不够，这一时期的政务交流活动相对较少。在科学考察动机方面，民国前期，国外对青藏地区的考察较多，到民国后期尤其是全面抗战爆发之后，中央政府对青藏地区的战略地位日益重视，也开展了大规模的科学考察活动，在青海尤为频繁。由于中央政府与青海和西藏联系的日益密切，相比之下，国外的科学考察活动则逐渐式微。在政治探险动机方面，以 20 世纪 20 年代最为频繁。到 40 年代之后，尽管国外还有在西藏的间谍活动，但其影响已经大不如前，在青海则基本消失。宗教信仰动机由于其特殊性，并没有明显的时间特征。同时，青海省公路交通的建设也对上述动机的产生有一定的影响。政务交流和科学考察旅游动机 30 年代以后在青海越发突出，无疑与公路建设有较大的关系，这也证实了交通在旅游活动开展中的关键作用。

探讨旅游者的旅游动机是研究旅游者行为的前提，在不同的旅游动机刺激下，旅游者的行为也往往有着较大的差异。本书根据不同类型的旅游动机，将民国时期赴青藏的旅游者划分为不同的类型，本章第二节就开始研究不同类型旅游者的旅游行为特征。

第二节　民国青藏旅游者行为

一、维护国家统———政务交流型旅游者

政务交流型旅游者在青藏地区的旅游行为主要是以政治活动为主，无论是观寺、礼佛还是会见各阶层人士，都是为了拉近中央政府与地方政府的关系，以促进地方的发展。以时任国民政府蒙藏委员会西藏办事处主任黄慕松为例，其"到藏为的是代表中央政府对达赖致祭及册封，但是到达之日第一件要事，便是参拜大昭寺，这是因为大昭寺为西藏最重要之寺，为全藏所尊奉，且与内地有重大关系……册封典礼是在政治大殿内举行的，致祭典礼是在宗教大殿内举行的。全藏官民对中央这次的册封致祭，非常感谢。典礼举行之后便在三大

---

① 1928 年，张学良东北易帜后，国民政府才在形式上完成了全国的统一，之前长时间处于政治动荡局面。

寺熬茶布施"①。图 5-2 是当时国民政府给十三世达赖喇嘛颁赐的玉印，上刻
"护国弘化普慈圆觉达赖喇嘛"字样。图 5-3 是当时黄慕松致祭的情景。"通
过黄慕松的行为，可以发现，其基本出发点在于消除隔阂、加强联系，增强西
藏地方政府和群众对中央的认同感"②。因为自从西藏与内地隔绝以后，西藏
产生了许多谣言③。因此，黄慕松将首站活动选择在"全藏所尊奉"的大昭
寺，可谓用心良苦。而在"三大寺熬茶布施"，更是希望通过这样的行为，表
现出中央政府对藏传佛教尤其是格鲁派的尊崇而抚慰西藏的官民僧众④。

图 5-2　国民政府颁给十三世达赖喇嘛的玉印

资料来源：崔保新：《西藏 1934：黄慕松奉使西藏实录》，北京：社会科学文献出版社，2015 年，第 223 页

图 5-3　黄慕松致祭的情景

资料来源：崔保新：《西藏 1934：黄慕松奉使西藏实录》，北京：社会科学文献出版社，2015 年，第 225 页

---

① 《黄慕松讲述西藏经历》，《湖北省政府公报》1934 年第 82 期。因为大昭寺供奉有唐时文成公主进藏
所携带的释迦牟尼十二岁等身像，并且门口立有"唐蕃会盟碑"，因此成为汉藏交好的重要见证。此处的"政
治大殿"和"宗教大殿"都位于布达拉宫内。三大寺即哲蚌寺、色拉寺和甘丹寺。

② 章杰宽、朱普选：《民国时期青藏地区的旅游者行为研究》，《青海民族研究》2016 年第 4 期。

③ 《黄慕松讲述西藏经历》，《湖北省政府公报》1934 年第 82 期。

④ 章杰宽、朱普选：《民国时期青藏地区的旅游者行为研究》，《青海民族研究》2016 年第 4 期。

刘曼卿作为国民政府特使，是远赴西藏考察，打破民国以来康藏和内地不交通记录之第一人。刘曼卿在西藏期间，向十三世达赖喇嘛表达了国民政府对其的问候和对西藏的关心，并积极与西藏地方官员及上层人士广泛接触，听取他们对国民政府的意见和要求，为加强汉、藏民族团结四处奔波。刘曼卿"因服汉装，出外时常惹行人驻足围观，至以为苦"，故选择"昼伏夜行"或"更换藏装"（图 5-4）。到达拉萨后，刘曼卿"二月十一日遵嘱以上好哈达封赘见礼藏银四两，黄油饭费三两，赘以政府公文，私人名片，恭请虾素巡城达赖……达赖当回赐每月招待费七十五两"[①]。在西藏期间，刘曼卿探问西藏地方政府的组织结构，参观了大昭寺，于 1930 年 3 月 28 日拜见了十三世达赖喇嘛，"自述所负使命……国民政府……积极地努力于五族之真共和……姑无论西藏之诚否受英人挟制……甚愿得一机会使大家互相了解"[②]。拜访完达赖喇嘛后，刘曼卿接着"访藏王及四加仑"[③]，继而拜访拉萨三大寺，"晨兴约五时许，即策马而去……今日领略风景，特具趣味。行数里至则邦寺"[④]。在三大寺访问期间，刘曼卿重申国民政府对西藏尤其是对佛教之态度，声明"中国对藏之态度，取不歧视不压迫之态度，其办法让藏人自决自治，而由中央资助指导之，其目的欲得藏民之康乐，求五族真共和之实现"[⑤]。通过一系列的政务交流活动，刘曼卿用自己的行为有效地拉近了内地和西藏之间的关系。因此"与各要人接见后，外间盛传……和好已成事实，偶行道中，路人皆呼万岁，予思纵目的不达，而于民间种此好印象，亦吾之代价也"[⑥]。

1938 年 10 月 28 日，国民政府下令："特派蒙藏委员会委员长吴忠信会同热振呼图克图主持第十四辈达赖喇嘛转世事宜。此令。"[⑦]与黄慕松和刘曼卿入藏不同，吴忠信经由印度入藏。在西藏期间，吴忠信于 1940 年 1 月 17 日登布

---

① 刘曼卿：《康藏轺征》，上海：商务印书馆，1933 年，第 84 页。此处为民国十九年（1930）二月十一日。
② 刘曼卿：《康藏轺征》，上海：商务印书馆，1933 年，第 96 页。
③ "加仑"现通常写作"噶伦"，是当时西藏噶厦政府的行政主持人员，通常设四人。
④ 刘曼卿：《康藏轺征》，上海：商务印书馆，1933 年，第 104 页。则邦寺即哲蚌寺。
⑤ 刘曼卿：《康藏轺征》，上海：商务印书馆，1933 年，第 105 页。
⑥ 刘曼卿：《康藏轺征》，上海：商务印书馆，1933 年，第 108 页。
⑦ 中国第二历史档案馆、中国藏学研究中心编：《十三世达赖圆寂致祭和十四世达赖转世坐床档案选编》，北京：中国藏学出版社，1991 年，第 166 页。

图 5-4　着藏装之刘曼卿

资料来源：刘曼卿：《康藏轺征》，上海：商务印书馆，1933 年，插图

达拉宫，"于达赖喇嘛第五辈及第十三辈金塔均致敬礼，并挂三色绸哈达"[①]。
1 月 18 日，吴忠信访问当时的西藏噶厦政府摄政热振呼图克图。1 月 20 日，吴
忠信到哲蚌寺"熬茶布施，计僧众前人，每人放藏银三两"。1 月 22 日，吴忠
信应邀参观色拉寺。2 月 22 日，吴忠信主持"第十四辈达赖喇嘛坐床典礼"[②]。
此外，吴忠信在此期间还会见尼泊尔代表，与班禅行辕成员交谈，与英人"谈
及欧战情形"，"接见驻藏汉僧十九人"，等等。吴忠信的活动围绕"树立信
用、收拾人心、相机解决其他问题"的基本任务，服务于"政治、国防、宗
教"的基本宗旨[③]。

　　由此可见，政务交流型旅游者在青藏的活动主要可以概括为两类：第一类
是与政治上层人士的沟通，以此传达中央精神以及聆听地方意愿。第二类是对
重要寺庙的访问，通过熬茶布施的方式，获得宗教人士对政务活动的支持，从
而博得其对中央的认同和好感。在此基础上，这一类型旅游者还深入民间，关

　　① 中国第二历史档案馆、中国藏学研究中心编：《黄慕松　吴忠信　赵守钰　戴传贤奉使办理藏事报告
书》，北京：中国藏学出版社，1993 年，第 245 页。
　　② 中国第二历史档案馆、中国藏学研究中心编：《黄慕松　吴忠信　赵守钰　戴传贤奉使办理藏事报告
书》，北京：中国藏学出版社，1993 年，第 245—246、267 页。
　　③ 中国第二历史档案馆、中国藏学研究中心编：《黄慕松　吴忠信　赵守钰　戴传贤奉使办理藏事报告
书》，北京：中国藏学出版社，1993 年，第 213—214 页。

注当地的风土人情，以服务于中央对地方的治理战略。吴忠信在藏期间还参观"拉萨市立第一小学第一班毕业典礼"，并"致训词"，观摩了藏历新年中的"打鬼"表演等①。刘曼卿除了一些公务活动外，对拉萨的社会和文化现象也进行了一定的调查②。同时，刘曼卿还描述了拉萨的民歌及其形成与流行人群，"拉萨之歌曲为全康藏人所摹拟，但并非文人学士所构撰，仅为市井仆姬于清晨汲水时在井边缀成，不仅视为一种消遣品，且亦用以讥评时政，为舆论所从出，权贵畏惮之，此诚不失国风之意……故西藏民间歌谣富有历史资料，实大有研究之价值"③。此外，刘曼卿还观摩了拉萨的骑马大考，即考察贵族子弟骑术和枪法的比赛。

在青海省，类似的政务交流活动更加频繁，但中央政府对青海的有效管理，使其交流的内容与西藏有较大的不同。代表性的旅游行为有甘肃都督府周希武到玉树查勘界务（1914），甘肃省教育厅厅长马鹤天考察青海省的经济、文化和教育（1927），宋子文率领资源委员会考察团调查青海（1930），考试院院长戴季陶视察青海教育（1934）等。除了活动内容之外，政务交流型旅游者在交通工具、住宿设施的选择方面也有着自身的特征。黄慕松在其政府报告中说道："（自南京）乘飞机到了成都，再由成都南行乘了两天契合绕到笮州，自至以西，车辆不能通行，只能骑马坐轿了。"④刘曼卿则是乘船由上海到重庆，由重庆到成都为坐车，再往西也基本上是靠步行或骑马。吴忠信取道印度入藏，其由重庆乘飞机到香港，再由香港乘飞机到加尔各答，入藏后"所恃之交通工具唯有骡马与人力耳。藏人为余预备八人扛抬之山轿乘之登山"⑤。由此可见政务交流型旅游者，其入藏前所乘坐交通工具包括飞机、轮船、汽车等先进交通工具，而入藏后，由于交通条件的局限，基本上都是靠人力或者畜力。在住宿设施方面，该类旅游者基本上以官办设施为主，下榻由当地政府提供的行辕，在途中则多下榻驿馆，这也是该类旅游者的重要特征。

---

① 中国第二历史档案馆、中国藏学研究中心编：《黄慕松　吴忠信　赵守钰　戴传贤奉使办理藏事报告书》，北京：中国藏学出版社，1993年，第254页。"打鬼"情节与王小亭《中国游记》中《西藏的新年》中关于"打鬼"的记载基本一致。

② 刘曼卿：《康藏轺征》，上海：商务印书馆，1933年，第110页。

③ 刘曼卿：《康藏轺征》，上海：商务印书馆，1933年，第111页。

④ 《黄慕松讲述西藏经历》，《湖北省政府公报》1934年第82期。笮州即今四川邛崃。

⑤ 中国第二历史档案馆、中国藏学研究中心编：《黄慕松　吴忠信　赵守钰　戴传贤奉使办理藏事报告书》，北京：中国藏学出版社，1993年，第234页。

二、追寻心灵归宿——宗教朝拜型旅游者

民国时期青藏地区的宗教朝拜型旅游者，基本上都信仰藏传佛教。对于他们而言，西藏和青海不仅是心中的圣地，也是心灵的家园。西藏是藏传佛教的发源地，藏传佛教的四大派别宁玛派、噶举派、萨迦派和格鲁派都起源于西藏。随着格鲁派在西藏世俗和宗教社会的一枝独秀，再加上格鲁派祖师宗喀巴的出生地在青海，不仅仅是西藏，青海也成为众多佛教徒朝拜的目的地。因为寺庙在宗教传播中的重要地位，这些著名的寺庙就成为宗教朝拜型旅游者的最终目的地。每年前往拉萨三大寺、大昭寺、扎什伦布寺和塔尔寺的信众不绝于途，"蒙藏人民以到寺前（这里指的是塔尔寺）叩头为终身大事"[1]，因而这些寺庙也常年挤满了磕长头、转经、朝佛的各地信众。图5-5和图5-6所示的即当时前往拉萨朝圣的信徒和布达拉宫的朝拜者。

图 5-5 前往拉萨的朝圣者

资料来源：崔保新：《西藏1934：黄慕松奉使西藏实录》，北京：社会科学文献出版社，2015年，第229页

---

①《青海之大金瓦寺》，《中国公论》1938年第3期。

图 5-6　布达拉宫的朝拜者

资料来源：〔英〕亨利·海登、西泽·考森：《在西藏高原的狩猎与旅游：西藏地质探险日志》，周国炎、邵鸿译，北京：中国社会科学出版社，2002年，第75页

对于宗教朝拜型旅游者尤其是笃信藏传佛教的人而言，他们"往往不辞万里迢迢的路途，环绕青海（湖），或从塔尔寺到前后藏，或从西藏到塔尔寺，一步一叩首，叩到佛前，手捧哈达礼物，仰求活佛摩顶，他们认为这是最大的光荣"[①]。所以这些旅游者的旅游行为相对简单，"既不骑马，也不乘车，背负礼佛的酥油和自食的糌粑步行来朝圣、布施。更有许下心愿的信徒，拜托家人或亲友驮上敬佛的供品和自己食用的口粮，跟在自己的后面或前面烧茶等候，而自己却一步一拜……一直到达圣地"[②]。这种朝拜方式一直流传到了今天。在今天的川藏公路、青藏公路上，也经常可以看到这些千里礼佛的信众。这些旅游者无论是在饮食、交通，还是住宿、活动内容方面，都极尽简单。在旅游动机上，又虔诚万分[③]，甚至"有叩至中途而资斧

---

① 天牧：《青海的风土人情》，《旅行杂志》1949年第11期。

② 拉科·益西多杰：《塔尔寺史话》，北京：民族出版社，2001年，第153页。

③ 章杰宽、朱普选：《民国时期青藏地区的旅游者行为研究》，《青海民族研究》2016年第4期。

断绝，无能为继，则作记返里，再行经营牧畜等业，快资金有着时，再继续叩起，必达目的地而后已"①。而对于一些富裕的旅游者而言，"蒙藏信徒来此朝拜者，常以宝石及金银掷入其中（青海塔尔寺大金瓦殿旁的一口井）以求我佛消灾"②。因此，这些笃信佛教的蒙藏群众，其朝拜的旅程是不吝啬钱财的。

除了这些朝拜的群众，民国时期还有一些内地的僧人到青藏地区进行佛法交流、翻译佛经活动，"康藏蒙古活佛喇嘛相继来内地传法，汉人赴康藏学法求密者络绎不绝，藏传格鲁、宁玛、噶举等派教法，皆传行于内地"③。据杨嘉铭的《民初游学西藏的汉僧及其贡献》统计，民国时期切实可靠的共有 54 名汉僧入藏修学，其中大部分在拉萨的哲蚌寺学习经典④。代表性的有北京大勇法师率领的留藏学法团和中国国民党中央委员黎丹在西宁组织的赴藏考察团。留藏学法团中的法尊法师于 1931 年和 1936 年两度到达拉萨，在哲蚌寺分别侍从安东格西和绛则法王，学习宗喀巴的经典《菩提道次第广论》和《密宗道次第广论》，以及格鲁派的戒律。1936 年法尊法师回内地，还带回藏文版《大藏经》和《宗喀巴文集》。黎丹也在哲蚌寺学过经典，其组织的赴藏考察团成员欧阳无畏更是在哲蚌寺"屡次代表哲蚌寺与另外二大寺之僧侣辩论经义，经常凯旋而归"⑤。这部分旅游者的旅游行为基本局限于佛法修行和经典译著，其意义在于"翻译藏文经典，奠定了（民国时期）藏传佛教研究的基础；加深了对藏族文化的了解，增进了汉藏僧人的交往"⑥。

与政务交流型旅游者不同，首先，宗教朝拜型旅游者在消费能力上要远远低于前者。他们在住宿、交通方面都尽可能地节约开支，没有搭乘飞机、轮船，甚至连畜力都较少使用。这一方面是出于信仰的缘故，通过磕长头的方式表达内心的虔诚⑦；另一方面他们希望最大限度地节约金钱，而将其布施到寺

① 《青海之大金瓦寺》，《中国公论》1938 年第 3 期。
② 麦群玉：《青海纪游》，《旅行杂志》1938 年第 10 期。
③ 陈兵、邓子美：《二十世纪中国佛教》，北京：民族出版社，2000 年，第 356 页。
④ 杨嘉铭：《民初游学西藏的汉僧及其贡献》，1985 年未刊稿。
⑤ 黄英杰.：《民国密宗年鉴》，台北：全佛文化出版社，1995 年，第 94 页。
⑥ 索南才让：《民国年间（1912~1949 年）汉藏佛教文化交流——内地僧人赴藏求法》，《西藏研究》2006 年第 4 期。
⑦ 章杰宽、朱普选：《民国时期青藏地区的旅游者行为研究》，《青海民族研究》2016 年第 4 期。

庙里去。在饮食方面，由于藏族特有的生活习惯，以能长时间保存的糌粑为主。其次，在目的地活动上，尽管政务交流型旅游者也十分重视对寺庙的参观和访问，但其与宗教朝拜型旅游者发自内心的朝拜无疑有着较大的不同。宗教朝拜型旅游者的转经、布施、礼佛等，完全是出自内心深处最朴素的信仰。在时间上，宗教朝拜型旅游者也要比政务交流型旅游者花费得更长[1]。通常政务型交流旅游者在完成政治任务后即返回，在交通工具上也尽可能地讲求快捷。宗教朝拜型旅游者则可能要"少则数年，多则十余年"，时间基本上都消耗在动辄百里、数百里乃至千里的路上……当然对于宗教朝拜型旅游者而言，其旅游活动与当前一般的修学旅行并无二处，在旅游地主要就是学习经典、翻译经文，住宿也是在寺庙内部（如拉萨三大寺等诸多寺庙都有着大量的僧舍设施）。

三、开展学术研究——科学考察型旅游者

在民国时期，国内外都掀起了考察青藏的热潮。尽管出发点不同，但是他们都对青藏地区的自然和人文状况作了诸多有意义的考察，为相关学科的学术研究以及当前藏学学科的发展作出了积极的贡献。科学考察型旅游者的活动是民国时期青藏地区的一种重要旅游现象，这类旅游者除了在学术研究上取得了较高的成就之外，还纷纷撰写报告、著作。这些研究成果对于国内外认识青藏、开发青藏都起到了一定的推动作用。因为是以学术研究为主要旅游目的，科学考察型旅游者的行为方式与其他类型旅游者有着较大的区别。

对于国外的科学考察型旅游者而言，其从事的科学考察活动大体上包括登山探险、动植物资源考察和地质地貌勘察三个方面。瑞典地质调查所前所长安特生（Anderson J.G.）偕同民国时期中国地质调查所工作人员袁复礼，于1922年4月启程考察甘肃和青海的地质古生物[2]。影响力较大的则是雷纳德·克拉克对青海阿尼玛卿峰、黄河源和柴达木盆地的考察。1949年2月，雷纳德·克拉克在时任国民政府立法委员的陪同下，由兰州乘车到西宁。雷纳德·克拉克在青海的考察活动得到了青海省主席马步芳的大力支持。根据《马步芳家族统治

---

① 章杰宽、朱普选：《民国时期青藏地区的旅游者行为研究》，《青海民族研究》2016年第4期。

② 均达：《甘肃青海之新调查》，《科学》1922年第5期。

青海四十年》一书记载，"1949 年 2 月，美国克拉克抵青，探险积石山。马步芳派遣协助人员及护卫骑兵 50 名，组织骡马牦牛 180 匹（头）为运输队，供应粮食等。由西宁出发，经湟源、共和及兴海，到达大积石山脉的阿尼玛沁雪山，进行了勘测和摄取照片活动。同年 7 月初返回西宁"①。雷纳德·克拉克对阿尼玛卿峰附近的地质情况进行了详细的调查，还绘制了从西宁到阿尼玛卿峰的路线图。此后他还考察了鄂陵湖，并探索了黄河源的情况。1949 年 6 月，雷纳德·克拉克到达柴达木盆地香日德河南岸的香日德堡。马步芳家族统治青海的时候，曾经多次支持外国人对青海的考察。其他的还有 1925 年美国哈佛大学动植物调查采集队及美国地理学会调查团对黄河上游的调查，1934 年德籍神父费西拉对青海西南部的调查等。其中费西拉以国际考察团的名义，秘密测绘了青藏高原的地图，图中竟然将青海西南、四川西北和新疆南部都划入西藏地方政府的管辖范围，足以看出国外旅游者的科学考察基本上都是服务于西方帝国主义的侵略活动。

与青海一样，民国时期西方人士对西藏的调查十分频繁。尽管"世之探险家欲入西藏这多矣"，然而"拉萨为活佛所居之禁地，其人民仇外之心极炽，故外人之入境者，每因僧徒仇视之故，而有性命之忧"②。因此，与在青海得到中国政府资助的调查不同，外国人到西藏的考察大都是由本国机构资助的个人私自入境行为。西方对西藏的调查由来已久，在民国之前就已经有诸多著名人士到西藏进行各种考察。代表性的有团体性质的英国皇家地理学会和个人性质的瑞典斯文·赫定博士。但由于这些调查不属于本书的研究范畴，所以不再赘述。

在地质调查方面，一个是对雅鲁藏布江的调查；另一个是对珠穆朗玛峰的调查，这二者比较具有代表性。在对雅鲁藏布江的调查中，Bailey F.M. 和 Ward F.K.（即华金栋，见图 5-7）考察了雅鲁藏布江与其下游布拉马普特拉河的连接问题。尽管现在已经知道后者是前者的下游，但在当时并没有相关的学术证明。针对此，Bailey F.M. 于 1912—1913 年对这个问题进行了考察。Bailey F.M. 由雅鲁藏布江下游的支流薄藏布绕到雅鲁藏布江的正流，再由正流向上一直到

---

① 陈秉渊：《马步芳家族统治青海四十年》，西宁：青海人民出版社，2007 年，第 109 页。积石山即阿尼玛卿山。

② 〔英〕蒙哥马利：《西藏探险记》，冯中权译，《图画世界》1946 年第 3 期。

泽当（山南泽当镇），再向南到印度①。Ward F.K.则于 1923 年自大吉岭出发，由泽当沿雅鲁藏布江一直向下，直到薄藏布为止，再从北线折回，由工布江达到泽当②（图 5-8 为 Ward F.K.拍摄的雅鲁藏布江在中国下游的照片）。二者的线路方向基本相反。二人回到国内后，分别将其考察成果发表在英国皇家地理学会会刊 *The Geographical Journal* 上。关于珠穆朗玛峰的登山探险，前文已经多有所述。由于登山运动的特殊性，该类旅游者对装备的选择以及线路的设定都有自身的特征。需要指出的是，登山运动的风险较大，导致较多的旅游者在途中遇难，这是其他类型的旅游活动所罕见的。例如，在英国人的珠穆朗玛峰探险活动中，"1924 年又举行第三次探测，更爬到了两万八千一百尺的地方未用氧气，而团员 Mallorv 与 Irvine 二人，更爬到距山顶八百尺的地方，力竭而死"③。

图 5-7　英国植物学家 Ward F.K.

---

① Bailey F. M. Exploration on the Tsanypo or upper Bramahutra, *The Geographical Journal*，1916，（2）.

② Ward F. K. Exploration in South-Eastern Tibet, *The Geographical Journal*，1926，67（2）.

③ 杨曾威：《近世西洋学者对于西藏地学之探查》，《清华周刊》1930 年第 11 期。Mallorv 与 Irvine 分别指的是马洛里和欧文。

（a）　　　　　　　　　　　　　（b）

图 5-8　Ward F.K.拍摄的雅鲁藏布江及其支流

在动植物资源调查方面，国外的旅游者中以英国植物学家 Ward F.K.对西藏东南部横断山脉峡谷区的植物考察为代表。如果说探查雅鲁藏布江和布拉马普特拉河的连接只是其兴趣所在的话，Ward F.K.对西藏植物的调查则是其真正的专业特长。在 19 世纪 20—30 年代，Ward F.K.多次潜入昌都和林芝地区进行植被考察，对该区域植被分布特征及其与地理环境的关系作了大量的调研。其代表性的研究成果有 *Plant Hunter's Paradise*、*Plant Hunting on the Edge of the World*、*The Forests of Tibet* 等。此外，值得一提的是，1938—1939 年，德国党卫军还组织了一个由 5 人组成的拉萨考察团（图 5-9），该考察团以动植物学家舍弗尔为团长，其他还有地质物理学家、人类学家、昆虫学家等人员。

图 5-9　德国党卫军考察团成员

资料来源：《纳粹党卫军拍 1939 年的西藏》，http://pic.history.sohu.com/detail-652915-0.shtml#1〔2015-04-27〕

德国人的考察被英国人称为"真正的科学工作"①，其获得的成就有：对拉萨、日喀则和江孜等地作了精确的摄影测量，对所经地区的地磁、温度、气压、云量、湿度、风向、湖泊、通道、岩石和矿物等都有详细考察；收集了2000 种野生植物的种子和西藏几乎所有谷物、水果、蔬菜等的种子；采集了5000—6000 种开花植物的标本、3500 个鸟类标本、2000 枚鸟卵、400 个哺乳动物的标本和 100 具家畜的骨骼；制作了一些西藏爬行动物、两栖动物和上千种蝴蝶的标本；拍摄了 20 000 张黑白照片、2000 张彩色照片、40 000 英寸的黑白录像和 4000 英寸的彩色录像；等等②。英国人海登（Hayden H.H.）和考森（Cosson C.）穿越西藏的一次旅行活动，则寓休闲娱乐于科学考察行程之中，除了考察地形地貌、自然气候和野生动植物外，他们还在西藏高原进行了狩猎活动③。

除了对自然地理环境的考察，外国人对青藏地区的文化同样兴趣十足，其中最著名的是梅·戈尔斯坦在《喇嘛王国的覆灭》中对民国时期西藏社会各个方面的研究④。在对西藏的文化考察中，还有一个较为特别的旅游者——昆丁·罗斯福（图 5-10）。他是美国第 32 任总统富兰克林·D.罗斯福的孙子。他在"西藏荒凉山地中游历四月。学习当地语言，以蝗虫毛虫当早餐，留了一部胡子，访问当地喇嘛。并且以带去的太阳眼镜、雨衣、指南针、等交换古代雕刻图画经卷（图 5-11）等。他旅行的目的是想发现佛教自印度经西藏传入中国本部的群情"⑤。德国党卫军代表团也"参观考察了拉萨的几乎所有寺庙和建筑，参加了 1939 年藏历新年的庆祝活动，对寺庙中的跳神、祭祀、庆典、上层人物的聚会、拉萨人的日常生活等进行了大量的拍摄"⑥。

有感于国权的沦丧，在外国人对青藏地区考察日渐深入的背景下，国内的有识之士也开始重视对青藏地区的各种考察。国内的科学考察按照人员类型可以分为两种：一种是政府官员的视察活动；另一种是专家学者的专业考察活

① Lecture to be Given on the 25.7.1939 by Dr. Ernst Schafer at the Himalaya Club, BArch, R 135/30.

② Gould in file From H. A. F. Rumbold of the India Office to G. E. Hubbard, Political Intelligence Dept., FO, Whitehall, January 13, 1943, OIOC L/P&S 12/4343.

③〔英〕亨利·海登、西泽·考森：《在西藏高原的狩猎与旅游：西藏地质探险日志》，周国炎、邵鸿译，北京：中国社会科学出版社，2002 年。

④〔美〕梅·戈尔斯坦：《喇嘛王国的覆灭》，杜永彬译，北京：中国藏学出版社，2005 年。

⑤《西藏行记》，《青年知识画报》1937 年第 1 期。

⑥ 赵光锐：《德国党卫军考察队 1938—1939 年的西藏考察》，《德国研究》2014 年第 3 期。

图 5-10 昆丁·罗斯福在西藏

图 5-11 昆丁·罗斯福带回美国的西藏雕刻图画经卷

动。尽管这两种都属于政府行为或由政府组织，但由于出发点不同，其行为方式也有着较大的区别。关于前者，我们将其归为政务交流型旅游行为，而后者则是本部分所述的科学考察型旅游行为。

民国时期国内对青海的调查内容丰富、人次众多。前文提及，诸多地学、生物学方面的专家学者纷纷前往青海，对其地质、植被、动物、河流、社会发展状况等作了深入的调查。除了这些，国民政府还组织过多次规模较大的青海考察团。例如，民国三十二年（1943），国民政府财政部盐务总局与黄海化学工业研究社组成西北盐产调查团至青海考察茶卡盐湖的地理、地质情况；民国三十四年（1945），国民政府行政院组建祁连山综合调查队，重点对祁连山区域的矿产、畜牧、兽医、动植物、水利及森林等进行综合考察①。下面以民国三十年（1941）西北实地考察团为例，简要说明青海科学考察型旅游者的一些行为。民国三十年，时任中国国民党中央政治委员的朱家骅从西北视察党务后，积极呼吁开发西北，并组织科学考察团对西北进行考察。是年，"西北史地考察团"于五月末到达西宁。该考察团"住昆仑大旅社计十八日，统由马主席步芳招待，派队副蔡昌明、副官铎索安、韩永祥等三人护送；并借军马十匹，以备骑坐"②。该考察团从西宁继续西进，由于"无地图借重"，团员开始"测绘地形路线图，并志地质矿产于图中"，接着"二十三日攀越日月山……继沿青海湖南畔行五日，越扎哈斯岭而抵茶卡盐池，再四日达都兰……取道海北，横穿草地，跨越特赖，祁连诸山，记行三十八日，抵民乐，路线图绘止此地……"③

国内对西藏的调查则受制于西藏地方政府的阻碍，迟迟无法开展。一直到民国二十三年（1934），才有青年地理学家徐近之（图 5-12）借着为十三世达赖喇嘛致祭的机会，赴拉萨考察。但徐近之并没有随团进藏，而是"带了两名助手，再转西北青海入藏，沿途几人骑骡马，雇了藏族牧民带路，风餐露宿，说不尽的艰难劳顿，徐近之仍日日坚持气象测量并作记录，又写地理考察日记，到达拉萨后他很快完成了青藏高原上第一个气象站的建立工作"④。到拉萨后，为了获得西藏的一手自然地理资料，徐近之在西藏停留了三年，并写有《1935 年拉萨之雨季》一文。此外，徐近之还考察了纳木错，测绘了纳木错及其周边的地形图，并写有《西藏之大天湖》一文。除了徐近之外，也有一些内地人士到达西藏，对西藏的社会经济概况进行了一定的调查，并留下了诸多日记、游记资料，为当时内地了解西藏的社会风貌作出了

---

① 崔永红、张得祖、杜常顺：《青海通史》，西宁：青海人民出版社，1999 年，第 807—810 页。
② 李承三、周廷儒：《甘肃青海地理考查纪要》，《地理》1942 年第 1—2 期。
③ 李承三、周廷儒：《甘肃青海地理考查纪要》，《地理》1942 年第 1—2 期。
④ 刘亦实：《第一个进藏的地理学家徐近之》，《江苏地方志》2007 年第 1 期。

积极贡献。

图 5-12　徐近之

资料来源：马丽华：《青藏苍茫：青藏高原科学考察 50 年》，北京：生活・读书・新知三联书店，1999 年，第 12 页

　　通过对比可以发现，不论其最终目的是否是服务于西方殖民主义的侵略野心，民国时期外国人对青藏地区的调查还是付出了非常多的努力，并且取得了较高的学术成就。这对当时国内对青藏地区的相关调查、研究起到了极大的引领和刺激作用。而对于西藏地区而言，由于政治环境的特殊性，外国人却能在那里作如此多的调查与研究，相比之下，国人却去之而不得。即便是有，也是关于风土人情的泛泛而谈，对于比较专业的地质、生物等，则涉猎较少。因此，徐近之对西藏的考察就显得非常可贵。在不同的组织方式上，科学考察型旅游者的行为方式也有区别。一些个人如昆丁・罗斯福，常常饱受艰辛；而对于其他由政府资助的旅游者来说，无论是在交通工具、住宿还是行程装备方面，都要便利很多。当然无论是哪一种，科学考察型旅游者都十分重视对藏语的学习，这是其他类型旅游者所不能具备的。

四、服务殖民战略——政治探险型旅游者

与科学考察型旅游者不同，政治探险型旅游者完全是出于政治目的在青藏地区进行活动。他们在青藏的直接目的就在于拉拢地方政府上层人士、监视在青藏的内地官员活动或为少数地方分裂分子提供必要的帮助。

在 1914 年英国炮制的所谓"西姆拉会议"破产之后，英国开始加紧支持西藏噶厦政府的极少部分分裂分子不断挑起与内地的纠纷，破坏中央政府与西藏地方政府的关系。1919 年中央政府代表团进藏以后，英国政府于 1920 年派遣以原英国驻锡金行政长官柏尔（图 5-13）为首的代表团进入西藏。柏尔到达拉萨后，立即拜会了十三世达赖喇嘛、噶厦政府的四大噶伦以及其他地方政府高层人士，并进行了其他阴谋分裂西藏的活动。但是柏尔在拉萨的一系列活动，引起了广大僧俗群众和部分贵族的强烈不满，尤其是遭到了哲蚌寺僧人的极大反对。在巨大的压力之下，柏尔开始收敛行动，并且通过建立医院的方式试图博得社会的好感，但收效甚微。最终柏尔于 1921 年 10 月离开拉萨。但其在西藏的一系列行为仍然对西藏分裂势力的活动起到了推波助澜的作用。例如，扩充了西藏地方军队规模和武器装备，训练西藏地方军并建立拉萨警察组织，连接江孜至拉萨的电报线，允许英国人进藏考察，在江孜开办英语学校，等等[1]。

1923 年，九世班禅额尔德尼迫于十三世达赖喇嘛的压力出走内地之后，英国政府再次向西藏派出代表团。不过这次不再是从拉萨狼狈退出的柏尔，而是其英国驻锡金行政长官职位的继任者——贝尔立（Bailey F.M.）少校，同行的还有一位少校医官希斯洛普（Hislop I.S.）。在拉萨，贝尔立频繁会见达赖喇嘛和噶厦政府首席噶伦索康，并密切联系西藏的亲英派首领噶伦擦绒·达桑占堆，最终促使酿成在西藏近代史上著名的"擦绒事件"[2]。该事件成为"英国企图借西藏亲英派军人夺取权力，从而进一步控制和分裂西藏的总计划的一个组成部分"[3]。

---

① 周伟洲：《唐代吐蕃与近代西藏史论稿》，北京：中国藏学出版社，2006 年，第 224—226 页。
② 所谓"擦绒事件"是指 1934 年以擦绒·达桑占堆为首的西藏地方军方试图剥夺达赖喇嘛的世俗权力，而只保留其宗教权力的一次秘密会议，后由于消息泄露而导致擦绒·达桑占堆被免职，而大多亲英派军官被降级。
③ 周伟洲：《唐代吐蕃与近代西藏史论稿》，北京：中国藏学出版社，2006 年，第 237 页。

图 5-13　柏尔（左）和十三世达赖喇嘛（右）

资料来源：https://baike.baidu.com/pic/%E6%9F%A5%E5%B0%94%E6%96%AF%C2%B7%E9%98%BF%
E5%B0%94%E5%BC%97%E9%9B%B7%E5%BE%B7%C2%B7%E6%9F%8F%E5%B0%94/4553155/0/
d058ccbf6c81800ab1b3be40b03533fa828b472d?fr=lemma&ct=single#aid=0&pic=
d058ccbf6c81800ab1b3be40b03533fa828b472d［2016-05-07］

　　1933 年 12 月 17 日，十三世达赖喇嘛圆寂。国民政府在转世灵童转世和坐床的前期工作上作了大量的工作，也逐渐缓和了中央和西藏地方政府的关系。与此同时，英国势力在西藏则逐渐受到排挤。1939 年，国民政府蒙藏委员会委员长吴忠信入藏主持十四世达赖喇嘛的坐床典礼。为了监视或者破坏国民政府的主持仪式，1940 年，英国政府再次派遣驻锡金行政长官古德（Gould B.J.）出使拉萨。但由于西藏地方政府对英国势力的排斥，古德并没有参加坐床典礼，其进一步破坏中央和西藏关系、分裂西藏的企图失败。青海地区在民国时期尽管属于军阀统治，但其在政治上与内地联系密切，统治者也与中央保持着高度的一致性，这个时期鲜有政治探险型旅游者前往青海。

　　由此可见，首先，政治探险型旅游者，对青藏地区的政治环境有较多的了解，熟知与地方上层交往的规则，如柏尔即被称为所谓的"西藏通"①。其他几次英国入藏代表团长都是英国驻锡金的行政长官，由于地缘优势，其对西藏的一切都十分了解。其次，政治探险型旅游者的旅游行为以政治活动为主，活

————————

① 周伟洲：《唐代吐蕃与近代西藏史论稿》，北京：中国藏学出版社，2006 年，第 219 页。

动之余会进行一些对该区域社会经济的考察，从而使其具有明显的旅游属性。最后，政治探险型旅游者在交通、住宿、饮食等多个方面与政务交流型旅游者有较大的相通之处，因为其活动资金都是源于本国政府的资助。

五、民国青藏旅游者的时空特征

通过前文对旅游者行为的分析可知，民国时期旅游者的活动区域基本覆盖了西藏和青海全部，但同时也呈现出一定的空间特性。此外，尽管民国短短三十八年的时间，但是旅游者在青藏地区的活动也表现出一定的时间特征。

在空间分布方面，政治探险型旅游者主要集中在西藏地区，在西藏内部则活动区域基本局限在拉萨及其周边地区。拉萨从吐蕃王朝以来就是西藏的政治、经济和文化中心。从五世达赖喇嘛开始，拉萨又成为西藏政教合一的中心地，历世达赖喇嘛和噶厦政府都驻扎于此。此外，拥有极大宗教和世俗权力的哲蚌寺、色拉寺和甘丹寺也分布在拉萨市郊或周边。因此，试图怂恿西藏独立、挑拨西藏与中央关系的政治探险型旅游者将拉萨作为其旅行活动的中心。同样，政务交流型旅游者也将拉萨作为其活动的中心。西宁由于是青海省的省会，也是政务交流型旅游者的中心活动区。

对于科学考察型旅游者而言，在西藏旅游的重点关注区域一是珠穆朗玛峰；二是西藏东部的横断山脉和森林峡谷地区；三是以纳木错为中心的藏北高原。珠穆朗玛峰是世界第一高峰且当时从未有人登顶成功，因而吸引了众多国外的登山人士。西藏东部的山谷区域，是地球上生物资源最为丰富的区域之一，地质状况同样错综复杂，也成为地质学家、生物学家乃至一些社会学家心中理想的考察之地。同时也由于拉萨传统上对西方人进入的限制，西藏东部区域成为西方人进入西藏的一个缓冲地带。以纳木错和念青唐古拉山为中心的拉萨北部，是由青海到西藏的必经之地。纳木错在西藏有着"天湖"之称，为世界上海拔最高的大湖，该区域还是"良好的狩猎场所，山羊、狐狸、狼，以及野驴、野兔，均悦游人"[①]，因此这一区域也是国内外人士进行科学考察的良好去处。青海地区的地质科学考察则以阿尼玛卿峰及其周边地区和柴达木盆地为主。1926 年美国国家地理学会派遣的植物学家洛克曾经近距离考察过阿尼玛

---

① 徐近之：《西藏之大天湖》，《地理学报》1937 年第 1 期。

卿雪山，其在报告中提出"积石山是世界上最伟大的山峰之一，其顶峰可能高于 25 000 英尺"，从而在美国科学家群体中掀起了阿尼玛卿山考察的热潮[1]。由于开发西北、发展青海经济的需要，柴达木盆地丰富的矿产资源、动植物资源成为国民政府考察青海的重要内容。宋家泰首先对柴达木盆地进行了系统性的调查，其后又有数批专家对该地进行了科学考察，如李树勋对柴达木盆地的地质、地貌、气候、水文水利、农林物产等的考察，"中央地质调查所"西北分所和"中央工业试验所"西北分所对柴达木盆地工矿资源的调查等[2]。

对于宗教朝拜型旅游者而言，其空间特征更为明显。各地的宗教场所成为这些旅游者的最终目的地，包括青海的塔尔寺、西藏的布达拉宫、拉萨三大寺等。无论是朝拜还是学经，这些寺庙都成为该类旅游者的不二之选。

在时间分布方面，由于时间段较短，民国时期青藏地区旅游活动的区间特征并不是十分明显，但是我们还是可以看出一些规律性的特征，如英国人赴西藏的政治探险行为，以"擦绒事件"为分界线，主要活动集中于该事件之前。而该事件之后，由于十三世达赖喇嘛对英国人的疏远以及西藏地方政府与中央政府关系的缓和，无论是政治探险行为的频次还是方式都发生了较大的变化。英国人甚至连十四世达赖喇嘛的坐床典礼都没有参加。对青海的科学考察，则主要集中于抗日战争爆发后。抗日战争爆发后，国土的大面积沦丧使得西南、西北的战略地位愈发突出。当时国内掀起了开发西北的高潮，随之而来的就是对西北大规模的考察活动，其中青海成为考察的重要对象之一。抗日战争胜利后，国民政府对国家的重建，也使得科学考察活动继续进行。因此，20 世纪 40 年代，国内对青海的科学考察达到了民国时期的一个高峰。

第三节　民国青藏旅游流

旅游流是现代旅游地理学的重要研究内容。广义来说，旅游流是"以旅游客流为主体，涵盖旅游信息流、旅游物流和旅游能流的一个复杂的巨系统"[3]。

---

① 房建昌：《美国探险家克拉克青海行——一九四九年考察阿尼玛卿、黄河源、柴达木香日德和简述马步芳逃离》，《柴达木开发研究》2014 年第 5 期。

② 崔永红、张得祖、杜常顺：《青海通史》，西宁：青海人民出版社，1999 年。

③ 唐顺铁、郭来喜：《旅游流体系研究》，《旅游学刊》1998 年第 3 期。

狭义的旅游流则通常指"旅游客流",即旅游者的空间流动。由于旅游客流是旅游流体系的主体和基础,且旅游物流和旅游能流都是伴随着旅游客流而产生的,因此在旅游流研究中,旅游客流一直是一个核心内容。本书所谓的旅游流即指的是旅游客流。旅游流的基本特征通常包括流质、流量、流向、时间分布、空间效应等几个方面[①]。由于研究资料的限制,根据这几个特征,历史时期的旅游流研究则主要局限在流向及空间效应两个方面。本节首先论述民国青藏旅游流的入口分布,在此基础上探讨民国青藏旅游流内部网络格局。

一、民国青藏旅游流的入口分布

民国时期青藏地区有几个与外界沟通的重要出入口,大多数旅游者在青藏地区进行各类旅游活动也是通过这些地方进入。根据掌握的相关资料,本部分确定了如下几个民国时期青藏旅游流的主要入口。

（一）享堂

享堂位于青海省民和回族土族自治县,是一个镇级行政机构。镇中有一峡谷,名享堂峡,是兰州去青海的必经之地。民国时期但凡经由兰州入青海的旅游者,都对享堂有着较深的印象。"享堂,系李土司地,因李土司坟墓所在,子孙祭祀故曰'享堂'"[②]。时雨在其《青海行》中对享堂镇有着较为详细的描述:

> 下午四点,车过享堂峡,这是甘青的交界,也是青海的门户,更是它的咽喉,形势天成险要,站在享堂峡上,真有一夫当关,万夫莫开之慨,因为天色已晚,即宿享堂镇。享堂镇属民和县治,完全因为交通的关系而臻繁荣,但终不脱小镇风味,物价与兰州相差无几,香烟较兰州稍贵,青年团设一分团,街道多土门土窗,有小学一所,青省府设有招待所招待来往宾客,另有车站及湟中饭店,专为锅炉旅人服务。享堂峡为青省唯一出

---

① 王晓云、张帆:《旅游学导论》,上海:立信会计出版社,2004 年。流质指的是特定规模旅游流所带来的资金流、物质流、信息流等。流量是指旅游流的规模。流向指的是旅游流的空间位移方向。时间分布指的是旅游流的时间性特征,包括长期特征、季节性特征乃至日变化特征等。空间效应则指旅游流空间转移过程中会对其历经或涉及的空间产生一系列相应的影响和作用。

② 马鹤天:《青海视察记》,《新亚细亚》1932 年第 5 期。

口，一切货物的输出输入，全由此经过……翌晨七时半，自享堂出发，享
堂距西宁一百一十一公里。①

此外，还有诸多如"本组……乘甘肃油矿局翁工程师文波之便车离开，当
日抵享堂；后乘大车沿湟水河谷达西宁"②，"由此渡水翻山经黑嘴子以至享
堂是为入青第一重门户"③的描述。

（二）亚东

亚东属于西藏日喀则市下属的一个县，历来是西藏向南交通的重要关口。
清光绪二十年（1894），在英国的胁迫下，亚东被开为商埠，从而成为西藏地
区一个重要的贸易往来口岸。亚东也是由印度大吉岭经由甘托克入藏的必经关
口。伊利亚·托尔斯泰在其游记中这样形容亚东："亚东是西藏的较大城市之
一，但全城人口则不过一千五百至二千人，当地居民多从事农业或与经过的商
队进行交易。"④

民国时期但凡经由印度、锡金入藏的人士，都要经由亚东进入西藏腹地。
卡罗尔在《西藏行》中谈道："我自己曾竭力去明了锡金偌么小国的地理，因
为这里有通往西藏的唯一路线。"⑤这条"唯一路线"就是从锡金甘托克东北
方向到亚东然后到日喀则、拉萨等地的路线。伊利亚·托尔斯泰谈道："喜马
拉雅山的第一座隘口是南图拉口（Natu La）……离开南图拉后，沿着一条老路
前进。在亚东城外五里之处，遇到了亚东的酋长。"⑥此处的南图拉口，今天
通常称为乃堆拉山口，是锡金与亚东的交界处，距离甘托克约 24 千米，距离亚
东县城约 52 千米。

在民国时期，英国代表团数次入藏都是通过亚东这个入口（如柏尔代表
团、贝尔立代表团和古德代表团），英国蒙哥马利博士⑦、地质学家亨利·海

---

① 时雨：《青海行》，《西北通讯》1947 年第 7 期。
② 李承三、周廷儒：《青海地理考查纪要》，《地理》1942 年第 1—2 期。
③ 汪扬、舒永康：《青海行程记》，《华安》1933 年第 4 期。
④〔美〕伊利亚·托尔斯泰：《西藏纪游》，《读者文摘》1946 年第 5 期。
⑤〔英〕卡罗尔：《西藏行》，邓文烈译，《西北晨钟》1944 年第 11—12 期。
⑥〔美〕伊利亚·托尔斯泰：《西藏纪游》，《读者文摘》1946 年第 5 期。
⑦〔英〕蒙哥马利：《西藏探险记》，冯中权译，《图画世界》1946 年第 3 期。

登博士①也是出此入藏。国内的一些著名人士如柯羽操②亦是如此。因此亚东成为民国时期旅游者尤其是入境旅游者到西藏的重要入口。

（三）昌都

昌都在民国时期属于西康省所辖，是由四川进入西藏的必经之路。民国时期，由内地入藏的途径通常有三条③，而"其中以川康道途较佳。昔时驻藏大臣，由北京动身，均经川康入藏"④。因此，昌都成为从川藏线入藏的最佳选择，国民政府专使刘曼卿和蒙藏委员会官员黄慕松等都是由此入藏。只不过黄慕松选择的是康藏线的北线，而刘曼卿走的是南线。

黄慕松曾这样评价昌都："昌都地当金沙江，扼青海、云南、西康、西藏等地之要道，为军事上一大重镇……而商业素著茂盛，为滇、青、川、康、藏五处贸易之中心地。"⑤黄慕松到达西康省后，由康定（打箭炉）到甘孜再到德格，由德格渡过金沙江到达江达，进入昌都⑥。刘曼卿在其《西藏游记》中记述："藏界第一宿站，为浪堆，余遍投客店，俱不纳……嗣见当地军事长官，备陈入藏之动机，始经该长官代觅客店，翌日并派藏兵送至江卡。其地有司令驻焉，即往见之……即派快骑驰往昌都报告，留半月许，快骑回江卡，则昌都以许余西行，喜甚。"⑦江卡即今之昌都市芒康县，位于昌都之最东，隔金沙江与四川省巴塘县相望。刘曼卿的进藏路线即从西康省的康定到理塘，再到巴塘，进而到达江卡（芒康），然后入昌都。

二、民国青藏旅游流内部网络格局

旅游流网络是以旅游区（景点）为节点，节点之间旅游流向为链接所形成的网络。探寻旅游流网络的结构及其特征已经成为旅游流研究的重要领域。在

---

① 〔英〕亨利·海登、西泽·考森：《在西藏高原的狩猎与旅游：西藏地质探险日志》，周国炎、邵鸿译，北京：中国社会科学出版社，2002 年。

② 柯羽操：《西藏旅行日记》，《川边季刊》1932 年第 3—4 期，1933 年第 1—2 期。

③ 分别是青藏线、川藏线和滇藏线。

④ 明春：《西藏实地考察记》，《国闻周报》1933 年第 13 期。

⑤ 中国第二历史档案馆、中国藏学研究中心编：《黄慕松　吴忠信　赵守钰　戴传贤奉使办理藏事报告书》，北京：中国藏学出版社，1993 年，第 15 页。

⑥ 中国第二历史档案馆、中国藏学研究中心编：《黄慕松　吴忠信　赵守钰　戴传贤奉使办理藏事报告书》，北京：中国藏学出版社，1993 年，第 11—15 页。

⑦ 刘曼卿：《西藏游记》，《时事月报》1932 年第 6 期。

节点的选择方面，根据研究尺度的不同，可以是城市，也可以是具体的旅游景区。例如，吴晋峰和潘旭莉对京沪入境旅游流网络特征的研究，就是以 11 个旅游城市为网络节点，探寻每个网络节点的网络特征的[①]。杨兴柱等对南京市旅游流网络的研究，则以旅游景点为网络节点[②]。其他类似的研究还有刘法建等对中国入境旅游流网络结构的研究[③]，刘宏盈等基于旅游线路的区域旅游流网络结构分析等[④]。

由于民国时期青藏地区的旅游业发展极不成熟，旅游流往往局限在一些较为知名的旅游景点，其他大部分区域鲜有旅游者进入。因此，本部分以旅游景点为节点，来建立民国时期青藏地区的旅游流网络，以探讨民国时期旅游流在不同景点之间的流动情况，以及各旅游景点在网络中的个体特征。基于对前文旅游资源地理的分析，本部分确定 24 个景点为研究对象，分别是青海的塔尔寺、青海湖、日月山、东科尔寺、广惠寺、隆务寺、佑宁寺、却藏寺、阿尼玛卿峰，西藏的纳木错、布达拉宫、哲蚌寺、色拉寺、甘丹寺、大昭寺、扎什伦布寺、珠穆朗玛峰、冈仁波齐峰、玛旁雍错、桑耶寺、白居寺、罗布林卡、南迦巴瓦峰、羊卓雍错。

根据搜集的资料，但凡旅游者在任何两个景点之间有流动，则表明这两个节点之间存在链接。一次旅游行为中流动一次则记链接一次，这就导致有可能在同样的两个景点之间会有多次的链接。例如，入青海的旅游者在参观完塔尔寺之后，下一站会选择青海湖，而在青海湖和塔尔寺之间有一个重要的景点日月山，则会发生多次塔尔寺到日月山、日月山到青海湖的游客流动。为了保证景点间流动的普遍性，即表明在两个景点之间经常会有游客流动，同时考虑到民国时期该区域旅游发展的实际情况，本部分以链接次数"3"作为一个阈值，即如果在任何两个景点之间有 3 次或 3 次以上的游客流动，则表明在这两个景点之间存在"真实"的游客流动，这也能反映出当时旅游者较为普遍的旅游偏好。少于 3 次则假定两者之间的游客流动存在较大的偶然性，假定为"虚假"流动。对于"真实"流动，我们记为"1"，对于"虚假"流动，我们记

① 吴晋峰、潘旭莉：《京沪入境旅游流网络结构特征分析》，《地理科学》2010 年第 3 期。
② 杨兴柱、顾朝林、王群：《南京市旅游流网络结构构建》，《地理学报》2007 年第 6 期。
③ 刘法建、张捷、陈冬冬：《中国入境旅游流网络结构特征及动因研究》，《地理学报》2010 年第 8 期。
④ 刘宏盈、韦丽柳、张娟：《基于旅游线路的区域旅游流网络结构特征研究》，《人文地理》2012 年第 4 期。

为"0"。根据对资料的搜集整理，可以得出如表 5-2 所示的旅游流网络矩阵。当然，在探讨旅游流网络结构时，我们并不关心每个节点所在的空间位置，而是要分析各个节点在网络中的社会作用和地位。因此在二值无向网络的基础上，将表 5-2 的数据输入 UCINET 6.187 软件，运用其中嵌入的 Netdraw 工具，可以画出民国时期青藏地区的旅游流网络拓扑结构图，如图 5-14 所示。

表 5-2　民国时期青藏地区旅游流网络矩阵

旅游景点	塔尔寺	青海湖	纳木错	布达拉宫	哲蚌寺	色拉寺	甘丹寺	大昭寺	扎什伦布寺	珠穆朗玛峰	阿尼玛卿峰	冈仁波齐峰
塔尔寺	0	0	0	0	0	0	0	0	0	0	1	0
青海湖	0	0	0	1	0	0	0	0	0	0	0	0
纳木错	0	0	0	0	0	0	0	0	0	0	0	0
布达拉宫	0	1	1	0	1	1	1	1	1	1	0	0
哲蚌寺	0	0	0	1	0	1	1	1	1	0	0	0
色拉寺	0	0	0	1	1	0	1	1	0	0	0	0
甘丹寺	0	0	0	1	1	1	0	1	0	0	0	0
大昭寺	0	0	0	1	1	1	1	0	0	0	0	0
扎什伦布寺	0	0	0	1	1	0	0	0	0	1	0	1
珠穆朗玛峰	0	0	0	0	0	0	0	0	1	0	0	1
阿尼玛卿峰	1	1	0	0	0	0	0	0	0	0	0	0
冈仁波齐峰	0	0	0	0	0	0	0	0	0	1	1	0
玛旁雍错	0	0	0	0	0	0	0	0	0	0	0	1
桑耶寺	0	0	0	0	0	0	0	0	0	0	0	0
白居寺	0	0	0	0	0	0	0	0	1	0	0	0
罗布林卡	0	0	0	1	1	1	1	1	0	0	0	0
日月山	1	1	0	0	0	0	0	0	0	0	0	0
佑宁寺	1	0	0	0	0	0	0	0	0	0	0	0
东科尔寺	0	1	0	0	0	0	0	0	0	0	0	0
广惠寺	1	0	0	0	0	0	0	0	0	0	0	0
隆务寺	0	0	0	0	0	0	0	0	0	0	1	0
却藏寺	1	0	0	0	0	0	0	0	0	0	0	0
南迦巴瓦峰	0	0	0	1	0	0	0	0	0	0	0	0
羊卓雍错	0	0	0	0	0	0	0	0	0	0	0	0

旅游景点	玛旁雍错	桑耶寺	白居寺	罗布林卡	日月山	佑宁寺	东科尔寺	广惠寺	隆务寺	却藏寺	南迦巴瓦峰	羊卓雍错
塔尔寺	0	0	0	0	1	1	0	1	0	1	0	0
青海湖	0	0	0	0	1	0	1	0	0	0	0	0
纳木错	0	0	0	0	0	0	0	0	0	0	0	0

旅游景点	玛旁雍错	桑耶寺	白居寺	罗布林卡	日月山	佑宁寺	东科尔寺	广惠寺	隆务寺	却藏寺	南迦巴瓦峰	羊卓雍错
布达拉宫	0	1	1	1	0	0	0	0	0	0	1	0
哲蚌寺	0	0	0	1	0	0	0	0	0	0	0	0
色拉寺	0	0	0	1	0	0	0	0	0	0	0	0
甘丹寺	0	0	0	1	0	0	0	0	0	0	0	0
大昭寺	0	0	0	1	0	0	0	0	0	0	0	0
扎什伦布寺	1	0	1	0	0	0	0	0	0	0	0	0
珠穆朗玛峰	1	0	0	0	0	0	0	0	0	0	0	0
阿尼玛卿峰	0	0	0	0	0	0	0	0	1	0	0	0
冈仁波齐峰	1	0	0	0	0	0	0	0	0	0	0	0
玛旁雍错	0	0	0	0	0	0	0	0	0	0	0	0
桑耶寺	0	0	0	0	0	0	0	0	0	0	1	1
白居寺	0	0	0	0	0	0	0	0	0	0	0	1
罗布林卡	0	0	0	0	0	0	0	0	0	0	0	0
日月山	0	0	0	0	0	0	1	0	0	0	0	0
佑宁寺	0	0	0	0	0	0	0	1	0	1	0	0
东科尔寺	0	0	0	0	1	0	0	0	0	0	0	0
广惠寺	0	0	0	0	0	1	0	0	0	1	0	0
隆务寺	0	0	0	0	0	0	0	0	0	0	0	0
却藏寺	0	0	0	0	0	1	0	1	0	0	0	0
南迦巴瓦峰	0	1	0	0	0	0	0	0	0	0	0	0
羊卓雍错	0	1	1	0	0	0	0	0	0	0	0	0

注：该矩阵根据民国时期诸多游记资料中关于不同旅游景点之间的游客流动信息整理得出

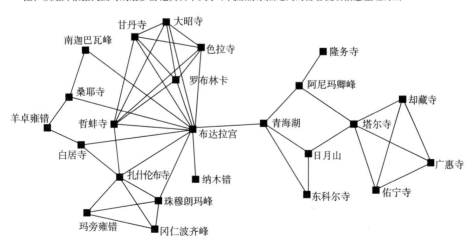

图 5-14 民国时期青藏地区旅游流网络图

如图 5-14 所示，旅游流网络可以很明显地分为两个大的凝聚子群，一个是以布达拉宫为中心的西藏旅游节点子群；一个是以塔尔寺为中心的青海旅游节点子群。两个子群之间依靠节点布达拉宫和青海湖相连。这表明由青海进入西藏的旅游者大都由青藏线直接到达拉萨，然后再以拉萨为中心进行扩散。徐近之在民国二十四年（1935）由青海进入西藏巡礼，即是先到拉萨，再由拉萨北上到达纳木错。当然，实际上在青海湖与布达拉宫之间也有其他的旅游景点，但考虑到景点的知名度以及其在研究资料中的出现频率，一些不太著名的景点如唐古拉山口、羊八井等，此处都被舍弃。图 5-14 中显示的就是由青海湖直接到布达拉宫的旅游流向。

由图 5-14 可以看出，尽管同属于青藏高原，但由于自然环境和政治环境的原因，青海和西藏两个地区的旅游客流呈现出比较单一的特征，即在青海湖和布达拉宫之间有流动，而在两个地区其他景点之间没有流动。由于自然环境的原因，在青海和西藏之间通常只有青藏线一条道路可走，这也是《旅行西藏交通路线之详讯》里提到的由青海入藏的路线："由西宁至青海海上止，由海上至青盐海止，由青盐海至长虫河，由长虫河至黑河。"此路线"系平坦之地，并无大山岭，惟小坡而已……凡商人……朝佛之人，皆由此道经过以达拉萨"①。在政治上，青海属于地方军阀统治，西藏则是政教合一的地方政权，两者之间的游客流动仍有较多的限制。因此，民国时期青藏地区的旅游流体现出明显的地域性特征。

表 5-3 反映了民国时期青藏地区各旅游节点在旅游流网络中的地位和作用，其中度数中心性、接近中心性和中间中心性是进行网络结构分析的三个惯用指标。度数中心性反映的是节点在网络中与其直接相连的节点的数量，也就是该景点与其他景点之间联系的广度。如果某景点具有较高的度数，则表明该景点居于网络局部的中心，很可能就拥有较强的影响力。接近中心性反映的是网络中一个节点与其他节点的接近程度，是一种针对不受其他节点控制的测度。一个节点距离其他节点越近，则其在旅游流网络中就越不依赖其他景点，反映了该景点的独立性。中间中心性反映的是节点对信息资源的控制程度，测量的是一个景点在多大程度上位于网络中其他景点的"中间"。处于此位置的

---

① 《旅行西藏交通路线之详讯》，《军事杂志》1929 年第 11 期。

景点往往可以通过控制旅游流流动的方式影响其他景点。因此，此值越高，越反映此景点具有较高的控制其他景点之间游客流动的能力。

表 5-3　民国时期青藏地区旅游节点网络结构指标

节点（景点）	度数中心性	接近中心性	中间中心性	结构洞指数		
				有效规模	效率	约束度
布达拉宫	11	50	71.410	11	8.455	0.769
哲蚌寺	6	37.705	1.845	6	2.333	0.389
扎什伦布寺	6	38.333	10.474	6	4	0.667
塔尔寺	6	41.071	31.028	6	5	0.833
大昭寺	5	35.938	0.000	5	1	0.2
色拉寺	5	35.938	0.000	5	1	0.2
甘丹寺	5	35.938	0.000	5	1	0.2
罗布林卡	5	35.938	0.000	5	1	0.2
珠穆朗玛峰	4	36.508	6.192	4	2	0.5
青海湖	3	25.275	48.024	3	2.2	0.733
白居寺	3	36.508	4.677	3	2.333	0.778
阿尼玛卿峰	3	30.263	15.020	3	3	1
冈仁波齐峰	3	28.75	0.000	3	1	0.333
桑耶寺	3	35.385	3.623	3	2.333	0.778
佑宁寺	3	30.263	0.000	3	1	0.333
玛旁雍错	3	28.75	0.000	3	1	0.333
日月山	3	31.081	27.273	3	2.333	0.778
却藏寺	3	30.263	0.000	3	1	0.333
广惠寺	3	30.263	0.000	3	1	0.333
纳木错	2	46	0.000	2	2	1
羊卓雍错	2	28.049	0.198	2	2	1
东科尔寺	2	24.731	0.000	2	1	0.5
南迦巴瓦峰	2	34.848	0.000	2	1	0.5
隆务寺	1	23.469	0.000	1	1	1

在度数中心性方面，在西藏地区，布达拉宫的度数中心性为 11，在民国时期青藏旅游流网络中占据绝对优势的地位。这意味着旅游者以布达拉宫为中心，可以分别流向 11 个旅游景点。此外，哲蚌寺、扎什伦布寺的度数中心性也有较高的赋值。在青海地区，塔尔寺位于诸多旅游节点的中心，与多达 6 个旅游景点相连接。度数较高的旅游景点在各自区域的旅游发展中，实际上发挥着

旅游流集散地的作用。诸多景点中，度数最低的是隆务寺，表明其在整个旅游流网络中处于末枝的地位。

在接近中心性方面，布达拉宫同样获得最高的评价，这表明布达拉宫也是一个独立性非常强的景点，进一步体现出布达拉宫在民国时期青藏旅游中的超然地位。关于这一点，众多旅游者的记述中也得到了充分的体现。例如，"布达拉宫建筑之富丽，为世界所仅见"[①]；"布达拉宫的全景就展现在我们面前，离我们大约 16 公里，镀金的屋顶在阳光下闪烁着光芒……作为北方佛教的一个象征，傲然雄于高处，俯瞰整个平原，成为人们对拉萨最先看到的，也是最后能够看到的景象"[②]。青海地区位于布达拉宫之后的是塔尔寺。尽管在藏传佛教格鲁派的诸多寺庙中，哲蚌寺一直以达赖喇嘛的母寺而居于首位，但是塔尔寺由于区位优势，在民国时期其旅游业开发以及接待的游客数量在六大寺中都首屈一指。在民国时期的青藏旅游发展中，塔尔寺对其他景点的依赖程度也较低。隆务寺的接近中心性赋值仍然最低，说明在其在旅游发展中，较大程度地依赖其他景点的存在，形成旅游产品组合。其他的景点如哲蚌寺、扎什伦布寺在度数中心性和接近中心性方面都有着较高的得分，表明它们在旅游流向的广度和独立性方面都具有一定的优势。

在中间中心性方面，各旅游节点之间分差较大。其中布达拉宫（71.410）、青海湖（48.024）、塔尔寺（31.028）和日月山（27.273）都位于前列。在西藏，除了布达拉宫之外，其他景点的中间中心性赋值都较低，位于第二的扎什伦布寺才 10.474。这表明布达拉宫在民国时期整个西藏的旅游流网络中，对其他景点的影响力最大，或者说诸多景点在某种程度上或高或低地依赖于布达拉宫的存在。青海方面，青海湖在整体网络的中间中心性方面仅次于布达拉宫，青海湖是连接青海旅游流子群的关键节点（图 5-14）。同时，青海的塔尔寺、日月山等赋值也较高，说明这些景点对青海旅游流的流动有着较大的影响力。这也表明青海在民国时期的旅游发展中相对较为均衡，其实也进一步论证了在整体旅游事业发展上，青海要高于西藏。

结构洞是社会网络分析的又一个重要概念，其被用来表示两个行动者之间

---

① 斯东记述：《西藏宦游之回忆》，《旅行杂志》1930 年第 5 期。

② 〔英〕亨利·海登、西泽·考森：《在西藏高原的狩猎与旅游：西藏地质探险日志》，周国炎、邵鸿译，北京：中国社会科学出版社，2002 年，第 65 页。

非冗余的联系。结构洞的占据者可以拥有更多获取"信息利益"和"控制利益"的机会，从而该行动者要比网络中其他成员更具竞争优势。结构洞通常由三个指数来衡量，一是有效规模；二是效率；三是约束度。结构洞分析的三个指数结果表明，布达拉宫、塔尔寺、扎什伦布寺在民国时期青藏旅游流网络中处于比较有竞争优势的地位。这些旅游景点的结构洞指数相对较高，从而在当时的旅游竞争中拥有更多的机会和区位优势。并且这些景点可以很好地连接其他的旅游景点，这在图 5-14 中也得到了较好的反映。

第四节　个　案　分　析

一、亨利·海登等的西藏狩猎旅游

亨利·海登是英国地质学家，曾经在印度担任地质勘察部主任。1903—1904 年，他跟随英国库尔松伯爵（Lord Curzon）派遣的西藏访问团出访拉萨，该团由荣赫鹏任团长，这是亨利·海登第一次进入西藏。后来，据其描述，其是受"西藏地方政府的邀请，以矿业发展顾问"[①]的身份于 1922 年与其意大利朋友西泽·考森和一名印度勘探员，外加一些雇佣的仆人，由印度北部进入西藏的。从 1922 年 4 月 6 日开始到当年 9 月 9 日结束，亨利·海登一行从亚东—江孜—拉萨—纳木错—拉萨—泽当到达拉萨，历时 5 个月，对西藏的湖泊、建筑、冰川、河流、动物以及社会生活作了大量的考察与记录。本部分即根据其与西泽·考森的著作 *Sport and Travel in the Highlands of Tibet* 中译本《在西藏高原的狩猎与旅游：西藏地质探险日志》，对其在西藏的旅行活动进行简要的梳理，由此可以窥见民国时期入藏的科学考察型旅游者的行为特征。

1922 年 4 月 15 日，亨利·海登一行到达入藏的第一站——江孜。在江孜，西泽·考森记述了这样的情景："凄凉的山谷里遍地是光秃秃的石头，极度贫困的人民衣衫破烂，肮脏不堪，沿途是一些贫穷的村落以及大量的残垣断壁。"[②]在江孜，除了一些狩猎活动外，这群人的主要活动就是接受西方和西

---

① 〔英〕亨利·海登、西泽·考森：《在西藏高原的狩猎与旅游：西藏地质探险日志》，周国炎、邵鸿译，北京：中国社会科学出版社，2002 年，第 6 页。

② 〔英〕亨利·海登、西泽·考森：《在西藏高原的狩猎与旅游：西藏地质探险日志》，周国炎、邵鸿译，北京：中国社会科学出版社，2002 年，第 43 页。

藏当地官员的来访和一些回访。在江孜，亨利·海登等还参观了著名的白居寺，瞻仰了寺里的标志性建筑万佛堂。从江孜到拉萨的路上，亨利·海登等都是住宿在藏族群众的房子里的。据其描述，"主人们非常热情好客地安排好房间供我们使用"。在途中，他们还游览了羊卓雍错（图 5-15）。

图 5-15　亨利·海登等拍摄的羊卓雍错

资料来源：〔英〕亨利·海登、西泽·考森：《在西藏高原的狩猎与旅游：西藏地质探险日志》，周国炎、邵鸿译，北京：中国社会科学出版社，2002 年，第 40 页

　　打猎成为亨利·海登等在旅行途中的主要活动。除了爱好打猎之外，还因为"在道路两旁的池塘中有很多头上有条纹的野鹅，它们对我们的锅来说应该是很有用的"[1]，即他们将猎物作为旅行途中的重要食物来源。1922 年 4 月 26日，亨利·海登一行人到达拉萨，图 5-16 为其拍摄的拉萨入城的门户——连接红山和药王山之间的白塔。在拉萨，他们入住大昭寺对面的一个叫多林宫的房屋，这是一座"带有一个中央天井的三层楼的大房子"[2]。后来由于流浪狗晚上的叫声太吵，亨利·海登等搬到了擦绒·达桑占堆[3]提供的私人度假别墅——迪吉林卡（图 5-17）。

---

　　①〔英〕亨利·海登、西泽·考森：《在西藏高原的狩猎与旅游：西藏地质探险日志》，周国炎、邵鸿译，北京：中国社会科学出版社，2002 年，第 55 页。

　　②〔英〕亨利·海登、西泽·考森：《在西藏高原的狩猎与旅游：西藏地质探险日志》，周国炎、邵鸿译，北京：中国社会科学出版社，2002 年，第 67 页。

　　③ 即前文提及的擦绒·达桑占堆。

图 5-16 亨利·海登等拍摄的拉萨城口

资料来源：〔英〕亨利·海登、西泽·考森：《在西藏高原的狩猎与旅游：西藏地质探险日志》，周国炎、邵
鸿译，北京：中国社会科学出版社，2002 年，第 62 页

图 5-17 亨利·海登等入住之擦绒·达桑占堆的迪吉林卡

资料来源：〔英〕亨利·海登、西泽·考森：《在西藏高原的狩猎与旅游：西藏地质探险日志》，周国炎、邵
鸿译，北京：中国社会科学出版社，2002 年，第 70 页

　　迪吉林卡位于拉萨河畔，搬到该处之后，亨利·海登等开始拜访十三世达
赖喇嘛以及噶厦政府的高层人士。除此以外，他们还回访了曾经看望过他们的
探矿队官员。在拉萨停留将近半个月之后，1922 年 5 月 10 日，亨利·海登等开
始前往纳木错地区。在申扎盘桓了一段时间之后，6 月底，他们开始向纳木错

行进。他们在途中首先经过了色林错，于 1922 年 7 月初到达纳木错。"通过一个大约 400 米长的山口以后，我们进入了纳木湖盆地，从山脊上往下看这个宽阔的内陆海，好像延伸至西边地平线似的一望无际。湖对岸的念青唐古拉山直插云霄，白云环绕于山巅"①。考察完纳木错后，他们开始返回拉萨。从亚东到拉萨，再到申扎，从申扎回到拉萨，成为此次亨利·海登等在西藏进行地质考察以及狩猎旅游的主要路线。通过对其考察日记的梳理，以下列出他们沿途经过的主要站点。

亨利·海登等从甘托克进入西藏的第一站为亚东（今日喀则市亚东县城），进而经过帕里（今日喀则市亚东县帕里镇）—图纳（今日喀则市亚东县堆纳乡）—多金（今日喀则市亚东县堆纳乡多庆村）—嘎拉（今日喀则市康马县嘎拉乡）—康马（今日喀则市康马县康马镇）—江孜（今日喀则市江孜县城）—拉隆（今日喀则市江孜县热龙乡）—扎拉（今山南市浪卡子县郭劣乡扎拉村）—浪噶孜（今山南市浪卡子县浪卡子镇）—白地（今山南市浪卡子县白地乡）—擦马龙（今山南市浪卡子县白地乡扎玛龙村）—乃塘（今拉萨市曲水县聂唐乡）—拉萨—玛拉（今拉萨市堆龙德庆区马乡马村）—德庆（今拉萨市堆龙德庆区德庆乡德庆村）—羊八井（今拉萨市当雄县羊八井镇）—戈林拉山口（今拉萨市当雄县羊八井北古仁拉山口）—申扎宗（今那曲地区申扎县）—文部（今那曲地区尼玛县文布乡）—色林错—巴木错—纳木错东岸—旁多（今拉萨市林周县旁多乡），最终回到拉萨。

回到拉萨后，亨利·海登等在拉萨遭遇了洪灾，"街道已经淹没在卷着泥土的深深的浊水之中，根本无法通过。军队中的男人们被召来加固原有的堤坝，并另外修筑一些堤坝"②。后来，他们还继续考察了墨脱、山南一带。在山南泽当，他们拜访了桑耶寺。在桑耶寺，"僧人们都很好客，很乐意让我们参观他们寺庙里的珍宝"。最终，亨利·海登等于 1922 年 9 月 7 日离开桑耶寺。9 月 9 日，回到拉萨。

与其他科学考察型旅游者不一样，亨利·海登等的西藏考察行为是受当时

---

① 〔英〕亨利·海登、西泽·考森：《在西藏高原的狩猎与旅游：西藏地质探险日志》，周国炎、邵鸿译，北京：中国社会科学出版社，2002 年，第 190 页。

② 〔英〕亨利·海登、西泽·考森：《在西藏高原的狩猎与旅游：西藏地质探险日志》，周国炎、邵鸿译，北京：中国社会科学出版社，2002 年，第 203 页。

西藏地方政府的邀请而开展的活动，因此其在西藏各地都受到了当地官员的接待，这为考察活动的顺利开展提供了极大的便利。正如亨利·海登所云："这是当代唯一的一次由西藏地方政府赞助的旅行。"[①]而且对政治人物的拜访，也成为他们在西藏的重要活动之一。尽管他们是以地质考察的名义进藏的，但他们的日志中对西藏的地质情况并没有作过多的描述，相反给我们印象最深的却是其满篇的狩猎行为，"成群的野鹅在田里觅食，在湖边的沼泽里戏水，我们决定打它几只……当考森偷袭栖息在湖边不远处的沼泽里的几只野鹅时，差不多全村的人都赶来观看"；"考森则带着枪去猎捕一群鹅……不一会儿，他就提着一只鹅回来了"；"我们在这里发现了很多兔子，就拿出随身携带的其中一支枪来。在短短的时间内，考森就射死了四只"，"平原下面是成群的大动物，于是跳下马来准备猎捕"；"狂风夹着雪花和冰雹向我们袭来，我们只得又回到帐篷里，不过不是空手而归，考森打到了两只野兔"；"就在我们到达营地的时候，考森用他的步枪打中了一只犛鹭"[②]。图 5-18 所示的是考察途中狩猎到的猎物。

图 5-18　1922 年 6 月西泽·考森的狩猎成果

〔英〕亨利·海登、西泽·考森：《在西藏高原的狩猎与旅游：西藏地质探险日志》，周国炎、邵鸿译，北京：中国社会科学出版社，2002 年，第 122 页

①〔英〕亨利·海登、西泽·考森：《在西藏高原的狩猎与旅游：西藏地质探险日志》，周国炎、邵鸿译，北京：中国社会科学出版社，2002 年，第 245 页。

②〔英〕亨利·海登、西泽·考森：《在西藏高原的狩猎与旅游：西藏地质探险日志》，周国炎、邵鸿译，北京：中国社会科学出版社，2002 年，第 59、10、112、125、145、191 页。

此外，在此次旅行中，亨利·海登还对西藏的一些节庆和人民的生活作了相关的记录。因此，此次亨利·海登等的科学考察行为也是一次综合性的旅游活动。从政治交往、寺庙参观到狩猎旅游，再到体验民风民俗，多种旅游活动方式的融合，使之成为西藏近代史上一次非常著名的旅游活动。

二、马鹤天之青海宦游

马鹤天（图 5-19），山西芮城人，早年留学日本，后参加中国国民党，从事革命活动。辛亥革命后，他曾在北平追随胡适等从事文化教育工作，受新文化运动中新思潮的激荡和边疆危机的刺激，马鹤天决意开始研究边疆，考察边疆。马鹤天是当时研究西北的重要杂志《西北月刊》和《新亚细亚》的发起人，他还一度担任甘肃省教育厅厅长，省政府委员，兰州中山大学（兰州大学前身）校长。他于 1929—1936 年担任国民政府中央考试院铨叙部教育司司长，1936—1948 年任国民政府蒙藏委员会委员。

图 5-19　马鹤天在西北考察时的照片

资料来源：马鹤天：《西北考察记·青海篇》，台北：南天书局有限公司，1987 年，插图

民国十三年（1924），马鹤天"在北平时，即感觉西北问题之重要，曾结合同志，成立西北协会，发行《西北月刊》"，"但当时同志甚少，对于西北情况，实际调查者尤鲜，鹤天亦即未亲历西北之一人，故研究不免空泛，材料仅恃图书"，因此，马鹤天从民国十四年（1925）冬天，开始对西北进行多次

实地考察活动①。其中青海考察始于民国十六年（1927）九月，马鹤天（时任甘肃省教育厅厅长）从兰州出发，途经民和、碾伯到达西宁。在西宁考察后，其又赴湟源、循化、拉卜楞，由拉卜楞返回兰州。考察途中，"凡关于山川名胜、政治、经济、风俗、宗教等，无不备记"②。而关于青海的考察日志就被编辑成册，谓之《西北考察记·青海篇》。《西北考察记·青海篇》分为上下两卷，上卷为马鹤天的考察日记，下卷为参考书目以及当时人们对青海各个方面的记述。《西北考察记·青海篇》上卷的内容曾经分别以连载的方式刊登于《新亚细亚》月刊和《开发西北》月刊。本部分以《西北考察记·青海篇》上卷为基本资料，考察马鹤天在青海的一系列宦游活动。

1927年9月12日，马鹤天从兰州出发，同行者秘书一人，夫役一人。因不通汽车，其使用的交通工具是所谓的"架窝"。"架窝者，系用两木杆，上搭席棚，下结绳络，内装物件，再铺以褥被，可坐可卧，木杆两端，有横杆，两骡前后架之"③。渡过黄河后，马鹤天于9月14日到达青海的门户享堂。9月16日到达碾伯县，"县长在客栈备有午饭"④。在此期间，马鹤天对碾伯县的人口及民族构成作了简要的记述，此外还记录了碾伯县仍存的土司制度。当然，由于其身份是甘肃省教育厅厅长，每到一地，马鹤天重点考察的对象就是各个学校。"因时间还早，视察各学校"⑤。9月17日，马鹤天一行到达西宁县城外，在此，他们受到了西宁地方官员的热烈欢迎。9月18日，马鹤天在寓所接待了西宁党政学各界的来访，下午则回访西宁行政长官官署。9月19日至9月21日，马鹤天在筹边师范学校、西宁第二高级小学、西宁县党部分别进行演讲，这也是此次考察在西宁的主要公务活动。9月22日，马鹤天一行骑马从西宁去湟源，23日下午到达日月山，并在此宿营。对此地的风景，马鹤天作了相关的描述："四面群峰积雪，中有水渠草原，帐棚林立，人马纵横，此片情景，颇为佳绝。"⑥由于地处荒野，住宿设施采用牧民特有的帐篷，这也是在

---

① 马鹤天：《西北考察记·青海篇》，台北：南天书局有限公司，1987年，自序第1页。

② 马鹤天：《西北考察记·青海篇》，台北：南天书局有限公司，1987年，自序第2页。

③ 马鹤天：《西北考察记·青海篇》，台北：南天书局有限公司，1987年，第1页。

④ 马鹤天：《西北考察记·青海篇》，台北：南天书局有限公司，1987年，第6页。碾伯县，民国十八年（1929）青海建省，改碾伯县为乐都县，2013年海东市成立后，乐都县为乐都区。

⑤ 马鹤天：《西北考察记·青海篇》，台北：南天书局有限公司，1987年，第6页。

⑥ 马鹤天：《西北考察记·青海篇》，台北：南天书局有限公司，1987年，第15页。

青藏地区野外考察所惯用的住宿设施。当然由于随行人员颇多，加上西宁地方政府的支持，其帐篷要比一般的帐篷更加豪华与宽敞，食物也颇为丰盛："余等宿处，帐棚共数十座，兵士夫役大半尖顶，或坡式。余于马使者，为屋脊式，广大而美丽，可容数十人，余等寝于斯，食于斯，俨同广厦。马使者带有旨酒，驻军备有嘉肴，余等大饮大嚼。入夜，马使赠我以熊皮褥，铺草地上，午夜雨雪，犹未觉寒。"①1927 年 9 月 25 日，马鹤天一行人到达青海湖畔，第二天祭祀湖边的"海神庙"，继而奔赴东科尔寺，"寺僧数十人，并活佛，迎于道左，献哈达，即宿庙中"②。图 5-20 即为东科尔寺及当时的欢迎情景。

图 5-20　东科尔寺喇嘛欢迎马鹤天之现场

资料来源：马鹤天：《西北考察记·青海篇》，台北：南天书局有限公司，1987 年，插图

　　在东科尔寺，马鹤天等宴请了当地的王宫千户，并宣讲三民主义主张。1927 年 9 月 28 日，马鹤天在湟源县城停留，照例考察了湟源的基本教育情况，次日返回西宁。在西宁，马鹤天继续参观各学校，并参观西宁的名胜古迹，其中对塔尔寺有较深的印象。在此，马鹤天拍摄了诸多塔尔寺的珍贵照片（图 5-21、图 5-22），此仅摘之一二，以飨读者。

① 马鹤天：《西北考察记·青海篇》，台北：南天书局有限公司，1987 年，第 16 页。

② 马鹤天：《西北考察记·青海篇》，台北：南天书局有限公司，1987 年，第 22 页。东科尔寺属藏传佛教格鲁派寺庙，位于日月山北麓，其寺主东科呼图克图为清代驻京七大呼图克图之一。

图 5-21　宗喀巴大师塑像

资料来源：马鹤天：《西北考察记·青海篇》，台北：南天书局有限公司，1987 年，插图

图 5-22　佛像酥油花

资料来源：马鹤天：《西北考察记·青海篇》，台北：南天书局有限公司，1987 年，插图

　　1927 年 10 月 6 日，马鹤天由西宁前往循化。8 日抵达巴戎县，县城外十里，"倪县长马团长（名步芳，马护军使之次子）迎于其地，备有酒饭"[1]。10 月 10 日，到达循化县城，照旧有当地政府官员"迎于道左"。在循化县城，马鹤天考察了当地的商业、教育、人口、物产等社会风貌。10 月 13 日，马鹤天离开循化前往拉卜楞寺。下午，马鹤天一行人投宿客店，14 日到达同仁县。15

---

　　[1]　马鹤天：《西北考察记·青海篇》，台北：南天书局有限公司，1987 年，第 40 页。巴戎县即今化隆回族自治县。

日，他们参观了隆务寺，并且下榻寺中。16 日，马鹤天拜访了隆务寺的活佛。对隆务寺，马鹤天也作了详细的描述：

> 游览寺内，周围有二层楼数十间，皆有外廊，独活佛所居为三层楼。楼下有许多经堂，均不甚大，佛像亦寥寥。惟最后一室中，有佛像高数丈，左右皆前代活佛化骸之葬塔，内有塑像，上下周围，满嵌金玉、宝石，全体银包或镀金，最近代者，最大而最美丽。屋顶皆为碧瓦，中脊有贴金之高瓶。[①]

1922 年 10 月 19 日马鹤天至拉卜楞境内，接下来的几天都是在拉卜楞寺及其周边考察。10 月 27 日一行人由拉卜楞镇返回兰州。此为马鹤天在青海的第一次考察活动。

作为政府官员，马鹤天等的考察在青海境内受到了各级地方官员的热情接待，即便在参观寺庙等名胜古迹的时候，也会有相关人员迎接和陪同。因此，本部分以宦游来表示马鹤天的科学考察行为。每到一地，除了一些政治交流活动之外，马鹤天的一个重要任务就是参观各级学校，这也符合其教育厅厅长的身份。尽管马鹤天是以教育考察为主，但其对途经之处的风土人情都有详细的记录，这也反映了旅游活动本身的综合性特征。在交通方式上，由于青海欠发达的交通状况，其仍以畜力为唯一工具。当然其饮食，由于地方政府的热情资助，相比其他旅游者，无疑丰盛得多。在住宿方面亦然。作为民国时期青海考察的标志性人物，马鹤天对青海所经之处的详细记录，成为当时人们了解青海、认识青海的重要渠道。民国二十四年（1935），马鹤天奉命出任国民政府蒙藏委员会驻藏大员，并被任命为九世班禅大师回藏专使行署参赞，利用这次机会，马鹤天又对青海南部的玉树作了详细而深入的考察，尤其是对玉树地区社会文化的各个方面如寺庙民居、衣饰装束、婚丧嫁娶、饮食起居等各种习俗，无不博采备录，堪称近代青海考察之第一人。马鹤天第二次考察青海的路线基本上沿着当时西宁到玉树修建的公路行走。但由于施工以及维护问题，通行状况较差，大部分路段仍是靠人畜之力行进，这在第四章旅游交通地理中已经有详述。

---

① 马鹤天：《西北考察记·青海篇》，台北：南天书局有限公司，1987 年，第 54 页。

第六章　民国青藏旅游住宿及其他 相关行业

　　除了旅游交通之外，旅游地理研究中的主要内容还包括旅游住宿业和旅行社业等。前文已经指出，民国时期尽管在内地已经有旅行社开展相应的旅游活动，但在青藏地区，旅行社的业务还未涉及。因此，本章内容主要立足住宿业来探讨民国时期青藏地区旅游住宿接待业的发展状况。除了住宿之外，在青藏地区还出现了一些专门的旅游餐饮服务，为外来旅游者的饮食提供了极大的方便，本章也会对其进行相关探讨。此外，还有一些面向当地群众与外来游客的休闲娱乐设施，也在本章的研究范畴之内。

　　现代旅游住宿设施类型多样，包括星级酒店、快捷酒店、家庭旅馆、青年旅社、汽车旅馆等。对于民国时期的青藏地区而言，上述种种无疑是不存在的。但是众多旅游者的进入以及社会本身的近代化转型需求，仍然使青藏地区尤其是青海的旅游住宿业开始由传统向现代转变[①]。对于西藏而言，由于更加封闭的地理空间和政治社会环境，在旅游住宿方面，传统的驿站模式仍然普遍存在。无论是由内地还是由印度经锡金入藏，在去西藏的途中，旅游者的首选都是遍布各地的驿站。由第一章关于青海和西藏的人文环境分析可知，青海尽管处于军阀的专制统治下，但其社会经济各个方面都有了一定的近代化转变，

---

① 章杰宽、朱普选：《民国时期青藏地区的旅游住宿设施研究》，《理论月刊》2016 年第 12 期。

是一个传统与现代并存的地理空间。正如一个青海的旅游者所云："没有到过青海的人，总觉得好像有一堵很高的墙隔着似的，认为一切很落后，甚至还有些属于南方海滨的人，以为那是一块未开化的荒凉地方。但你一踏进青海的境界，呈现在你眼前的完全是两样，相反的青海的现代化建设，还比其它地方的要好。"①西藏则延续了数百年的封建农奴制社会形态，仍然处于所谓的古代社会形态。尽管民国时期西藏曾经有过几次现代化改革的尝试，但都以失败告终。"落后的封建农奴经济制度以及相适应的政治制度、宗教制度、寺院制度和陈旧的传统观念都与现代化的任何尝试格格不入"。最终导致近代西藏社会一如既往的"死气沉沉"②。因此，此处引用郑向敏在其研究中关于古代旅馆范围的解释，本章同样将其运用于民国时期青藏旅游住宿业的界定："民间为赢利而开设的向旅客提供食宿服务的场所；国家为完成一定的外交事务和统治需要而设置的，向旅行者提供食宿服务的场所；为其它目的而建立的具有为旅行者和居住者提供食宿功能的场所，如寺院客舍、养士馆、会馆及皇室贵族的行宫、苑囿及山庄别墅。"③当然，其中所谓的"养士馆、会馆及皇室贵族的行宫"在当时的青藏地区是不存在的，其他无论是私营的还是官办的，无论是营利性的还是非营利性的，无论是固定的还是流动的，凡是能为民国时期的青藏旅游者服务的住宿设施，都在本章的研究范畴内。餐饮以及休闲娱乐服务亦是如此。

第一节　民国青藏旅游住宿④

一、旅游住宿设施类型

（一）近代化的宾馆、客栈住宿设施

民国时期，青海省省会西宁的商业、手工业发展迅速，尤其是在 20 世纪三四十年代，西宁市的商业贸易延续了民国初期以来的强劲势头，出现了一些新

---

① 学义：《走进青海感念》，《西北通讯》1948 年第 6 期。
② 徐中林：《试论近代西藏的几次现代化尝试》，《北方民族大学学报》2003 年第 1 期。
③ 郑向敏：《中国古代旅馆流变》，厦门：厦门大学博士学位论文，2000 年，第 2 页。
④ 本节内容已以"民国时期青藏地区的旅游住宿设施研究"为题发表于《理论月刊》2016 年第 12 期。

兴的商业行业，行业种类逐渐增多。据《西宁市志·商业志》所载，民国时期西宁的商业行业有过载行、百货业、食品业、茶叶业、医药业、五金业、饮食业、理发业、旅店业、浴池业、照相业、洗染业、杂货业、文具书店业、蔬菜业、摊贩业等诸多行业[①]。尤其是服务于商旅接待的旅店成为西宁市经济发展的重要现象。与传统行业相比，这些新兴的行业不仅资金实力较为雄厚，而且行业分工更加细密及趋于专业化。以旅店住宿业为例，据《青海省志·商业志》统计，民国时期西宁城内有旅店 20 余家，较大的有昆仑大旅社、湟中大厦、郑记客栈、保顺店等旅游住宿企业，专门为来往的旅游者服务[②]。同时，西宁还成立了旅店业行业同业公会[③]，这相当于现在的饭店业协会，表明当时整个饭店业有了一定的发展规模及较高的组织管理水平。

昆仑大旅社和湟中大厦是西宁最早的宾馆住宿设施，分别修建于 1934 年和1947 年，都是由马步芳家族修建的，是马氏家族的私产，其主要目的在于为来往西宁的政府官员、著名人士提供下榻之处，也代表了当时青海省乃至整个青藏地区的最高住宿接待水平。众多著名人士旅行西宁都会被接入昆仑大旅社或湟中大厦。这两个宾馆无论是从硬件还是软件方面来看，在当时都属于相对豪华的场所。例如，著名地质学家李承三等"住昆仑大旅社计十八日，统由马主席步芳招待"[④]；"三日早上，马子香军长很热诚的派王处长乾三来昆仑大旅社招待我们"[⑤]；"上午九时左右，就到了西宁，住在昆仑大旅社。这是马主席的私产，相当整洁。在这辽远无垠的边区里，有如此设备周全之旅馆，实属难能可贵"[⑥]。马鹤天对昆仑大旅社有着较为概括性的描述，从中我们可以看出其经营规模："余等所居之昆仑大旅社，亦马子香氏所建，前后上下楼屋百数十间，附有菜馆，屋亦较洁，政界请客皆于其地，亦青海第一旅社也。"[⑦]湟中大厦的修建时间要晚于昆仑大旅社，其设施更加豪华和先进："车抵青海省会西宁市，即下榻于西宁第一新式建筑及贵宾招待处所的湟中大厦……一座现

---

① 李慧：《西宁市志·商业志》第 10 卷，兰州：兰州大学出版社，1990 年，第 51—58 页。

② 青海省地方志编纂委员会编：《青海省志·商业志》，西宁：青海人民出版社，1993 年，第 230 页。

③ 杨景福：《青海商业志》，西宁：青海人民出版社，1989 年，第 127 页。

④ 李承三、周廷儒：《青海地理考查纪要》，《地理》1942 年第 1—2 期。

⑤ 庄学本：《从西京到青海》，《良友画报》1936 年第 117 期。马步芳，字子香。

⑥ 无齐：《西宁一瞥》，《旅行杂志》1944 年第 1 期。

⑦ 马鹤天：《甘青藏边区考察记》，兰州：甘肃人民出版社，2003 年，第 147 页。

代化的建筑，看见辉煌的布置，绵软的沙发，耀目的电灯，使人又感觉回到了都市的怀抱而且也忘记了这都市是在远远的边陲，还是在人文荟萃的内地。"[1]民国时期西宁的东大街与东关大街交汇处的湟光十字最为繁荣，湟中大厦则是该处最为气派的建筑（图6-1）。

图6-1　青海湟中大厦
资料来源：时雨：《青海行》，《西北通讯》1947年第7期

此外，在西藏地区也有英国人修建的所谓"驿站"，据汪曲策仁公函，"驻西藏最高汉官钟将军一行于1913年1月11日抵此……钟将军现住在亚东之英国驿站内"[2]，由于缺乏相关史料，对该"驿站"的设施无法得知详情，但据笔者推断，其应不同于惯常意义上的驿站，而类似于政府招待所之类的建筑。尽管其规模可能不如昆仑大旅社和湟中大厦，但其功能应基本类似。除了宾馆设施，西宁还兴起了一些较为著名的接待来往游客的旅社，代表性的为郑记客栈（亦名真记客栈）。郑记客栈建于1938年左右，位于西宁大新街路西，

---

① 时雨：《青海行》，《西北通讯》1947年第7期。
② 中国第二历史档案馆、中国藏学研究中心编：《西藏亚东关档案选编》下册，北京：中国藏学出版社，1999年，第1199页。汪曲策仁，民国初年任职于西藏亚东海关的藏族官员。钟将军，即钟颖，民国元年（1912）被国民政府任命为西藏第一任办事长官，第二年四月因免职离藏。

为两层砖木结构的楼房，是一四合大院形式的建筑。郑记客栈"东西狭长，院内四面均是两层楼房，有出檐走廊相连。在南北楼中间，架有一座带栏杆的天桥，进门东北角和东南角，设有木楼梯通向楼上，院内青砖铺地，有水井一眼。上下两层约有单间及套间客房八十余间。整个客栈以当时的条件来讲，可谓装饰讲究，上下廊柱油漆为朱红色，窗户为玻璃窗，配以窗帘，室内桌椅床铺、设施齐全，加上清洁卫生，服务周到、茶水方便……客栈建成后便成为来宁（西宁）的富商巨贾及文化名人们的首选下榻之地"①。另据《西宁市志·商业志》记载，郑记客栈"客房设有双人床、单人床，室内有桌椅暖水瓶茶杯。楼上床位每人 2 银元，楼下每人 1 至 1.2 银元"②。无论是从经营规模还是提供的服务来看，郑记客栈都与当前的宾馆酒店有一定的相似性③。

此外，在西宁还有大量的车马店供往来商旅住宿。车马店分布在东西南北关，即城市郊区。其中东关 17 家，南关 8 家，西关、北关各有几家。住车马店者多为进城办事的农牧民，兼有过往脚夫、小工及商贩。据《西宁市志·商业志》记载，其中最早开设的为孙家店，店主名孙占魁，在店内有热炕供住宿，并备有棚圈及料槽，价钱相宜，但卫生条件差④。此外，马步芳还在昆仑大旅社的对楼建有专门服务于穆斯林的旅舍，"对楼为旅舍，亦较清洁，每月每间十二圆，备回教人居住"⑤。

尽管民国时期青海省（其实应该是西宁市）的现代化旅游住宿接待以及商业性客栈的发展取得了一定的成就，但对于整个青藏地区而言，这只能是一个特例。据《新疆日报》记者李帆群 1947 年对青海考察的记载，民国时期的西宁市是全省唯一用电的城市⑥。由此可见，现代的宾馆住宿业只限于西宁市，对除了西宁以外的其他地域来说，其住宿接待更多的仍是以传统的驿站为主。

（二）传统的驿站住宿设施

驿站是中国历史上最古老的官办备宿供膳场所，是一种"具有现代宾馆、

① 张志珪：《"真记"客栈轶事》，《西宁城中文史资料》编委会编：《西宁城中文史资料》第十七辑，西宁：中国人民政治协商会议西宁市城中区委员会文史资料委员会，2005 年，第 65—69 页。
② 李慧：《西宁市志·商业志》第 10 卷，兰州：兰州大学出版社，1990 年，第 57 页。
③ 章杰宽、朱普选：《民国时期青藏地区的旅游住宿设施研究》，《理论月刊》2016 年第 12 期。
④ 李慧：《西宁市志·商业志》第 10 卷，兰州：兰州大学出版社，1990 年，第 57 页。
⑤ 马鹤天：《甘青藏边区考察记》，兰州：甘肃人民出版社，2003 年，第 147 页。
⑥ 李帆群：《青海行》，《新疆日报》，1947 年 5 月 31 日。

招待所功能的备宿供膳机构"①。驿站起初是政府官员、信使邮吏的食宿招待场所，但在后来的发展中，也开始与过往的商贾、旅行者发生了一定的联系。尤其是对于青藏地区而言，在民间住宿接待不发达的背景下，驿站成为官方以及民间旅游者在青藏地区旅行的基本保障。古代社会的驿站制度在民国时期的内地早就被废除，民国元年（1912），北洋政府交通部就明令裁撤驿站。但由于社会经济发展以及自然环境的限制，在西藏以及青海的广大牧区，驿站不但没有被废除，相反仍然发挥着重要的作用。因此，西藏地方政府仍十分重视驿站的修建工作，"西藏当局现正在为建立亚东与江孜之间的邮局、驿站及树立里程碑做准备"②。

民国时期青藏地区的驿站基本延续了清朝的邮驿制度，1942 年，蒙藏委员会特摘取《卫藏通志》中关于川康青藏的驿站记载，形成《川青康藏驿路程站及青康藏喇嘛寺庙之分布》一书，以供政府机构和当时由内地入藏的人士参考："卫藏通志一书，为前清派福康安平定廓尔喀后所集者，不著作者姓名，其卷四，程站，集川青康藏驿路里程甚详，为当时由陕甘川运兵输粮所勘定之道路，除由成都至打箭炉段，西宁至玉树段略有进步外，余均荒凉如旧，自滇缅路塞，驿运甚属重要，爰辑印专册，以供参考。"③

清代将驿站分为六种不同的类型，谓之曰"驿、站、塘、台、所、铺"，其中"驿"主要接待驿使邮差和过往使臣、官吏，主要分布在城镇和市区附近；"站""塘""台"是设在通往边疆驿道上的食宿转运场所，主要接待过往兵吏、驿使、邮差和商旅者；"所"主要用于运输官物、货物，有简单的官吏宿舍供住宿；"铺"在清时则分布最广、规模最大，"各省腹地厅州县，皆设铺司"，"铺"除传递公文、信息外，也接待过往官吏、驿使④。由此可见，清时青藏地区的驿站以"站""铺""塘"为主，但为了表述方便，本书统称为驿站，而该区域驿站的主要功能包括提供柴草、住宿、饮食和乌拉租用。

---

① 郑向敏：《中国古代旅馆流变》，厦门：厦门大学博士学位论文，2000 年，第 51 页。

② 中国第二历史档案馆、中国藏学研究中心编：《西藏亚东关档案选编》下册，北京：中国藏学出版社，1999 年，第 1221 页。

③ 蒙藏委员会编译室编辑：《川青康藏驿路程站及青康藏喇嘛寺庙之分布》，北京：蒙藏委员会编译室，1942 年，引言。

④ 刘广生：《中国古代邮驿史》，北京：人民邮电出版社，1986 年，第 520—525 页。

（三）特色的寺庙住宿设施

在我国历史上寺庙住宿一直都是众多文人墨客乃至官员商贾旅游住宿的主要选择之一，无论是刘勋的《唐代旅游地理研究》[①]、王福鑫的《宋代旅游研究》[②]，还是魏向东的《晚明旅游地理研究（1567—1644）—— 以江南地区为中心》[③]，书中都提到了寺庙的旅游住宿接待服务。由此可见，寺庙住宿是我国历史上旅游活动发展的一个较为普遍的现象。尽管不像内地寺庙那样具有高度的开放性，但是民国时期青藏地区的寺庙同样具有一定的住宿接待功能，尤其是对于某些边远地区的旅游者而言，投宿寺庙成为解决其旅行途中住宿困扰的重要方式。

法国旅行家 Riviere C. 指出，"我从大吉岭出发，辗转到达拉萨西面的江孜，这城是西藏第三个重要的商埠。我在那里的时候，居住在一所西藏的寺庙里面，该屋楼下是马厩和佣仆的居室，二层楼住着年轻的僧侣和厨师等人，三层楼上便是喇嘛们的静室。每一层都有一座平台，作为僧侣们曝日的地方"[④]。亨利·海登在西藏考察的时候，途径桑耶寺，也被僧人"安置在一幢 4 层大楼房的房间里……僧人们都很好客，显然很乐意让我们参观他们寺庙里的珍宝"[⑤]。马鹤天在甘青藏边区考察的时候，同样在寺庙住宿过，"下午一时抵拉休寺，即寓寺中"[⑥]。

对于民国时期前往西藏学经的僧人而言，寺庙食宿则成为其唯一的选择。其中哲蚌寺成为僧人游学的首选。选择哲蚌寺的原因大约有二：一是哲蚌寺是拉萨三大寺之首，其知名度和影响力都高于其他寺庙；二是相对于其他寺庙而言，哲蚌寺与内地的联系更加紧密。因为哲蚌寺最大的扎仓洛塞林扎仓的僧人大都来自于靠近内地的西康地区，与内地有一种天然的亲近感[⑦]。

---

① 刘勋：《唐代旅游地理研究》，武汉：华中师范大学博士学位论文，2011 年，第 199 页。

② 王福鑫：《宋代旅游研究》，保定：河北大学博士学位论文，2006 年，第 149 页。

③ 魏向东：《晚明旅游地理研究（1567—1644）——以江南地区为中心》，天津：天津古籍出版社，2011 年，第 452—458 页。

④〔法〕克劳德：《西藏访僧记》，左右译，《西风副刊》1941 年第 36 期。

⑤〔英〕亨利·海登、西泽·考森：《在西藏高原的狩猎与旅游：西藏地质探险日志》，周国炎、邵鸿译，北京：中国社会科学出版社，2002 年，第 240 页。

⑥ 马鹤天：《甘青藏边区考察记》，兰州：甘肃人民出版社，2003 年，第 332 页。拉休寺位于今玉树上拉秀乡。

⑦ 章杰宽、朱普选：《民国时期青藏地区的旅游住宿设施研究》，《理论月刊》2016 年第 12 期。

（四）便捷的帐篷住宿设施

由于青藏地区幅员辽阔，沿途驿站又大都荒废，以及旅游者本身线路选择的需要，帐篷成为民国时期青藏旅游者在野外住宿的首选。无论是在青海湖畔，还是在辽阔的藏北高原，抑或是西宁到玉树的慢慢长途，帐篷都成为解决游客住宿的必需品[①]。因此，马鹤天感叹曰："自离湟源以来，三十六日矣。每晚宿帐房，骡马露天，至此人畜均有屋住，行程亦告一段落，同人无不欣慰。"[②]亨利·海登的藏北狩猎旅游则同样基本依靠帐篷住宿，在其日记中多处出现搭建帐篷的记述："前天就为我们扎好了帐篷，但当天晚上下起了雨，扎帐篷的地方淹了水，我们又在不远的地方找了一个干燥的地点，再次移动帐篷。""营地周围的草地上布满了沼泽坑，连找一个干的地方扎帐篷都很困难。有些牧民在沼泽地中间的一小堆岩石下搭起他们的黑帐篷，我们便把帐篷紧挨着他们的扎下。"[③]图6-2是马鹤天第一次考察青海的时候在青海湖的帐篷宿营情形。

图6-2　马鹤天一行1927年宿营青海湖畔
资料来源：马鹤天：《西北考察记·青海篇》，台北：南天书局有限公司，1987年，插图

除了上述几种住宿接待设施，还有沿途的一些政府接待行为："又十五里至高庙子，马金玉营长派兵列队，学生教职员数十人，亦列队迎于郊外，在征

[①] 章杰宽、朱普选：《民国时期青藏地区的旅游住宿设施研究》，《理论月刊》2016年第12期。
[②] 马鹤天：《甘青藏边区考察记》，兰州：甘肃人民出版社，2003年，第271—272页。
[③]〔英〕亨利·海登、西泽·考森：《在西藏高原的狩猎与旅游：西藏地质探险日志》，周国炎、邵鸿译，北京：中国社会科学出版社，2002年，第107、161页。

收局内备宿所酒饭。""至西宁县属之平戎堡，赵县长岷东预备行馆，马团长派队欢迎，即下榻于团本部。""入城（西宁），全市悬党国旗，由县长招待，下榻于复成店。县长派警守门，并派厨师"[1]。故此，马鹤天感叹："自入西宁境以来，到处军事长官，特别招待、迎送，如西宁城时，又有如此盛大隆重之欢迎，余极不安。"[2]

　　综上所述，随着青海省现代化进程的加快，在西宁出现了一批近代化的住宿接待设施，但偏远的地方尤其是日月山以西、以南的牧区，由于驿站设施的废弃，帐篷成为游客首选的住宿形式。对于整个西藏地区而言，其住宿设施仍然归于传统，以帐篷和驿站为主。此外，在整个青藏地区，寺庙尤其是一些规模较大的寺庙，都具备一定的住宿接待功能，这也为民国时期的青藏旅游者提供了较大的便捷。另外，少量旅游者还会选择投宿农家，对于民房而言，一种是政府征用；另一种则是民众的一些自发行为。在政府征用方面，如亨利·海登入藏的时候，噶厦政府颁布公函，"召令所有的藏民为我们一行提供一切可能的帮助"，其中就包括住宿[3]。吴忠信从亚东赴拉萨，过了江孜之后，由于驿站荒废，也是由政府征用的民房住宿："六日由江孜出发，迄十五日到达拉萨。此八九日行程中，无驿站之设置，每日均由乃与巴支用民房，以资宿住。"[4]当地民众偶尔也会为过路的游客提供简单的住宿，如伊利亚·托尔斯泰在西藏旅行中，写道："此后我们一路上便在西藏民家歇宿，这些居民特地空出房子来让我们留宿一宵，而且房主人常尽力招待以使我们舒适。"[5]胡明春在其游记中记述："第一处到的就是采里，这村庄一共虽只有六七十户人家，倒有三座堂皇的庙宇，据说达赖喇嘛出游的时候，就在此为行辕，村民供养，极为丰富。就是从前派到西藏的钦差大臣，打从川康来藏的时候，也到采里算是最末后的一站路程……采里于是就似乎一处重要的村落了。我们到采里，刚刚是正午，借在农家，熬了一大壶的油酥茶，吃了些自家带去的中国式

---

① 马鹤天：《西北考察记·青海篇》，台北：南天书局有限公司，1987年，第6、8页。

② 马鹤天：《西北考察记·青海篇》，台北：南天书局有限公司，1987年，第9页。

③〔英〕亨利·海登、西泽·考森：《在西藏高原的狩猎与旅游：西藏地质探险日志》，周国炎、邵鸿译，北京：中国社会科学出版社，2002年，第31页。

④ 吴忠信：《西藏纪要》，北京：全国图书馆文献缩微复制中心，1991年，第23页。乃与巴即招待员之意，其时为西藏的四品官员。

⑤〔美〕伊利亚·托尔斯泰：《西藏纪游》，《读者文摘》1946年第5期。

的糕饼点心，马也喂些草料，总算休息了半个多钟头。"①这种民间投宿情形在整个民国时期青藏地区的旅游住宿接待中占的比重较小。

通过上述对民国时期青藏地区旅游住宿设施类型的分析，可以发现在经营方式上，大都是以官办为主，无论是宾馆还是驿站，都是一种政府行为。民办的只有客栈和一些车马店，至于寺庙住宿则在官、私经营属性方面难以定位。因为在民国时期，青藏地区的寺庙尤其是西藏的寺庙尽管具有较高的政治权力，甚至有自己的私人武装，但其毕竟不是政府机构。帐篷住宿，则更多的是一种自助行为，经营无从谈起。

二、旅游住宿设施的分布

（一）宾馆、客栈住宿设施分布

前文提及，宾馆主要分布在西宁市区，因为电力来源限制了其分布范围。整个青藏地区，大规模使用电力的区域也只有西宁。其他地方如拉萨、江孜、亚东虽有零星的电力使用，但由于藏族群众对其的排斥，用途相对狭窄。拉萨最早使用电力是在 20 世纪 20 年代。1925 年，从英国留学回来的强俄巴·仁增多吉在罗布林卡的东部主持修建了一座小型的水力发电站，并于 1927 年开始发电，从而"点燃了西藏的第一盏电灯"②。到 1936 年，布达拉宫与大小昭寺、噶厦官邸、热振官邸、热振拉章、贵族之家以及八角街各大商号、工匠之府第均安装了电灯③，但受西藏整体社会经济发展水平的限制，以及相对封闭的统治政策，并没有出现像西宁湟中大厦那样的住宿设施，同样的原因也导致了西藏的客栈和其他住宿设施要逊色于青海。

宾馆和客栈考虑到交通以及客流量问题，一般都分布在城市的核心区域，如湟中大厦位于西宁今东关大街、花园南街街口对面，在当时也是西宁最繁华的地带。车马店考虑到其消费群体，主要分布于西宁城的四个郊区。在时间上，近代化的宾馆（昆仑大旅社、湟中大厦）和客栈（郑记客栈）都修建于 20 世纪 30 年代之后，这表明青海建省后的一些近代化建设客观上也促进了旅游业

---

① 胡明春：《西藏甘丹圣寺游记》，《边疆半月刊》1938 年第 6 期。
② 喜饶尼玛：《现代藏事研究》，上海、拉萨：上海书店出版社、西藏人民出版社，2000 年，第 216 页。
③ 何一民：《民国时期西藏城市的发展变迁》，《西南民族大学学报》（人文社会科学版）2013 年第 2 期。

的近代化转变。

（二）驿站住宿设施分布

除了西宁及其周边地区的现代化建设有所成就外，民国时期青藏地区的其他区域仍然处于较为原始的阶段，旅游住宿设施基本上仍以驿站为主。如是，在西康到西藏、西宁到拉萨、拉萨到玉树、拉萨到日喀则等几条主要交通线路上，驿站遍布，尽管住宿条件简陋，但毕竟是现代旅游住宿接待的雏形，也是当时青藏地区旅游住宿业的重要组成部分。从时间分布上来看，驿站住宿在民国时期的青藏地区并没有显著变化。在这些线路中，康藏线属于传统意义上的所谓官道，在印藏线途经国外从而有诸多不便的前提下，由内地入藏的首选便是康藏线，其中以黄慕松和刘曼卿为典型代表。康藏线的驿站管理水平及其客流量都超过其他几条线路。因此，本部分以康藏线为例，介绍其的驿站分布状况。

每个驿站的基本功能有提供柴草、塘铺以及可以更换乌拉等。当然，由于各驿站类别不同，其功能也有所区别。有的驿站有塘铺[①]，如江卡、洛加宗、洛隆宗等，有的驿站只有柴草，如莽里、浪荡沟、宁多等，但这些驿站都具备基本的住宿功能，从而成为民国时期由康入藏旅游者的重要歇脚点。根据清人黄沛翘的《西藏图考》记载[②]，从巴塘过金沙江入现在的昌都境内，到拉萨一共有 70 站，第一站为莽里，最后一站是采里，其余分别是南墩（亦作南登）、古树（亦作谷黍）、普拉、江卡、山根、黎树（亦作力黍）、阿拉塘（亦作阿窄拉）、石板沟、阿足（亦作阿足塘）、哥二（亦作噶尔）、洛家宗（亦作谷家宗）、俄伦多（亦作卧尤多）、乍丫、雨撒、昂地（亦作襄地近）、噶噶、王卡、三道桥、巴贡（亦作巴贡塘）、苦弄山、包墩、猛卜（亦作孟铺、蒙布、蒙堡）、察木多、俄洛桥（亦作恶洛藏）、浪荡沟、裹角塘、拉贡、恩达（今类乌齐县附近，笔者注）、喇贡山（亦作拉贡山）、牛粪沟、瓦合、麻利（亦作麻里）、嘉裕桥（亦作三八桥）、鼻奔山、洛隆宗、曲齿（亦作紫驼）、硕般多（亦作硕都）、中义沟、巴里郎（亦作八里郎）、索马郎、拉

---

① 塘和铺是清代驿站的其中两个种类。塘，也有称马塘、塘汛的。铺，作用等同于塘，限定日急行速度，旨在快速传递紧急公文及军书。因此，塘和铺通常合称为塘铺。

②（清）黄沛翘撰，吴丰培校订，《西藏研究》编辑部编辑：《西藏图考》，拉萨：西藏人民出版社，1982 年，第 83—101 页。

子、边坝（亦作宾巴、冰坝）、丹达、鲁贡喇山（亦作鲁工喇山）、察罗松多、郎吉宗（亦作郎结宗、浪金沟）、大窝（亦作达模）、阿兰多（亦作阿哪通）、破寨子（亦作阿兰卡）、甲贡、大板桥、多洞（亦作加贡）、擦竹卡（亦作擦楮卡、叉杵卡）、拉里、阿咱（亦作阿杂）、山湾、常多（亦作昌多）、宁多、拉松多、江达（亦作大昭）、顺达、鹿马岭（亦作六马岭）、堆达（亦作磊达、㲜毹仓）、乌苏江（亦作乌素江）、仁进里、墨竹工卡、拉木（亦作纳磨）、德庆。其中根据《川青康藏驿路程站及青康藏喇嘛寺庙之分布》的记载以及刘曼卿在《康藏辐征》中的确认，可以提供住宿的驿站有莽里、古树、江卡、黎树、石板沟、阿足、洛家宗、乍丫、昂地、王卡、巴贡、包墩、察木多、浪荡沟、恩达、瓦合、嘉裕桥、洛隆宗、硕般多、巴里郎、拉子、丹达、郎吉宗、阿兰多、多洞、拉里、山湾、宁多、江达、鹿马岭、乌苏江、墨竹工卡、德庆。

（三）寺庙住宿设施分布

由于寺庙住宿设施都依附于寺庙建筑，其分布从属于寺庙的分布，此处对其不再赘述。由于民国时期青藏地区寺庙本身的变化十分缓慢，因此寺庙住宿设施的时间差异性较小。当然并不是所有的寺庙都提供住宿服务，像拉萨大昭寺、小昭寺，尽管知名度高，但寺庙本身的位置及其规模限制，通常不会留宿外来人士。提供住宿服务的寺庙往往一是规模较大；二是地处偏远，从而使得旅游者留宿成为可能。因此，此处摘录一些相关的重要寺庙简述如下[①]。

色拉寺，位于"拉撒[②]北十里色拉山，宗喀巴在色拉曲顶居住之时……其弟子甲木曲结沙克伽伊喜[③]，明时，入中国为禅师，赐物甚盛，回藏后，宗喀巴令其在色拉建立大寺"，为藏传佛教格鲁派六大寺之一。

哲蚌寺，位于"拉撒西二十里，后依山岩，宗喀巴之弟子札木阳扎什巴尔丹[④]（所建）……（初建是有）郭莽、洛赛岭、结巴卜沙谷尔、犹瓦、得洋、

---

① 蒙藏委员会编译室编辑：《川青康藏驿路程站及青康藏喇嘛寺庙之分布》，北京：蒙藏委员会编译室，1942年，第53—78页。

② 即拉萨。

③ 现代书中比较常见的译名为释迦益西、释迦也失等，其被明成祖朱棣奉为大慈法王，明代著名的三大法王之一。

④ 现代书中常见的译名为绛央曲结。

阿克巴等七处扎仓①，乃蒙古西番各土司等处，及远近大小喇嘛初学经者，多集聚于此"，为藏传佛教格鲁派六大寺之一。

甘丹寺，位于"拉萨东 50 里，宗喀巴……在旺波尔山②创建……乃宗喀巴坐床之所……为黄教发源之地"，为藏传佛教格鲁派六大寺之一。

达隆寺，位于"拉萨北，过锅嘎拉山一日，寺亦宏丽，喇嘛约千余"，为藏传佛教噶举派支系达隆噶举派的主寺。

热振寺，位于"拉萨东北二百里角子拉上，寺内喇嘛众多，山径曲折，鸟兽寂无……寺有呼正呼图克图掌之③"。

楚布寺，位于"拉萨北七十里之浪子地方④，有呼图克图掌之，红帽教之宗名噶玛巴⑤"，为藏传佛教噶玛噶举派的主寺。

强巴林寺，位于"察木多（昌都），北系山麓，层楼金殿，左右两河环绕，颇极壮丽"，为藏传佛教格鲁派在康区的最大寺庙。

扎什伦布寺，"拉萨西去八日，即后藏，寺名扎什伦布，乃宗喀巴之大弟子根敦珠巴所建，其寺背山临河，殿宇宏敞，佛像庄严，亦甚壮丽，乃班禅喇嘛坐床之所，凡学经成名，必至此受戒"，为藏传佛教格鲁派六大寺之一。

萨迦寺，位于"后藏扎什伦布寺境内，有萨迦呼图克图……为红帽教之后人昆贡确嘉卜⑥（所建）……至今七百二十余年"，为藏传佛教萨迦派之主寺。

除了这些主要寺庙之外，还有诸如前文提及的塔尔寺、广惠寺、佑宁寺等青海的诸多寺庙，成为民国时期青藏地区为来往旅游者提供住宿服务的重要场所。关于帐篷住宿设施，由于其采用自助式搭建，在地缘分布上并无规律可循，因此此处不再展开讨论。

第二节　其他旅游要素

旅游业作为一个综合性产业，其基本要素包括食、住、行、游、购、娱六

---

① 现存四大扎仓，分别是郭芒（郭莽）、洛赛林（洛赛岭）、德央（得洋）和阿巴（阿克巴）扎仓。

② 即旺波日山。

③ 呼正今作热振。

④ 今堆龙德庆县境内。

⑤ 此处"红帽教"应为"黑帽教"，系作者笔误，笔者注。

⑥ 今译作昆·贡却杰布。此处"红帽教"指的是"宁玛派"。

个方面。在前文，我们已经对住（旅游住宿）、游（旅游资源）、行（旅游交通）作了相关的分析，对其他方面的旅游餐饮、旅游购物和旅游娱乐尚未涉及。本节内容根据相关史料，对这三个方面作探讨。考虑到当时社会经济发展水平的限制，旅游购物在民国时期的青藏地区几乎可以忽略。在前文的旅游动机分析中，本书也指出基本上该区域的旅游者到青藏旅游完全不是出于购物的动机，在旅游活动中也没有相关的购物行为。即便当今的大众旅游时代，购物也"是中国旅游业发展中的一个薄弱环节"[1]。因此，本节的研究重点就在于旅游餐饮和旅游娱乐。由于西藏封闭的封建农牧制社会经济形态，在旅游餐饮和旅游娱乐方面的表现不甚突出。因此，本节主要以青海为例，青海省的旅游业发展则基本局限在西宁城内。

一、旅游娱乐设施

青海建省以后，西宁成为全省的政治、经济、文化中心。在20世纪三四十年代，青海省政府开始大力修建一些公共娱乐设施，"不仅改变了市容，为城市居民提供了消磨闲暇时光的场地，同时也成为人们重要的社交场地"[2]，从而显著促进了当时旅游娱乐活动的发展。其中，公园和影院成为西宁居民休闲娱乐的重要场所。

公园是城市市民社交娱乐的重要场所。西宁市最早的公园是清光绪年间修建的香水园，民国二十年（1931）更名为青海省第一森林公园，为了纪念马氏家族在青海的第一任统治者马麒（马步芳之父），西宁市政府在公园内修筑了马公祠。民国二十六年（1937），复名为香水园。香水园是西宁市乃至青海省最早的公园，也是西宁民众一年四季最佳的游玩之地，园内还建有众多庙宇、老虎洞等特色景观。据记载，"每年的三月三、四月八、六月六等日子，在香水园都会举办盛大庙会，举办法事，届时游人如过江之鲫，热闹非凡"[3]。其后，民国二十四年（1935）、民国三十二年（1943），西宁又修建了湟水公园、麒麟公园等，成为西宁民众的游园圣地。通过马鹤天的记载，可以对当时

---

① 石美玉：《关于旅游购物研究的理论思考》，《旅游学刊》2004年第1期。

② 曹蓉：《二十世纪三四十年代西宁城市发展研究》，兰州：西北师范大学硕士学位论文，2014年，第36页。

③ 曹蓉：《二十世纪三四十年代西宁城市发展研究》，兰州：西北师范大学硕士学位论文，2014年，第36页。

湟水公园的景观有一个直观的认识，"湟水公园为马军长所提倡，楼台亭榭，花草树木，楚楚可观，背临湟水，风景清幽也。面积既广，游人自多，西宁难得有此宽敞之公园也"①。麒麟公园则位于西宁城西，"麒麟公园故址，原为沙滩一片，草木不生。民国二十一年（1932），作为西宁县的苗圃，始种杨树、垂柳、黑刺等，经过几年的经营治理，树木成林，杂草如茵……到民国二十七年（1938），添修凉亭、楼阁、湖池等景观，正式作为公园，供人游览"②。在园中除了凉亭碑池之外，还有一些茶馆酒肆、摊点小贩分布，每"盛夏季节，亦云集于此。春夏秋三季，男女老少，络绎不绝，十分热闹"③。

抗日战争之后，湟水公园被占，香水园被封④，麒麟公园成为仅有的可供西宁民众游乐的地方。关于麒麟公园的宜人景观，有如下描述。

顺着宽阔平坦的碎石路步入，两旁白杨参天，绿草夹道，令人神往。进入园门后，路分两道，中间池水荡漾，池边垂柳满目。西岸有小丘，斜坡下端便是"麒麟泉"，泉水清澈，汇成涓涓细流，注入前池……泉后小坡上灌木丛生，野花争艳……相距数丈的小坡中间，"麒麟阁"伟然屹立……楼高两层，大屋顶结构，雕梁画栋精巧玲珑，是公园建筑物中的佼佼者。楼内收藏部分字画书卷、文房四宝……靠南面前，有凉亭一座，供游人憩息观景。再向里，便是一片茂密的树林，也算公园与防护林的自然交界。

公园中部，有大小不等的四个湖池，上下排列，相映成趣……进门后的第一个池子略小，水面静中有动，清粼见底……池底水草碧绿，虫鱼漫游，岸柳浮影，引人入胜。中池面积较大，堪称人工湖，是公园最佳游玩处。湖水微动，色如碧玉，杂草铺底，景色别致。公园南道，即为池湖接

---

① 侯鸿鉴、马鹤天：《西北漫游记·青海考察记》，兰州：甘肃人民出版社，2003 年，第 64 页。马军长即马步芳。

② 罗南耀：《当年麒麟公园》，中国人民政治协商会议西宁市城中区委员会文史资料研究委员会编：《西宁城中文史资料》第一辑，西宁：中国人民政治协商会议西宁市城中区委员会文史资料研究委员会，1988 年，第 119—124 页。

③ 罗南耀：《当年麒麟公园》，中国人民政治协商会议西宁市城中区委员会文史资料研究委员会编：《西宁城中文史资料》第一辑，西宁：中国人民政治协商会议西宁市城中区委员会文史资料研究委员会，1988 年，第 119—124 页。

④ 马步瀛所封，马步芳同父异母弟。

连的长堤。杨柳成行，垂丝覆岸，绿荫生凉，风光宜人。湖岸中部，有凉亭两座，为观鱼赏湖、谈情闲聊者相争之处。岸头南侧，有石门一座，通向南川河畔。该门全用石条砌成，门顶横条两头，各凿兽头外伸，精巧别致，栩栩如生。^①

此外，青海各县在民国时期还修建了锐威公园（互助）、香山公园（大通）、同乐公园（乐都）、河滨公园（贵德）、湟滨公园（湟源）等园林设施，成为当地民众休闲娱乐的理想去处，有力地促进了当时旅游娱乐活动的开展。

电影这一新式的文化娱乐方式开始在西宁出现并得以发展则迟至 20 世纪 30 年代初期。尽管有传闻早在辛亥革命不久，西宁就有过电影，但在文献中并无正式记载。1930 年，有一个山陕商人从外地携来影片，在后街山陕会馆公开放映《日本火山爆发》和卓别林主演的滑稽片等无声电影^②，一时引起整个西宁的轰动。同年秋，马步芳从天津购回电影放映机一部，常在西宁南大街火神庙内的新编第九师中国国民党特别党部驻地和大教场放映，尽管只允许少数市民观看，但这也是西宁市民观看到的真正意义上的电影^③。"1932 年，三个美国人携带小型放映机一部，放映过《草原上的牛羊》、《马拉机播种和收割》等科教纪录片。在 1936 年 10 月 10 日的'双十节'，一百师政训处为庆祝'国庆'，在小教场放映了有声电影。1940 年 8 月，中国国民党中央党部新闻处电影放映队来西宁，放映了《航空救国》、《绥西抗战》等时事政治影片。"^④西宁第一家营业性的公共电影院是 1943 年由马步芳筹设的湟光电影院，院址为西宁的山陕会馆，备有陈旧的无声和有声电影放映机各一台。1946 年，湟光电影院迁到东关湟中东侧，"为一幢西式的二层楼房

① 罗南耀：《当年麒麟公园》，中国人民政治协商会议西宁市城中区委员会文史资料研究委员会编：《西宁城中文史资料》第一辑，西宁：中国人民政治协商会议西宁市城中区委员会文史资料研究委员会，1988 年，第 119—124 页。

② 青海省志编纂委员会：《西宁湟光电影院开业》，青海省志编纂委员会编：《青海历史纪要》，西宁：青海人民出版社，1980 年，第 182 页。山陕会馆位于今西宁市兴隆巷附近。

③ 张奋生：《西宁电影的初期》，中国人民政治协商会议西宁市城中区委员会文史资料研究委员会编：《西宁城中文史资料》第十五辑，西宁：中国人民政治协商会议西宁市城中区委员会文史资料研究委员会，2003 年，第 63 页。

④ 曹蓉：《二十世纪三四十年代西宁城市发展研究》，兰州：西北师范大学硕士学位论文，2014 年，第 37 页。

建筑，面积 800 平方米，共设 500 个坐席，二楼设有包厢四间，电影放映机增加到 27 部"①。湟光电影院建成之后，西宁市民看电影有了固定的场所，其放映的影片多为爱情、侦探、武打等娱乐片，并派专人从上海中华电影公司和美国福克斯电影公司驻兰州办事处租映恐怖、荒诞等各类影片。看电影不仅是西宁市民一种新的娱乐休闲方式，更是一种对新的文化类型和生活方式的追求与认同。

除公园、电影院外，娱民会场是西宁规模较大、设备较全的唯一园林文化娱乐场所。娱民会场由青海省政府民政厅厅长王玉堂于民国十九年（1930）7 月，在城中区小教场北面开办（今省政府后院），该会场属于青海省民政厅。会场活动项目主要有"图书阅览、博物、木马、双杠、篮球、动物展览、曲艺"②等多种。会场内还设有国术馆，以"锻炼体质，鼓铸国魂"为宗旨，教练武艺，每逢节假日在娱民会场打擂比武，设场练拳，进行表演③。为吸引群众，该会场还圈养了一些各地动物，每日开放，供人观赏，故西宁人称之为"动物园"。王玉堂从省内外召集了一些戏班子、说唱艺人、魔术杂技艺人来娱民会场演出。这些表演对于长期闭塞的西宁观众来说，真是让他们大开眼界，因而备受欢迎④。每日来参观武术表演、魔术杂技，或听戏、观看野生动物的群众不少。每逢星期天、节假日，远近群众来此参观。会场周围小商小贩也摆摊设点，小校场一时热闹非凡，成为西宁市民的文化娱乐中心⑤。

① 陈秉渊：《马步芳家族统治青海四十年》，西宁：青海人民出版社，1981 年，第 311 页。
② 董绍萱：《西宁曲艺演唱大事记》，中国人民政治协商会议西宁市城中区委员会文史资料研究委员会编：《西宁城中文史资料》第十九辑，西宁：中国人民政治协商会议西宁市城中区委员会文史资料研究委员会，2007 年，第 133—140 页。
③ 何鸿仪：《解放前西宁市民间文化市场一角》，中国人民政治协商会议西宁市城中区委员会文史资料研究委员会编：《西宁城中文史资料》第一辑，西宁：中国人民政治协商会议西宁市城中区委员会文史资料研究委员会，1988 年，第 92 页。
④ 何鸿仪：《解放前西宁市民间文化市场一角》，中国人民政治协商会议西宁市城中区委员会文史资料研究委员会编：《西宁城中文史资料》第一辑，西宁：中国人民政治协商会议西宁市城中区委员会文史资料研究委员会，1988 年，第 92—93 页。
⑤ 何鸿仪：《解放前西宁市民间文化市场一角》，中国人民政治协商会议西宁市城中区委员会文史资料研究委员会编：《西宁城中文史资料》第一辑，西宁：中国人民政治协商会议西宁市城中区委员会文史资料研究委员会，1988 年，第 93 页。

二、旅游餐饮设施

作为旅游者的必需品，餐饮在民国时期的西宁也获得了一定的发展。据《青海商业志》记载，在中华人民共和国成立初期，"青海饮食服务业以私营小店和个体摊点为主。1949 年，全省私营饮食服务业有 885 户，从业人员 1393 人，资金 13.7 万元，营业额 97.1 万元"[①]。民国时期的西宁市饭馆，除了"南、北、西大街仅有几处杂货铺和熟食摊；手工业和饭馆多分布在石坡街、大新街、饮马街、观门街及东关等处"。民国二十二年（1933），西宁市在大新街与饮马街之间的原贡院旧址，"建有中山市场，约 150 米、长 6 米宽。市场两侧为二层土木结构小楼，临街为店铺，楼上设有茶肆和酒店"[②]，成为过往旅游者以及西宁市民喝茶、用餐的主要去处。

相比饭馆，民国时期西宁的茶馆成为当时来往游客歇息、提神的重要去处。据张奋生的《西宁茶馆今昔》所云，民国时期，在西宁经营茶馆颇有名气的有两家：

> 一家户主名叫金吉斋，外号称金家禄禄，此馆资金有白洋三百余元，桌椅达五六十套，三台盖碗一百余副。他常年开设在中山市场内的秦剧戏院中，日收入白洋三十余元……若剧社邀赴庙会演出时，该茶馆也随之前去，摆桌经营。另一家户主名叫冯宝山，西宁人，在香水园开茶馆，规模较金家次之，资金约白洋一百元，茶桌共四十套左右。他除了隍庙和南禅寺逢庙会期间，在戏台前面摆设茶座，全家分而经营外，其它规模较小，分布于城内各街巷……西宁城内开设茶馆的地方，尚有石坡街蒲剧院、山陕会馆、北禅寺坡灵官殿、大新街、三月阁、观门街广福观、小新街艳月楼等处……麒麟公园每年到农历三四月开始游人逐渐多了起来，为接待游人玩赏，到公园开设茶馆的商人数量也渐渐增多，高峰期到二十多家，生意十分红火，收入可观。[③]

在经营上，这些茶馆"设备都很简单，仅有桌椅、火炉、水壶和三台碗

[①] 杨景福：《青海商业志》，西宁：青海人民出版社，1989 年，第 240 页。
[②] 刘雨埔：《西宁城市空间结构发展研究（1840—2010）》，西安：西安建筑科技大学硕士学位论文，2013 年，第 47 页。
[③] 张奋生：《西宁茶馆今昔》，《西海都市报》，2010 年 5 月 21 日。

茶，附带一些大板瓜子、油炸大豆和少量水果糖及花生米等。当时每份冰糖桂圆茶售价硬币五角，不放冰糖桂圆的二角五分，至于另加的大板瓜子一两二角，其余的油炸大豆、各式水果糖则按质论价，大都在茶客要走时才一并结算……店主招待茶客也十分热情周到，特别是言语谦恭，态度和蔼。随时加添开水，随呼即至，使人大有宾至如归之感"①。

---

① 张奋生：《西宁茶馆今昔》，《西海都市报》，2010 年 5 月 21 日。

结　论

　　本书运用历史旅游地理学研究方法对民国时期青藏地区的旅游地理作了初步的研究，其中旅游资源、旅游交通和旅游者构成了本书研究的核心部分。此外，在旅游住宿和旅游餐饮方面本书也进行了相关的探讨，特总结如下。

　　在旅游资源方面。丰富的旅游资源是民国时期国内外旅游者蜂拥而至青藏地区的基本动力之一。民国时期青藏地区的旅游资源呈现出原真性、宗教性和封闭性的独特特征。在旅游资源类型方面，地文景观类资源集中于山峰类，促使登山成为当时青藏地区旅游活动的重要形式。水域风光类旅游资源主要包括河流和湖泊两个方面。作为国内外一些大河的发源地，青藏地区的河流资源十分丰富。而以青海湖、纳木错、玛旁雍错为代表的高原湖泊，成为青藏地区的重要旅游标志。此外温泉和冰川也是水域风光类旅游资源的重要组成部分，但在当时其知名度并不十分突出。特殊的自然环境导致青藏地区的生物景观类旅游资源较为独特，成为科学考察旅游活动的基本对象。婚姻礼仪、宗教信仰、丧葬形式、饮食习惯、衣着服饰、节日节庆等则构成了丰富的人文活动类旅游资源，给民国时期的青藏旅游者留下了较深的印象。建筑设施类旅游资源是民国时期青藏地区分布最为广泛的旅游资源类型，其中以布达拉宫、塔尔寺、哲蚌寺、扎什伦布寺等为代表的宗教建筑类旅游资源是该类型资源的主体。在旅游资源分布方面，地文景观类旅游资源与境内主要山脉的分布一致；而除了青海湖之外，湖泊类旅游资源主要分布于藏北高原；青藏地区是亚洲诸多重要河流的发源地，长江、黄河等起源于青海省的巴颜喀拉山脉中西部，雅鲁藏布江、印度河等则发源于喜马拉雅山脉和冈底斯山脉之间的西藏西部；民国时期冰川则大范围分布在海拔4500—5000米之上的喜马拉雅山脉、昆仑山脉、唐古拉山脉、祁连山脉等，此外西藏东部的横断山脉也有较多的海洋型冰川分布；植物类旅游资源分布于青海省南部和西藏的峡谷区域；动物类旅游资源则遍布西藏和青海南部区域；人文活动类旅游资源与青藏地区的民族分布一致；宗教建筑类旅游资源在西藏主要分布于拉萨、日喀则和昌都，在青海则主要分布于西宁、海东和玉树等地。本书还以塔尔寺为个案，探讨了民国时期青藏地区旅游资源的开发利用情况。

在旅游交通方面。本书考察了民国时期旅游者入藏的几条主要线路，包括青藏线、康藏线和印藏线。而滇藏线由于沿途治安较差以及进入西藏境内与康藏线合二为一，本书重点讨论了康藏线。在交通道路建设方面，西藏地区基本上还是以随山逐水的羊肠小道为主，青海则以西宁为中心，修建了西到若羌、东达兰州、北连敦煌、南通玉树的公路交通网络。但由于经费和维护不足，青海的公路使用基本局限在西宁及其周边地区，青海其他大部分地区的交通状况则与西藏无异。西宁和拉萨是民国时期青藏旅游交通的两个重要节点（一级节点），尤其是西宁市，在旅游资源开发、公共设施投入、旅游交通建设、旅游住宿发展等多个方面都取得了长足的进步。其他重要的旅游交通节点还有玉树、江孜、亚东和昌都等。在交通工具方面，西藏地区仍然依赖于"乌拉牛马"，青海则出现了汽车、飞机等现代化交通工具，公路交通日渐发达。在桥梁修建方面，青藏地区在民国时期也取得了一定的成就。

在旅游者方面。根据旅游动机理论，本书将民国时期的青藏旅游者主要分为政务交流型、宗教朝拜型、科学考察型、政治探险型四个类型。政务交流型旅游者主要是以政治活动为主，无论是观寺礼佛还是会见各阶层人士，其初衷都是为了协调中央与地方政府的关系，以促进地方的发展。宗教朝拜型旅游者旅游消费能力较低，但其对寺庙的布施却不吝钱财，正是这一部分旅游者促进了寺庙类旅游资源的不断丰富。国内外的科学考察型旅游者，其旅游行为有一定的区别，国外旅游者的活动大体上包括登山探险、动植物资源考察和地质地貌勘察三个方面；国内旅游者则从自然和人文环境的各个方面进行综合性考察。政治探险型旅游者在交通、住宿、饮食等多个方面与政务交流型旅游者有较大的相通之处，但其活动资金大都源于本国政府的资助，并且服务于干涉中国内政的政治侵略行为。不同类型旅游者，其时空特征在民国时期也有一定的区别。本书还对民国时期青藏地区的旅游流作了定量的分析，结果表明享堂、亚东和昌都是民国时期旅游者进入青藏的主要入口。青海和西藏尽管同属青藏高原，但在旅游活动开展中却属于两个相对独立的单元，而布达拉宫和塔尔寺分别发展成为西藏和青海的旅游流中心。在旅游者地理部分，本书以英国地质学家亨利·海登的西藏狩猎旅游和著名边疆问题研究专家马鹤天的青海考察旅游为个案，探讨了旅游者的行为特征。

在旅游住宿和餐饮方面。民国时期青藏地区的旅游住宿包括宾馆/客栈住宿、驿站住宿、帐篷住宿、寺庙住宿四种类型，其中以昆仑大旅社、湟中大厦、郑记客栈为代表的新兴旅游住宿设施的出现，标志着民国时期青藏地区旅游业发展的新成就。在旅游住宿分布上，新兴旅游住宿设施主要分布在青海省西宁市，其他区域则主要依赖驿站住宿和寺庙住宿。青海省还建设了一些旅游娱乐设施，如公园、影院、剧场等，促进了当时青海省旅游休闲娱乐活动的发展。在旅游餐饮业方面，茶馆的发展较为突出。

通过上述研究，可以得出民国时期青藏地区旅游业发展的一些基本特征，概括如下。

第一，近代旅游业开始萌芽。

从全球尺度来看，近代旅游业起源于19世纪40年代。但对于20世纪上半叶的青藏地区来说，其旅游业发展总体上仍处于古代旅游阶段。作为近代旅游业标志的旅行社业尽管在内地已经出现[1]，但对于青藏地区而言，却不见旅行社业务的发展，也没有所谓的导游服务[2]。同时在旅游资源开发方面，也未见发展，基本上处于最原始的自然资源状态。即便前文个案研究的青海省塔尔寺，其商业范围的发展也非刻意为之，而是宗教朝拜活动导致的客观后果。无论是旅游资源、旅游交通还是旅游住宿、旅游餐饮，都没有形成链条式的产业发展，而是基本处于各自为阵、断裂式的发展局面。并且由于社会经济发展条

---

① 1927年陈光甫先生在上海成立中国旅行社。国际上一般以托马斯·库克代表的旅行社行业的出现作为近代旅游业发展的标志，由此国内近代旅游业的发展则发端于中国旅行社的成立。

② 一部分旅游者在青藏地区开展旅游活动时，通常都会聘请一些向导，在路线、语言包括生活等多个方面提供帮助，但这与真正意义上的"导游"仍有较大的差距。

件的限制，民国时期青藏地区的旅游业远远没有出现产业化的发展趋势。整个民国时期，青藏地区的社会经济仍然停留在封建农奴制、政教合一（西藏）和军阀专制、传统农牧业以及垄断官僚资本（青海）的阶段。社会经济的进步是旅游业快速发展的基础，因此民国时期青藏地区的旅游业要想取得更大的成就，几乎是不可能的。

但即便如此，通过前文的分析，我们依然认为民国时期青藏地区的近代旅游业已经开始萌芽。旅游业是一项综合性产业，旅游活动也是一项综合性的活动。王慧敏根据旅游活动发展的特点，认为其是一项边界模糊的"泛产业"："我们至少能够捕获旅游产业的两大特点：一是旅游并非仅指传统意义上的观光、休闲活动，包括了商务、会议等各类出访活动，旅游产业有着更丰富的内涵和广泛的外延，只要是为旅游者外出活动提供服务的行业均可归于旅游产业，即旅游产业是一个区别于传统产业的'泛产业'……。"[1]民国时期青藏地区的旅游活动呈现出多元化的发展趋势，形成了政务交流型、宗教朝拜型、科学考察型、政治探险型等多种类型的旅游者，而这些旅游者在旅游地也大都会进行一些观光游览性的消遣性旅游活动。尽管社会经济发展水平不发达，社会经济改革缓慢，但是毕竟在这个时期青藏地区也出现了一些近代化的转变，如西藏地区的几次近代化尝试[2]、青海地区的金融业、邮电通信业、机器工业、近代交通业等新兴经济行业的产生和发展，推动了该区域与旅游活动开展密切相关的旅游交通建设和旅游住宿业的近代化萌芽。其中的标志性事件就是公路交通的投入使用和湟中大厦、郑记客栈等旅游接待设施的建立。同时，中国第一种旅游业的专业杂志《旅行杂志》创刊以后，其刊登的关于青藏地区的游记资料、社会风情、地理概况等屡见不鲜，也提升了青藏地区作为旅游目的地的知名度。因此，我们认为在民国时期的青藏地区，一些近代化的旅游要素开始不断出现，而旅游业也已经开始由古代旅游向近代旅游转变。

第二，旅游活动以公务活动为主。

与现代旅游活动注重"观光""休闲""消遣"不同，民国时期青藏地区的旅游活动主要集中于公务活动。无论是政治交流型还是科学考察型旅游活

---

① 王慧敏：《旅游产业的新发展观：5C 模式》，《中国工业经济》2007 年第 6 期。

② 代表性的有十三世达赖喇嘛从政治、经济、文化等多个方面的改革，十三世达赖喇嘛圆寂后龙夏进行的近代化改革等。

动，抑或政治探险型旅游活动，都是一种公务活动。例如，马鹤天在青海省的旅行是为了考察全省的教育状况，戴传贤在青海也是为了视察该省的教育，刘曼卿入藏是作为国民政府的特使在中央和西藏之间建立联系，黄慕松入藏是为了致祭十三世达赖喇嘛，赴青海考察的美国人雷纳德·克拉克是美国战略情报局的军事特工，亨利·海登等的狩猎旅游则是以西藏当局地质顾问的身份所从事的地质考察行为，等等，这些行为无不表明公务活动是民国时期青藏地区大多数旅游活动开展的基本动因。因此这些旅游者在旅游过程中会得到地方政府的大力支持。例如，马鹤天云："自入西宁境以来，到处军事长官，特别招待、迎送，如西宁城时，又有如此盛大隆重之欢迎。"[①]马步芳为雷纳德·克拉克派遣协助人员及护卫骑兵50名，组织骡马、牦牛计180匹（头）为运输队，供应粮食等[②]；噶厦政府"召令所有的藏民为我们（亨利·海登等，笔者注）一行提供一切可能的帮助"[③]等。这与当前的大众旅游无疑具有较大的差异。

究其原因，可以归结为民国时期青藏地区乃至全国的政治环境和经济发展状况。民国时期中国的社会经济发展水平不足以产生大众化的旅游现象，而青藏地区的经济发展水平也决定了其旅游接待设施与容量的有限性。在这种情况下，民国时期青藏地区的旅游活动必然是小规模的，且局限于经济状况较好的少数群体。民国时期大多数国内外旅游者在青藏地区的旅游活动都有着浓厚的政府背景，政府资助决定了其不会考虑经济成本，而公务活动的需要，又决定了其不会太过关注相对恶劣的自然和人文环境。

公务旅游活动的盛行也表明了青藏地区旅游业发展的局限性。尽管由于政治环境的变化，公务旅游活动的规模和类型也时有扩大，但其参加者多限于政府官员及受资助的各界名人，就总体规模而言，毕竟人数不多、比重较小，其旅游活动的开展及其所附带的消遣性旅游活动并不具备普遍的社会意义。

第三，区域旅游发展不平衡。

通过前文的分析，我们发现民国时期青藏地区的旅游业发展不平衡现象较为突出。从大的区域来看，青海的旅游业发展在各个方面的成就都超过西藏，

---

① 马鹤天：《西北考察记·青海篇》，台北：南天书局有限公司，1987年，第9页。
② 陈秉渊：《马步芳家族统治青海四十年》，西宁：青海人民出版社，2007年，第109页。
③〔英〕亨利·海登、西泽·考森：《在西藏高原的狩猎与旅游：西藏地质探险日志》，周国炎、邵鸿译，北京：中国社会科学出版社，2002年，第31页。

这与当前两个地区的旅游发展水平对比差异明显。通过图 1-1 的对比，可以发现 2010—2015 年，青海省和西藏自治区在旅游发展总体规模上，尽管接待的游客人次差距较为明显，但在更重要的指标——旅游收入方面差距不大。以 2015 年、2014 年为例，2015 年，青海省接待国内外游客和实现旅游总收入分别是 2315.4 万人次、248.03 亿元，而西藏自治区的数据则为 2017.53 万人次、281.92 亿元；2014 年，青海省接待国内外游客和实现旅游总收入分别是 2005.58 万人次、201.9 亿元，西藏自治区的数据则为 1553.14 万人次、204.00 亿元。相反，旅游收入方面西藏自治区在 2015 年和 2014 年都超过了青海省。但是在民国时期，青海的旅游业发展水平要比西藏高得多，具体表现在以下几个方面。

（1）在旅游基础设施建设方面，青海要远远领先于西藏。民国时期，公路交通在青海的旅游交通中已经占据一定的比重，西藏的旅游交通则完全依靠传统的人力和畜力运输。在旅游住宿方面的差距也十分明显，青海出现了以湟中大厦、郑记客栈为代表的公、私营旅游企业，而西藏仍停留在驿站住宿阶段。在休闲娱乐设施建设方面，青海的公园、影院和剧场等公共休闲娱乐设施都有一定的发展，而西藏则为空白。

（2）在旅游者数量方面，青海接待的游客人次也比西藏多得多。以科学考察类旅游者为例，民国时期国民政府曾经数次组织大规模的考察团对青海进行考察，一些政要人士也频频赴青海开展政治活动，而在西藏这类活动较为罕见。徐近之被誉为"内地科学工作者入藏第一人"，其实不仅仅是第一人，在民国时期，徐氏也是最后一人。但在青海类似的考察屡见不鲜。究其原因，无外乎二：一是交通问题，青海的对外交通要比西藏更加便捷和安全。二是政治问题，这也是更为重要的原因。在与中央的关系上，青海尽管是军阀专制，但一直在中央政府的直接管辖之下，而西藏地方政府在民国时期与中央政府的关系若即若离，这极大地制约了内地人士的入藏旅游。

（3）在民国时期的旅游资源分布方面，青海也比西藏更为集中，这也更加有利于旅游者在青海的旅游活动。由前文关于旅游资源分布的内容可知，青海的知名旅游资源都分布在西宁—青海湖一带，资源集中、距离较近，这也符合当前旅游开发中遵循的"最小旅游时间比"的基本原则。相比之下，西藏的旅游资源则分布广泛，知名的布达拉宫、扎什伦布寺、纳木错、玛旁雍错、珠穆朗玛峰等彼此之间都相距甚远，导致区域旅游发展的集群效应较差。

（4）在旅游意识的觉醒上，青海人民的休闲游乐意识开始有一定的萌芽，并且一些基础设施的建设，也促进了这种休闲意识的发展，尤其是西宁市民，逛公园、进茶馆、看剧场表演已经成为日常休闲的重要构成部分。而民国时期西藏的广大人民仍处于封建农牧制的残酷压迫之下，旅游意识根本无从谈起。

此外，在更小的空间尺度上，民国时期青藏地区的旅游业发展也体现出明显的不平衡性。在青海，以西宁—青海湖为核心区域，旅游活动较为频繁，玉树、果洛和海西地区则较为不发达。西藏的旅游活动也主要集中在拉萨及其周边地区，包括纳木错区域，次之则为后藏的日喀则，昌都地区由于康藏线的缘故，也有一定的旅游活动，但是那曲、阿里等地则依旧人迹罕至。

第四，旅游活动的时间特征显著。

政治环境与经济发展水平的变化，使民国时期青藏地区旅游活动的时间特征较为显著。不同的旅游动机体现出不同的时间特征，旅游交通、旅游住宿以及其他旅游行业要素在时间变化上也较为明显。政务交流动机在20世纪30年代之后显得更为突出，而民国早期的政务交流相对较少。在科学考察动机方面，民国前期，国外对青藏地区的考察较多，到民国后期尤其是全面抗战爆发之后，中央政府对青藏地区的科学考察更为频繁。在政治探险动机方面，国外以20世纪20年代最为频繁。到20世纪40年代之后，国外尽管还有在西藏的间谍活动，但其影响已经大不如前，在青海则基本消失。公路旅游交通始建于1929年，在民国后期则日渐发达，之前无论是青海还是西藏都是以传统的畜力、人力交通为主。1930年之前，青藏地区的旅游住宿与古代并没有多大的区别，而1934年之后，青海的旅游住宿业开始向近代化转变。同样的变化也反映在旅游餐饮、旅游娱乐等行业要素上。

参考文献

一、著作

1. 中文著作

保继刚、楚义芳：《旅游地理学》，北京：高等教育出版社，1999年。

〔英〕柏尔：《西藏史》，宫廷璋译，上海：商务印书馆，1935年。

〔英〕柏尔：《西藏志》，董之学、傅勒家译，重庆：商务印书馆，1936年。

陈兵、邓子美：《二十世纪中国佛教》，北京：民族出版社，2000年。

陈秉渊：《马步芳家族统治青海四十年》，西宁：青海人民出版社，1981年。

陈赓雅：《西北视察记》，兰州：甘肃人民出版社，2002年。

陈观浔：《西藏志》，成都：巴蜀书社，1986年。

陈庆英：《西藏通史》，郑州：中州古籍出版社，2003年。

陈炎冰：《中华温泉考》，上海：中华书局，1939年。

崔保新：《西藏1934：黄慕松奉使西藏实录》，北京：社会科学文献出版社，2015年。

崔永红、张得祖、杜常顺：《青海通史》，西宁：青海人民出版社，1999年。

邓隆：《甘肃通志稿·民族志》，1936年。

东嘎·洛桑赤列：《论西藏政教合一制度》，陈庆英译，北京：民族出版社，1985年。

多杰才旦主编：《西藏封建农奴制社会形态》，北京：中国藏学出版社，1996年。

多杰才旦、江村罗布：《西藏经济简史》，北京：中国藏学出版社，2002年。

范长江：《中国的西北角》，成都：四川大学出版社，2010 年。

〔英〕福格森：《青康藏区的冒险生涯》，张文武译，拉萨：西藏人民出版社，2003 年。

甘志茂、马耀峰：《旅游资源与开发》，天津：南开大学出版社，2000 年。

高良佐：《西北随轺记》，兰州：甘肃人民出版社，2003 年。

格勒、刘一民、张建世等编著：《藏北牧民》，北京：中国藏学出版社，2004 年。

葛赤峰：《藏边采风记》，重庆：商务印书馆，1942 年。

顾颉刚：《西北考察日记》，兰州：甘肃人民出版社，2002 年。

郭卿友：《民国藏事通鉴》，北京：中国藏学出版社，2008 年。

国家旅游局资源开发司、中国科学院地理研究所：《中国旅游资源普查规范（试行稿）》，
　　北京：中国旅游出版社，1992 年。

何小芊：《中国温泉旅游的历史地理研究》，北京：旅游教育出版社，2013 年。

〔英〕亨利·海登、西泽·考森：《在西藏高原的狩猎与旅游：西藏地质探险日志》，周国
　　炎、邵鸿译，北京：中国社会科学出版社，2002 年。

洪涤尘：《西藏史地大纲》，上海：正中书局，1936 年。

侯鸿鉴、马鹤天：《西北漫游记·青海考察记》，兰州：甘肃人民出版社，2003 年。

侯杨方：《中国人口史》第六卷（1910—1953），上海：复旦大学出版社，2001 年。

黄奋生：《藏族史略》，北京：民族出版社，1985 年。

黄家城：《桂林旅游史略》，桂林：漓江出版社，1998 年。

黄慕松：《黄慕松奉使新疆西藏自记》，北京：中央编译局，2011 年。

（清）黄沛翘撰，吴丰培校订，《西藏研究》编辑部编辑：《西藏图考》，拉萨：西藏人民
　　出版社，1982 年。

黄英杰.：《民国密宗年鉴》，台北：全佛文化出版社，1995 年。

江绍原：《中国古代旅行之研究》，上海：商务印书馆，1935 年。

景生明：《青海省志》，西宁：青海人民出版社，1993 年。

拉科·益西多杰：《塔尔寺史话》，北京：民族出版社，2001 年。

李慧：《西宁市志·商业志》第 10 卷，兰州：兰州大学出版社，1990 年。

李天元：《旅游学概论》第七版，天津：南开大学出版社，2014 年。

林鹏侠：《西北行》，银川：宁夏人民出版社，2000 年。

刘德谦：《中国旅游文学新论》，北京：中国旅游出版社，1997 年。

刘广生：《中国古代邮驿史》，北京：人民邮电出版社，1986 年。

刘丽楣：《民国时期西藏及藏区经济开发建设档案选编》，北京：中国藏学出版社，2005 年。

刘曼卿：《康藏辑征》，上海：商务印书馆，1933 年。

刘瑞：《中国人口·西藏分册》，北京：中国财政经济出版社，1988 年。

刘慎谔：《刘慎谔文集》，北京：科学出版社，1985 年。

卢云亭：《现代旅游地理学》，南京：江苏人民出版社，1988 年。

路遇、腾泽之：《中国人口通史》，济南：山东大学出版社，2000 年。

马鹤天：《甘青藏边区考察记》，兰州：甘肃人民出版社，2003 年。

马鹤天：《西北考察记·青海篇》，台北：南天书局有限公司， 1987 年。

马丽华：《青藏苍茫：青藏高原科学考察 50 年》，北京：生活·读书·新知三联书店，
　　1999 年。

〔英〕麦克唐纳：《旅藏二十年》，孙梅生、黄次书译，上海：商务印书馆，1936 年。

〔美〕梅·戈尔斯坦：《喇嘛王国的覆灭》，杜永彬译，北京：中国藏学出版社，2005 年。

年治海、白更登主编：《青海藏传佛教寺院明鉴》，兰州：甘肃民族出版社，1993 年。

欧华国：《青海公路交通史》，北京：人民交通出版社，1989 年。

彭顺生：《世界旅游发展史》，北京：中国旅游出版社，2006 年。

彭勇：《中国旅游史》，郑州：河南医科大学出版社，2006 年。

蒲文成：《甘青藏传佛教寺院》，西宁：青海人民出版社，1990 年。

青海公路交通史编委会编：《青海公路交通史：古代道路交通、近代公路交通》，北京：人
　　民交通出版社，1989 年。

青海省编辑组编：《青海省藏族蒙古族社会历史调查》，西宁：青海人民出版社，1985 年。

青海省编辑组编：《青海省土族历史调查》，西宁：青海人民出版社，1985 年。

青海省地方志编纂委员会编：《青海省志·商业志》，西宁：青海人民出版社，1993 年。

青海省地方志编纂委员会编：《青海省志·统计志》，西宁：青海人民出版社，1995 年。

〔日〕青木文教：《西藏游记》，唐开斌译，上海：商务印书馆，1931 年。

任唤麟：《明代旅游地理研究》，合肥：中国科学技术大学出版社，2013 年。

邵生林、成天亮：《西藏登山运动史》，北京：北京体育大学出版社，2002 年。

史克明主编：《青海省经济地理》，北京：新华出版社，1988 年。

〔瑞典〕斯文·赫定：《我的探险生涯》，孙仲宽译，乌鲁木齐：新疆人民出版社，1997 年。

孙泽荣：《中国人口·西藏分册》，北京：中国财政经济出版社，1988 年。

〔加〕谭·戈伦夫：《现代西藏的诞生》，伍昆明、王宝玉译，北京：中国藏学出版社，
　　1990 年。

田利军、张惠华、是丽娜主编：《旅游心理学》，北京：中国人民大学出版社，2006 年。

王晓云、张帆：《旅游学导论》，上海：立信会计出版社，2004 年。

王永忠：《西方旅游史》，南京：东南大学出版社，2004 年。

〔英〕威里壁：《穿越西藏无人区》，李金希译，拉萨：西藏人民出版社，2003 年。

魏向东：《晚明旅游地理研究（1567—1644）——以江南地区为中心》，天津：天津古籍
　　出版社，2011 年。

翁之藏：《西康之实况》，上海：上海民智书局，1932 年。

吴忠信：《西藏纪要》，北京：全国图书馆文献缩微复制中心，1991 年。

武振华：《西藏地名》，北京：中国藏学出版社，1996 年。

西北公路运输管理局：《西北公路交通要览》，兰州：交通部西北公路运输管理局，1940 年。

西藏昌都地区地方志编纂委员会编：《昌都地区志》下册，北京：方志出版社，2005 年。

西藏社会历史调查资料丛刊编辑组编：《藏族社会历史调查》第 1—6 卷，拉萨：西藏人民
　　出版社，1987、1989、1991 年。

西藏自治区地方志编纂委员会编：《西藏自治区志·文物志》上册，北京：中国藏学出版
　　社，2012 年。

西藏自治区统计局、国家统计局西藏调查总队编：《西藏统计年鉴2015》，北京：中国统计
　　出版社，2015 年。

喜饶尼玛：《现代藏事研究》，上海、拉萨：上海书店出版社、西藏人民出版社，2000 年。

谢贵安、谢盛：《中国旅游史》，武汉：武汉大学出版社，2012 年。

谢彦君：《基础旅游学》，北京：商务印书馆，2015 年。

谢彦君：《基础旅游学》第三版，北京：中国旅游出版社，2011 年。

徐尔灏：《青康藏新西人考察史略》，南京：国立中央大学，1945 年。

徐近之：《青藏自然地理资料·地文部分》，北京：科学出版社，1960 年。

徐近之：《青藏自然地理资料·植物部分》，北京：科学出版社，1959 年。

〔苏〕亚历山大罗夫：《近代西藏》，北京大学政治学系会译，北京：世界知识社，
　　1951 年。

严德一：《边疆地理调查实录》，北京：商务印书馆，1950 年。

杨辉麟：《西藏佛教寺庙》，成都：四川人民出版社，2003年。

杨景福：《青海商业志》，西宁：青海人民出版社，1989年。

杨子慧：《中国历代人口统计资料研究》，北京：改革出版社，1996年。

尹扶一、杨耀卿：《西藏纪要》，南京：蒙藏委员会编译室，1930年。

〔英〕詹姆斯·瓦特：《西康之神秘水道记》，杨庆鹏译，南京：蒙藏委员会，1933年。

张恨水、李孤帆：《西游小记/西行杂记》，兰州：甘肃人民出版社，2003年。

张其勤：《西藏调查记》，上海：商务印书馆，1923年。

张羽新、张双新：《民国藏事史料汇编》，北京：学苑出版社，2013年。

赵文林、谢淑君：《中国人口史》，北京：人民出版社，1988年。

中国第二历史档案馆、中国藏学研究中心编：《十三世达赖圆寂致祭和十四世达赖转世坐床
    档案选编》，北京：中国藏学出版社，1991年。

中国第二历史档案馆、中国藏学研究中心编：《黄慕松 吴忠信 赵守钰 戴传贤奉使办理藏
    事报告书》，北京：中国藏学出版社，1993年。

中国第二历史档案馆、中国藏学研究中心编：《西藏亚东关档案选编》下册，北京：中国藏
    学出版社，1999年。

中国科学院青藏高原综合科学考察队编：《西藏农业地理》，北京：科学出版社，1984年。

中国西藏自治区委员会党史资料征集委员会编：《西藏革命史》，拉萨：西藏人民出版社，
    1991年。

周伟洲：《唐代吐蕃与近代西藏史论稿》，北京：中国藏学出版社，2006年。

周伟洲、周源：《西藏通史》，北京：中国藏学出版社，2013年。

周希武：《宁海纪行》，兰州：甘肃人民出版社，2002年。

周正：《探险珠峰》，厦门：鹭江出版社，2004年。

朱少逸：《拉萨见闻记》，上海：商务印书馆，1947年。

祝启源、赵秀英：《中华民国时期西藏地方与中央政府关系研究》，北京：中国藏学出版
    社，2010年。

2. 英文著作

Apostolopoulos Y., Leontidou L., Loukissas P. *Mediterranean Tourism：Facets of Socioeconomic
    Development and Cultural Change*，London：Routledge，2014.

Barton S. *Healthy Living in the Alps*，Manchester：Manchester University Press，2008.

Buchan J., Fellows P. M. *First Over Everest: The Houston-Mount Everest Expedition, 1933*, New York: R. M. McBride, 1934.

Buikart A. J., Medlik S. *Tourism: Past, Present and Future*, London: Heinemann, 1974.

Cooper C., Fletcher J., Gilbert D., et al. *Tourism: Principles and Practice*, Essex: Longman, 1993.

Feifer M. *Tourism in History: From Imperial Rome to the Present*, New York: Stein and Day, 1986.

Goeldner C., Ritchie B. *Tourism: Principles, Practices, Philosophies*, Hoboken: John Wiley, 2006.

Hunt E. D. *Holy Land Pilgrimage in the Later Roman Empire: AD 312-460*, Oxford: Oxford University Press, 1984.

Kuhn T. S. *The Structure of Scientific Revolution*, Chicago: University of Chicago Press, 1962.

McIntosh R., Goeldner C. *Tourism: Principles, Practices, Philosophies*, Columbus: Grid Publishing, Inc., 1984.

OECD Tourism Committee. *Tourism Policy and International Tourism in OECD Member Countries*, Paris: Organization for Economic Cooperation and Development, 1973.

Revels T. J. *Sunshine Paradise: A History of Florida Tourism*, Florida: University Press of Florida, 2011.

Ring J. *How the English Made the Alps*, London: John Murray, 2000.

Segreto L., Manera C., Pohl M. *Europe at the Seaside: The Economic History of Mass Tourism in the Mediterranean*, New York, Oxford: Berghahn Books, 2009.

Towner J. *An Historical Geography of Recreation and Tourism in the Western World 1540-1940*, New York: John Wiley & Sons, 1996.

二、丛刊和论文集

董绍萱：《西宁曲艺演唱大事记》，中国人民政治协商会议西宁市城中区委员会文史资料研究委员会编：《西宁城中文史资料》第十九辑，西宁：中国人民政治协商会议西宁市城中区委员会文史资料研究委员会，2007 年。

郭来喜：《人文地理学的一个新兴分支——旅游地理学》，李旭旦主编：《人文地理学论丛》，北京：人民教育出版社，1986 年。

何鸿仪：《解放前西宁市民间文化市场一角》，中国人民政治协商会议西宁市城中区委员会文史资料研究委员会编：《西宁城中文史资料》第一辑，西宁：中国人民政治协商会议西宁市城中区委员会文史资料研究委员会，1988 年。

罗南耀：《当年麒麟公园》，中国人民政治协商会议西宁市城中区委员会文史资料研究委员
　　会编：《西宁城中文史资料》第一辑，西宁：中国人民政治协商会议西宁市城中区委员
　　会文史资料研究委员会，1988 年。

马毓：《青海基督教简介》，中国人民政治协商会议青海省委员会文史资料研究委员会编：
　　《青海文史资料选辑》第十辑，西宁：中国人民政治协商会议青海省委员会文史资料研
　　究委员会，1982 年。

青海省志编纂委员会：《西宁湟光电影院开业》，青海省志编纂委员会编：《青海历史纪
　　要》，西宁：青海人民出版社，1980 年。

吴均：《青海地区的藏传佛教与寺院》，中国人民政治协商会议青海省委员会文史资料研究
　　委员会编：《青海文史资料选辑》第十辑，西宁：中国人民政治协商会议青海省委员会
　　文史资料研究委员会，1982 年。

张奋生：《西宁电影的初期》，中国人民政治协商会议青海省委员会文史资料研究委员会
　　编：《西宁城中文史资料》第十五辑，西宁：中国人民政治协商会议西宁市城中区委员
　　会文史资料研究委员会，2003 年。

张志珪：《"真记"客栈轶事》，《西宁城中文史资料》编委会编：《西宁城中文史资
　　料》第十七辑，西宁：中国人民政治协商会议西宁市城中区委员会文史资料委员会，
　　2005 年。

三、报刊

1. 中文报刊

《黄慕松讲述西藏经历》，《湖北省政府公报》1934 年第 82 期。

《开发青海计划》，《银行周报》1931 年第 49 期。

《旅行西藏交通路线之详讯》，《军事杂志》1929 年第 11 期。

《旅行杂志》编辑部：《征稿启事》，《旅行杂志》1939 年第 1 期。

《青海大通县之社会概况》，《新青海》1933 年第 6 期。

《青海风俗》，《新青海》1932 年第 1 期。

《青海公路》，《西京日报》，1934 年 1 月 25 日。

《青海公路调查》，《西北导报》1938 年第 7 期。

《青海河流之调查》，《新青海》1935 年第 6 期。

《青海名刹巡礼》，《良友画报》1937 年第 131 期。

《青海巡礼》，《良友画报》1935 年第 103 期。

《青海耶教之调查》，《开发西北》1934 年第 4 期。

《青海之大金瓦寺》，《中国公论》1938 年第 3 期。

《塔尔寺举行观经大会》，《新青海》1932 年第 1 期。

《西藏的几种奇异风俗》，《汗血周刊》1935 年第 22 期。

《西藏地理上之资料》，《康藏前锋》1935 年第 10 期。

《西藏行记》，《青年知识画报》1937 年第 1 期。

《西藏后藏札什伦布正面全景》，《康藏前锋》1934 年第 5 期。

《西藏缆桥》，《科学画报》1933 年第 23 期。

《西藏色拉寺》，《艺林月刊》1937 年第 95 期。

《西藏之气候物产宗教》，《蒙藏月报》1934 年第 1 期。

《西宁》，《良友画报》1941 年第 171 期。

《西宁六大胜迹概况》，《新青海》1934 年第 3 期。

《喜马拉耶山之不仁》，《图画世界》1946 年第 3 期。

〔美〕贝纳德：《一个美国人在拉萨》，《改进》1939 年第 4 期。

才秀嘉：《伊利亚·托尔斯泰入藏》，《西藏人文地理》2008 年第 1 期。

伧父：《中华民国之前途》，《东方杂志》1912 年第 10 期。

常耀华：《殷墟甲骨刻辞与商代旅游史的建构》，《旅游学刊》2007 年第 5 期。

程建业：《青海藏族的婚姻》，《旅行杂志》1932 年第 11 期。

程建业：《一年来的青海建设事业》，《青海评论》1936 年第 49 期。

戴新三：《藏印纪行》，《康藏研究》1949 年第 25 期。

戴新三：《后藏环游记》，《康藏研究》1948 年第 19 期。

戴新三：《日喀则鸟瞰》，《边政公论》1944 年第 9—12 期。

董佳：《试论近代旅行社的经营管理：以民国时期的中国旅行社为例》，《武汉文博》2009
　　年第 4 期。

方百寿：《中国旅游史研究之我见》，《旅游学刊》2000 年第 2 期。

房建昌：《美国探险家克拉克青海行——一九四九年考察阿尼玛卿、黄河源、柴达木香日
　　德和简述马步芳逃离》，《柴达木开发研究》2014 年第 5 期。

疯汉喇嘛：《涉水在西藏高原》，《时与潮副刊》1944 年第 5 期。

格桑群觉：《西藏概况》，《时事月报》1939 年第 2 期。

郭来喜、保继刚：《中国旅游地理学的回顾与展望》，《地理研究》1990 年第 9 期。

韩宝善：《青海一瞥》，《新亚细亚》1932 年第 6 期。

〔英〕郝希：《西藏东部游记》，吴墨生译，《边政公论》1938 年第 7 期。

何一民：《民国时期西藏城市的发展变迁》，《西南民族大学学报》（人文社会科学版）
    2013 年第 2 期。

胡宏基：《旅行者开发青海之管见》，《旅行杂志》1943 年第 9 期。

胡明春：《西藏甘丹圣寺游记》，《边疆半月刊》1938 年第 1 期。

胡幸福：《从〈十日谈〉看中世纪西欧旅游的条件与环境》，《西南师范大学学报》（人文
    社会科学版）2004 年第 4 期。

〔英〕怀特：《拉萨游记》，吴与、陈世骧译，《东方杂志》1917 年第 3 期。

贾鸿雁：《民国时期旅游研究之进展》，《旅游学刊》2002 年第 4 期。

贾鸿雁：《民国时期文化名人旅游特点浅析》，《桂林旅游高等专科学校学报》2002 年第
    2 期。

贾林东、张容：《民国时期西南旅游近代化述论》，《郧阳师范高等专科学校学报》2010 年
    第 2 期。

蒋君章：《西藏之自然环境与人生》，《边政公论》1944 年第 3 期。

均达：《甘肃青海之新调查》，《科学》1922 年第 5 期。

〔英〕卡罗尔：《西藏行》，邓文烈译，《西北晨钟》1944 年第 11—12 期。

〔法〕克劳德：《西藏访僧记》，左右译，《西风副刊》1941 年第 36 期。

柯羽操：《西藏旅行日记》，《川边季刊》1932 年第 3—4 期，1933 年第 1—2 期。

黎小苏：《青海地理环境》，《新亚细亚》1935 年第 1 期。

李安宅：《藏族宗教史之实地研究》，《中国藏学》1988 年第 1 期。

李承三、周廷儒：《甘肃青海地理考查纪要》，《地理》1942 年第 1—2 期。

李帆群：《青海行》，《新疆日报》，1947 年 5 月 31 日。

李国柱：《游藏纪程》，《地学杂志》1918 年第 11—12 期，1919 年第 1—3 期。

李令福：《中国历史地理学的理论体系、学科属性与研究方法》，《中国历史地理论丛》
    2000 年第 3 辑。

李明矩：《西藏旅行记》，《地学杂志》1919 年第 11—12 期。

李娜：《唐代旅游研究综述》，《重庆工商大学学报》（社会科学版）2008 年第 5 期。

李式金：《青海南部旅行记》，《旅行杂志》1945 年第 3 期。

李式金：《西宁——青海的省会》，《旅行杂志》1945 年第 2 期。

李小波、吴其付：《唐宋时期三峡地区的志记、咏记、游记与历史旅游景观研究》，《中国
地方志》2004 年第 10 期。

李岩：《帝王巡游与中国古代的旅游》，《广西社会科学》2004 年第 9 期。

李自发：《青海羌民之婚姻》，《新亚细亚》1931 年第 6 期。

李自发：《青海游记》，《新青海》1934 年第 5 期。

李自发：《青海游记续》，《新青海》1934 年第 7 期。

林东海：《西藏考察纪实》，徐百如译，《康藏前锋》1935 年第 11 期。

刘法建、张捷、陈冬冬：《中国入境旅游流网络结构特征及动因研究》，《地理学报》2010
年第 8 期。

刘宏盈、韦丽柳、张娟：《基于旅游线路的区域旅游流网络结构特征研究》，《人文地理》
2012 年第 4 期。

刘曼卿：《西藏游记》，《时事月报》1932 年第 6 期。

刘梅青：《青海两周游记》，《新亚细亚》1939 年第 2 期。

刘亦实：《第一个进藏的地理学家徐近之》，《江苏地方志》 2007 年第 1 期。

鲁西奇：《〈椿庐史地论稿〉读后》，《史林》2006 年第 3 期。

鲁西奇：《人地关系理论与历史地理研究》，《史学理论研究》2001 年第 2 期。

马安君：《民国时期青海城镇市场述论》，《西藏研究》2008 年第 3 期。

马鹤天：《青海视察记》，《新亚细亚》1932 年第 5 期。

马鹤天：《西北考察记·青海之社会》，《开发西北》1935 年第 6 期。

马晓京：《近代中国出境旅游活动的历史考察》，《湖北民族学院学报》（社会科学版）
1998 年第 2 期。

马燮元：《近十年来青海建设事业》，《西北世纪》1937 年第 3 期。

〔英〕麦克戈德温：《乔装到拉萨》，孙梅生、黄次书译，《蒙藏旬刊》1935 年第 91—
100 期。

〔英〕麦克唐纳：《西藏的一瞥》，程志政译，《旅行杂志》1940 年第 4 期。

麦群玉：《青海纪游》，《旅行杂志》1938 年第 10 期。

毛曦：《历史地理学学科构成与史念海先生的历史地理学贡献》，《史学史研究》2013 年第 2 期。

萌竹：《青海的花儿》，《西北通讯》1947 年第 1 期。

〔英〕蒙哥马利：《西藏探险记》，冯中权译，《图画世界》1946 年第 3 期。

孟昭藩：《青海省地理志》，《新西北月刊》1941 年第 6 期。

明春：《西藏实地考察记》，《国闻周报》1933 年第 13 期。

欧华国：《民国时期青海汽车运输业调查述略》，《青海方志》1989 年第 1 期。

裴其钧、李玉林：《青海省人文地理志·民族》，《资源委员会季刊》1942 年第 1 期。

蒲文成：《青海藏传佛教寺院概述》，《青海社会科学》1990 年第 5 期。

祁世绩：《青海的民俗》，《青年月刊》1916 年第 6 期。

祁世绩：《青海土族年节风俗》，《边疆半月刊》1937 年第 3—4 期。

邱扶东：《反思中国旅游史研究的几个问题》，《历史教学问题》2007 年第 6 期。

邱怀瑾：《西藏经济之概观》，《边事研究》1936 年第 1 期。

任乃强：《西藏自治与康藏划界》，《边政公论》1946 年第 2 期。

〔英〕荣赫鹏：《帕米尔游记》，丁则良译，《禹贡》1936 年第 8—9 期。

石美玉：《关于旅游购物研究的理论思考》，《旅游学刊》2004 年第 1 期。

时新：《青海社会现状》，《社会杂志》1931 年第 3 期。

时雨：《青海行》，《西北通讯》1947 年第 7 期。

斯东记述：《西藏宦游之回忆》，《旅行杂志》1930 年第 5 期。

苏发祥：《论民国时期西藏地方的社会与经济》，《中央民族大学学报》（哲学社会科学版）1999 年第 5 期。

〔英〕索伦森：《西藏旅行谈》，《史地学报》1922 年第 1 期。

索南才让：《民国年间（1912～1949 年）汉藏佛教文化交流——内地僧人赴藏求法》，《西藏研究》2006 年第 4 期。

〔英〕泰克曼：《西藏东部旅行记》，高上佑译，《康藏前锋》1934 年第 8 期。

唐顺铁、郭来喜：《旅游流体系研究》，《旅游学刊》1998 年第 3 期。

天牧：《青海的风土人情》，《旅行杂志》1949 年第 11 期。

挺誌：《青海藏族风俗》，《边事月刊》1932 年第 1 期。

汪德根、陈田、李立等：《国外高速铁路对旅游影响研究及启示》，《地理科学》2012 年第 3 期。

汪德根、王莉、陈田等：《区域旅游流空间结构的高铁效应及机理——以中国京沪高铁为例》，《地理学报》2015 年第 2 期。

汪扬、舒永康：《青海行程记 6》，《华安》1934 年第 8 期。

王慧敏：《旅游产业的新发展观：5C 模式》，《中国工业经济》2007 年第 6 期。

王斡：《游藏指南》，《西北杂志》1913 年第 3 期。

王小亭：《中国游记之西藏生活》，《大众画报》1934 年第 8 期。

王小亭：《中国游记之西藏的新年》，《大众画报》1934 年第 10 期。

王永飞：《民国时期西北地区交通建设与分布》，《中国历史地理论丛》2007 年第 4 辑。

魏向东、朱梅：《晚明时期我国历史旅游客流空间集聚与扩散研究》，《人文地理》2008 年第 6 期。

无齐：《西宁一瞥》，《旅行杂志》1944 年第 1 期。

吴必虎：《论旅游区的历史地理研究》，《华东师范大学学报》（哲学社会科学版）1994 年第 5 期。

吴勃冈：《西藏风俗琐谈》，《西北论衡》1936 年第 6 期。

吴晋峰、潘旭莉：《京沪入境旅游流网络结构特征分析》，《地理科学》2010 年第 3 期。

西宁通讯：《青海公路调查》，《南方杂志》1933 年第 4 期。

夏正伟、高峰：《析古罗马的旅游现象》，《上海大学学报》（社会科学版）2008 年第 1 期。

向玉成：《旅游史与区域旅游史相关问题的思考——以乐山旅游史为例》，《桂林旅游高等专科学校学报》2007 年第 1 期。

辛树帜：《西藏鸟兽谈》，《自然界》1926 年第 5 期。

徐近之：《拉萨地文人文一瞥》，《地理教育》1937 年第 6 期。

徐近之：《西藏之大天湖》，《地理学报》1937 年第 1 期。

徐幼峰：《西藏记》，《西北月刊》1925 年第 20—22、30 期。

徐中林：《试论近代西藏的几次现代化尝试》，《北方民族大学学报》2003 年第 1 期。

许春晓：《民国时期中国旅游学术探索述论》，《北京第二外国语学院学报》（旅游版）2008 年第 3 期。

学义：《走进青海感念》，《西北通讯》1948 年第 6 期。

严得一：《三十年代徐近之青藏高原的考察探索》，《地理学与国土研究》1985 年第 1 期。

杨曾威：《近世西洋学者对于西藏地学之探查》，《清华周刊》1930 年第 11 期。

杨嘉铭：《民初游学西藏的汉僧及其贡献》，1985 年未刊稿。

杨希光：《青海漫游记》，《新亚细亚》1931 年第 2—4 期。

杨兴柱、顾朝林、王群：《南京市旅游流网络结构构建》，《地理学报》2007 年第 6 期。

杨质夫：《入藏日记》，《中国藏学》2008 年第 3—4 期。

一真：《西藏人的风俗习惯》，《旅行杂志》1951 年第 6 期。

〔美〕伊利亚·托尔斯泰：《西藏纪游》，《读者文摘》1946 年第 5 期。

〔美〕伊利亚·托尔斯泰：《西藏纪游》，《广播周报》1934 年第 2 期。

易海阳：《青海概况（续）》，《边事研究》1935 年第 3 期。

雨辰：《西藏》，《旅行杂志》1931 年第 2 期。

张保见：《民国时期（1912～1949）西藏商业及城镇的发展与布局述论》，《中国社会经济
　　史研究》2011 年第 3 期。

张得善：《青海地理历史》，《地方自治》1942 年第 1—2 期。

张得善：《青海之政治经济及社会事业》，《地方自治》1940 年第 4 期。

张德馨：《青海改建行省刍言》，《中国地学评论》1912 年第 34 期。

张帆：《天葬——西藏游牧民族风俗之一》，《中国边疆建设集刊》1948 年第 1 期。

张奋生：《西宁茶馆今昔》，《西海都市报》，2010 年 5 月 21 日。

张俐俐：《近代中国第一家旅行社述论》，《中国经济史研究》1998 年第 1 期。

张其昀：《青海山川人物》，《青海评论》1935 年第 40 期。

张生林：《初探天主教在青海的传播和发展》，《青海社会科学参考》1988 年第 9 期。

张嵩：《〈中国旅游史〉教学中"旅游"概念辨析》，《河南商业高等专科学校学报》2014
　　年第 5 期。

张印堂：《宁青经济地理之基础与问题》，《边政公论》1942 年第 11—12 期。

张元彬：《青海风光下》，《国风半月刊》1935 年第 11 期。

张沅恒：《青海塔尔寺喇嘛跳神》，《良友画报》1939 年第 147 期。

张沅恒：《塔尔寺晒佛》，《良友画报》1939 年第 146 期。

章杰宽、张萍：《历史与旅游：一个研究述评》，《旅游学刊》2015 年第 11 期。

章杰宽、朱普选：《民国时期青藏地区的旅游者行为研究》，《青海民族研究》2016 年第
　　4 期。

章杰宽、朱普选：《民国时期青藏地区的旅游住宿设施研究》，《理论月刊》2016 年第 12 期。

赵光锐：《德国党卫军考察队 1938—1939 年的西藏考察》，《德国研究》2014 年第 3 期。

郑焱、杨庆武：《30 年来中国近代旅游史研究述评》，《长沙大学学报》2011 年第 1 期。

稤云：《西藏的几种奇异风俗》，《汗血周刊》1935 年第 22 期。

中国国民党第四次全国代表大会：《开发青海计划》，《银行周报》1931 年第 49 期。

钟林生、王婧、唐承财：《西藏温泉旅游资源开发潜力评价与开发策略》，《资源科学》
2009 年第 11 期。

周昌芸：《青海北部及甘肃河西调查记》，《新亚细亚》1943 年第 1—2 期。

周晶：《20 世纪上半叶的拉萨城市面貌研究》，《西藏大学学报》（社会科学版）2006 年
第 3 期。

周振鹤：《从明人文集看晚明旅游风气及其与地理学的关系》，《复旦学报》（社会科学
版）2005 年第 1 期。

朱海山：《旅行西藏交通路线之详讯》，《军事杂志》1929 年第 11 期。

朱允明：《新青海之鸟瞰》，《新亚细亚》1931 年第 4 期。

祝鸿仪：《青海之游》，《时兆》1948 年第 12 期。

庄学本：《从西京到青海》，《良友画报》1936 年第 117 期。

2. 英文报刊

Akira S. Inbound Tourism Policies in Japan From 1859 to 2003，*Annals of Tourism Research*，
2005，32（4）.

Apelian C. Modern Mosque Lamps：Electricity in the Historic Monuments and Tourist Attractions
of French Colonial Fez，Morocco （1925-1950），*History and Technology*，2012，28（2）.

Bailey F. M. Exploration on the Tsanypo or Upper Bramahutra，*The Geographical Journal*，
1916，55（2）.

Baranowski S. Common Ground：Linking Transport and Tourism History，*The Journal of
Transport History*，2007，28（1）.

Battilani P.，Gordon B. M.，Furnée J. H.，et al. Discussion：Teaching Tourism History，
Journal of Tourism History，2016，8（1）.

Benson D. S. Cuba Calls：African American Tourism，Race，and the Cuban Revolution，
1959-1961，*Hispanic American Historical Review*，2013，93（2）.

Bremner H.，O'Gorman K.，Henry C. Tourism Development in the Hot Lakes District，New
Zealand c.1900，*International Journal of Contemporary Hospitality Management*，2013，

25（2）.

Camp S. Materializing Inequality: The Archaeology of Tourism Laborers in Turn-of-the-Century Los Angeles, *International Journal of Historical Archaeology*, 2011, 15（2）.

Cirer-Costa C. J. The Beginnings of Tourism in Majorca 1837-1914, *Annals of Tourism Research*, 2012, 39（4）.

Clark I. D., Cahir D. "An Edifying Spectacle": A History of "Tourist Corroborees" in Victoria, 1835-1870, *Tourism Management*, 2010, 31（3）.

Clark L. F. I Found the Highest Mountain, *Life*, 1949, （14）.

François P. If It's 1815, This Must be Belgium: The Origins of the Modern Travel Guide, *Book History*, 2012, 15（1）.

Garay L., Ca`noves G. Life Cycles, Stages and Tourism History: The Catalonia （Spain） Experience, *Annals of Tourism Research*, 2011, 38（2）.

Gassan R. H. Tourists and the City: New York's First Tourist era, 1820-1840, *Winterthur Portfolio*, 2010, 44（2/3）.

Gross M. Flights of Fancy From a Sedan Chair: Marketing Tourism in Republican China, 1927-1937, *Twentieth-Century China*, 2011, 36（2）.

Horner A. E. Tourist Arts in Africa Before Tourism, *Annals of Tourism Research*, 1993, 20（1）.

Hunter M. K. New Zealand Hunters in Africa: At the Edges of the Empire of Nature, *Journal of Imperial & Commonwealth History*, 2012, 40（3）.

Jokela S., Linkola H. "State Idea" in the Photographs of Geography and Tourism in Finland in the 1920s, *National Identities*, 2013, 15（3）.

Jones K. "My Winchester Spoke to her": Crafting the Northern Rockies as a Hunter's Paradise, c.1870-1910, *American Nineteenth Century History*, 2010, 11（2）.

Kashyap S. R. Some Geographical Observations in Western Tibet, *Journal and Proceeding, Asiatic Society of Bengal*, 1929, 25（1）.

Kellas A. M., Meade C. A Consideration of the Possibility of Ascending the Loftier Himalaya, *The Geographical Journal*, 1917, 49（1）.

King W. H. The Telegraph to Lhasa, *The Geographical Journal*, 1924, 63（6）.

Ku C. C., Chou Y. C. A Preliminary Survey of the Forests in Western China, *Sinensia*, 1941, （1-6）.

Maxwell K. Tourism, Environment, and Development on the INCA Trail, *Hispanic American Historical Review*, 2012, 92（1）.

Oscarsson O. M. R. Archaeology, Nostalgia, and Tourism in Post-civil War Barcelona（1939-1959）, *Journal of Urban History*, 2013, 39（3）.

Page S. Review Essay: Progress in Tourism History—The Contribution of Recent Historiography to Tourism Research, *Tourism Management*, 2006, 27（5）.

Rose N. C. Tourism and the Hispanicization of Race in Jim Crow Miami, 1945-1965, *Journal of Social History*, 2012, 45（3）.

Scroop D. William Jennings Bryan's 1905-1906 World Tour, *The Historical Journal*, 2013, 56（2）.

Sobocinska A. Visiting the Neighbors: The Political Meanings of Australian Travel to Cold War Asia, *Australian Historical Studies*, 2013, 44（3）.

Spode H. Mass Tourism and the Third Reich: "The Strength Through joy" Seaside Resort as an Index Fossil, *Journal of Social History*, 2004, 38（1）.

Steel F. Cruising New Zealand's West Coast Sounds: Fiord Tourism in the Tasman World c.1870-1910, *Australian Historical Studies*, 2013, 44（3）.

Towner J. Approaches to Tourism History, *Annals of Tourism Research*, 1988, 15（1）.

Towner J. The Grand Tour: A Key Phase in the History of Tourism, *Annals of Tourism Research*, 1985, 12（3）.

Towner J. What is Tourism's History? *Tourism Management*, 1995, 16（5）.

Towner J., Wall G. History and Tourism, *Annals of Tourism Research*, 1991, 18（1）.

Verhoeven G. Foreshadowing Tourism: Looking for Modern and Obsolete Features-or Some Missing Link-in Early Modern Travel Behavior（1675-1750）, *Annals of Tourism Research*, 2013, 42（1）.

Walton J. K. Prospects in Tourism History: Evolution, State of Play and Future Developments, *Tourism Management*, 2009, 30（6）.

Walton J. K. Seaside Tourism in Europe: Business, Urban and Comparative History, *Business History*, 2011, 53（6）.

Walton J. K. The Origins of the Modern Package Tour?: British Motor-coach Tours in Europe, 1930-70, *The Journal of Transport History*, 2011, 32（2）.

Ward F. K. Exploration in South-Eastern Tibet，*The Geographical Journal*，1926，67（2）.

Warning G. A. Thermal Springs of the United States and Other Countries of the World-A Wurst L. "Human Accumulations"：Class and Tourism at Niagara Falls，*International Journal of Historical Archaeology*，2011，15（2）.

Zauhar J. Historical Perspectives of Sports Tourism，*Journal of Sport Tourism*，2004，9（1）.

Zhang J.，Mei J.，Zhang Y. Tourism Sustainability in Tibet—Forward Planning Using a Systems Approach，*Ecological Indicators*，2015，56.

四、学位论文

1. 中文学位论文

曹蓉：《二十世纪三四十年代西宁城市发展研究》，兰州：西北师范大学硕士学位论文，2014 年。

陈晖莉：《晚明文人佛寺旅游研究》，福州：福建师范大学博士学位论文，2009 年。

高玉玲：《滨海型城市旅游业之演进——以青岛地区为中心（1898—2000）》，厦门：厦门大学博士学位论文，2006 年。

龚敏：《近代旅馆业发展研究（1912—1937）》，长沙：湖南师范大学博士学位论文，2011 年。

刘勋：《唐代旅游地理研究》，武汉：华中师范大学博士学位论文，2011 年。

刘雨埔：《西宁城市空间结构发展研究（1840—2010）》，西安：西安建筑科技大学硕士学位论文，2013 年。

卢长怀：《中国古代休闲思想研究》，大连：东北财经大学博士学位论文，2011 年。

吕晓玲：《近代中国避暑度假研究（1895—1937 年）》，苏州：苏州大学博士学位论文，2011 年。

王福鑫：《宋代旅游研究》，保定：河北大学博士学位论文，2006 年。

王玉成：《唐代旅游研究》，保定：河北大学博士学位论文，2009 年。

王专：《陈光甫与中国近代旅游业》，苏州：苏州大学博士学位论文，2009 年。

易伟新：《近代中国第一家旅行社——中国旅行社述论》，长沙：湖南师范大学博士学位论文，2003 年。

张保见：《民国时期青藏高原经济地理研究》，成都：四川大学博士学位论文，2006 年。

张颖：《加州旅游业发展的历史考察（1960—1980）》，长春：东北师范大学博士学位论文，2012年。

郑向敏：《中国古代旅馆流变》，厦门：厦门大学博士学位论文，2000年。

2. 英文学位论文

Towner J. *The European Grand Tour*, c.1550-1840: A Study of its Role in the History of *Tourism*, Birmingham: PhD. Dissertation of University of Birmingham, 1984.

五、电子文献

国家旅游局数据中心：《2015年中国旅游业统计公报》，http://www.cnta.gov.cn/zwgk/lysj/201610/t20161018_786774.shtml[2016-10-18]。

中华人民共和国国家旅游局：《旅游资源分类、调查与评价》（GB/T18972-2003），http://www.cnta.gov.cn/zwgk/hybz/201506/t20150625_428120.shtml[2006-07-13]。

《纳粹党卫军拍1939年的西藏》，http://pic.history.sohu.com/detail-652915-0.shtml#1[2015-04-27]。

Ward F. K. A Note on Deglaciation in Tibet, http://journals.cambridge.org/action/displayFulltext?type=1&fid=4935420&jid=GEO&volumeId=64&issueId=06&aid=4935416[2009-05-01].

六、档案资料

1. 中文档案

内政部年鉴编纂委员会编纂：《内政年鉴·警政篇·户籍行政·县市人口调查》，上海：商务印书馆，1936年。

国民政府内务部统计处编：《战时内务行政应用统计专刊·青海省户口统计表》，1938年。

蒙藏委员会编译室编辑：《川青康藏驿路程站及青康藏喇嘛寺庙之分布》，北京：蒙藏委员会编译室，1942年。

《青海省政府宣言》，1929年1月24日。

《中国学术团体协会西北科学考察团报告》，北京：中国科学院档案，卷宗号50-2-27，1928年。

2. 英文档案

Gould in File From H. A. F. Rumbold of the India Office to G. E. Hubbard, Political Intelligence

Dept., FO, Whitehall, January 13, 1943, OIOC L/P&S 12/4343.

Lecture to be Given on the 25.7.1939 by Dr. Ernst Schafer at the Himalaya Club, Barch, R
135/30.

（K-2828.01）

责任编辑：范鹏伟
封面设计：天穹教育

www.sciencep.com

科学出版社互联网入口
历史分社：010-64011837 销售：010-64031535
E-mail：yangjing@mail.sciencep.com

销售分类建议：社科

ISBN 978-7-03-057773-3

9 787030 577733 >

定 价：88.00 元